"十二五"高职高专涉外旅游专业工学结合系列教材

中外民俗文化

主　编　郑燕玲　王晓聪
副主编　赵嘉骏　王晓晖　王慧珺

中国财富出版社

图书在版编目（CIP）数据

中外民俗文化/郑燕玲，王晓聪主编．—北京：中国财富出版社，2014.8（2024.1 重印）

（“十二五”高职高专涉外旅游专业工学结合系列教材）

ISBN 978－7－5047－5269－7

Ⅰ.①中…　Ⅱ.①郑…　②王…　Ⅲ.①风俗习惯—世界—高等职业教育—教材　Ⅳ.①K891

中国版本图书馆 CIP 数据核字（2014）第 143872 号

策划编辑　李　丽　　责任印制　尚立业

责任编辑　谷秀莉　　责任校对　梁　凡

出版发行　中国财富出版社（原中国物资出版社）

社　　址　北京市丰台区南四环西路 188 号 5 区 20 楼　　邮政编码　100070

电　　话　010－52227588 转 2098（发行部）　　010－52227588 转 321（总编室）

　　　　　010－52227566（24 小时读者服务）　　010－52227588 转 305（质检部）

网　　址　http://www.cfpress.com.cn

经　　销　新华书店

印　　刷　北京九州迅驰传媒文化有限公司

书　　号　ISBN 978－7－5047－5269－7/K·0139

开　　本　710mm×1000mm　1/16　　版　　次　2014 年 8 月第 1 版

印　　张　15.25　　印　　次　2024 年 1 月第 5 次印刷

字　　数　281 千字　　定　　价　45.00 元

前 言

中外民俗文化是很多高等院校开设的课程，大部分的教材侧重于展示民俗事象，内容以介绍世界各国的民风民俗为主。本教材主要针对的对象是高职高专院校学生，在编写的过程中既要考虑到职业类学生的特点，又要符合学习的规律，因此，在教材编写思路与方法上作了相应的改革。

一、关于理论学习

职业类学生和普通高校学生有所区别，普通高校培养理论型、学术性人才，职业教育则侧重于培养实践性较强的技能型人才。所以，本书在编写过程中将理论设置为隐性课程。学生要掌握相关理论，渠道有专业中的其他相关课程、课外阅读、网络资源、学习体验的总结升华等。学生可以按照职业岗位的需要，根据自己的水平作出选择，不作统一要求。

二、关于内容选择

中外民俗文化是一个庞大的内容体系，即使是一个国家，它的民俗与文化也足以成一本书，所以，在世界范围内挑选哪些国家、哪些民族、哪些民俗在本书中作介绍应有一定的依据。本教材在中国旅游目的地国家中，选取了最有代表性，最有学习运用价值的民俗。总之，本书内容选择思路清晰、重点突出、取舍有度。

三、关于体例编写

民俗形成是复杂的，与地理位置、历史、气候等都有关系。本教材按自然地域的不同划分为五个模块，每个模块均由概论导入，以让学习者有一个初步的整体了解，避免学习过程中断章取义，造成认识角度的偏颇。"学习索引"，旨在让学习者在学习过程中有逻辑思维主线，根据这些要点，在接下来的项目学习中构建自己的知识架构。"模块训练"，用于帮助学生巩固、完善、测评学习效果。"民俗文化"这门学科不是"操作性"强的学科，因此这里更多地侧重思维训练，培养学习者全面、客观、辩证、科学地看待问题的能力，并使之形成更优化的知识结构。所以，"模块训练"更多的是启发性的思考，内容有纵向、横向的比较，古今中外的对比，以开阔学习者的视野，使知识融会贯通，利于在工作中运用。

具体的民俗学习，编者将其设置在以国家为基础的项目里。这些具体的项目分为“前置作业”、“主体内容”及“项目拓展”几大版块。“前置作业”，引入了美国教育心理学家奥苏贝尔的“先行组织者”学习理论，“先行组织者”在学生学习较陌生的新知识，缺乏必要的背景知识准备时对学生的学习可以起到明显的促进作用，有助于学生理解不熟悉的教材内容。所以，“前置作业”是引导学生建立必要的知识储备，架设新旧知识的桥梁，有利于学生更好地学习项目中的内容，掌握关键处，突破重点、难点。“主体内容”由国家概况及饮食民俗、服饰民俗、节庆民俗、宗教民俗、礼仪民俗、其他民俗组成。任何民俗文化都是建立在特定文化历史背景基础上的，所以民俗的学习必须先掌握其植根的土壤，然后从纷繁复杂的民俗中选取饮食、服饰等六个基本方面抓住本质的、特色的、与旅游活动较密切的东西进行学习，并通过“知识链接”扩大知识面。“项目拓展”则是知识的延伸及理解运用。

本书由郑燕玲负责模块一、模块三、模块四的编写工作，赵嘉骏负责模块二的部分编写工作，王晓晖负责模块五的编写工作，王晓聪负责模块二的部分编写和全书的资料整理工作。初稿完成后，郑燕玲对全书进行了修改定稿。在此，对参加编写工作的同志所付出的辛勤劳动表示诚挚的谢意！与此同时，本书在编写过程中参阅引用了有关资料，在此谨加说明并向原作者表示衷心的感谢。

由于水平所限，本书中难免存在疏漏和不足之处，敬请读者批评指正，以臻完善。谢谢！

编　者

2014 年 3 月

目录

Contents

基本概念

一、民俗文化

民俗文化是民间民众的风俗生活文化的统称，也泛指一个国家、民族、地区中集居的民众所创造、共享、传承的风俗生活习惯。它是在普通人民群众（相对于官方）的生产生活过程中所形成的一系列物质的、精神的文化现象。它具有普遍性、传承性和变异性。

二、饮食民俗

饮食民俗是在特定地域与文化背景基础上，一个民族对饮食的偏好。饮食民俗是在食品的制作、食用过程中形成的习俗。

三、服饰民俗

服饰民俗指不同民族基于生存环境、习俗文化等差异，在衣着、打扮和装饰方面形成的风俗习惯。

四、节庆民俗

节庆是建立在原始崇拜、农业生产以及阶级统治基础上的节日与庆典。在原始社会，先民们认为万事万物都由神秘力量所控制，自己的生存和命运依赖于各种神灵的庇护与赐福，为了生存，他们通过一定仪式竭力表达对神灵的无限景仰。农业生产的成败与农民的生活密切相关，因此，在岁时节令的基础上形成的节庆民俗大多和天文、历法等有关。随着人类社会步入阶级社会，社会上形成了一套严格的礼仪制度，统治阶级出于自己的某种需要强化某些仪式，因此，节庆在内容和形式方面都随着社会的发展发生了一定的变化。

进入新时代，随着社会文明的发展，节庆民俗也相应有了很大变化。

五、宗教民俗

宗教民俗指某个民族的宗教信仰及对其崇拜对象表示崇拜与恭敬所举行的各种例行的仪式。

六、礼仪民俗

礼仪民俗指民族成员共同认定的社会交往的行为准则及道德规范。

模块一　欧洲篇

欧洲是欧罗巴洲的简称，“欧罗巴”一词据说最初来自腓尼基语的“伊利布”一词，意思是“西方日落的地方”或“西方的土地”。欧罗巴洲的名字还有一个传说，即宙斯喜欢上了一个叫欧罗巴的女人，于是把自己变成一头牛将欧罗巴带到了现在的欧洲，并以她的名字命名了现在的欧洲。

欧洲是人口密度最大的一洲，在地理上习惯分为北欧、南欧、西欧、中欧和东欧 5 个地区，主要语言有英语、俄语、法语、德语、意大利语等近 30 种，是世界上语言种类最丰富的地区之一，其中 90%以上的语言是以拉丁字母和西里尔字母为基础构成的。

欧洲有着悠久的文明发展史。位于欧洲东南部的爱琴海地区为世界古文明的发祥地之一，称爱琴文明，给人类留下了丰富的文化遗产。公元前 6 世纪，古罗马国家兴起，逐渐发展成一个囊括半个欧洲（大不列颠群岛至多瑙河口一线以南）及北非、西亚在内的庞大帝国，而意大利所在的意大利半岛一直是其政治和经济的核心区域。古罗马文明的发展晚于西亚各古代国家和埃及、希腊的文明发展。古代罗马在建立和统治庞大国家的过程中，囊括和吸收了先前发展的各古代文明的成就，并在此基础上创建了自己的文明。古代罗马在其发展过程中，建立了复杂的国家管理系统和详密的法律体系，在军事战略、作战技术和战争机械等方面有不少创新建树。它在农业科学、数学、物理学、天文学、医学等方面都取得了很大的成就，在文学、史学、雕塑、绘画、建筑技术，包括道路建筑、城市输水工程、广场、庙宇、凯旋门、纪念碑、浴堂等方面，都留下许多宏伟的遗迹，古代希腊许多杰出的艺术作品也正是靠罗马复制而流传后世的。罗马人对世界文化所作出的最为重要的贡献就是保存了希腊和中东地区的文化成果。罗马人在广泛吸收四邻各族优秀文化成果，特别是古代希腊人的卓越文化成就的基础上，根据本国社会、经济、政治发展的需要，创造了自己独特的文化，为世界文化增添了新的内容。公元 3 世纪后，罗马帝国渐趋衰弱，原先居住在北欧的日耳曼人及居住在东欧的斯拉夫人相继大量入侵，这一历史进程所伴随的人口大迁移和经济、文化上的广泛交流，大大促进了欧洲的全面开发。15—16 世纪，在南欧和西欧的一些国家中，资本主义开始萌芽，通过地理大发现和对海外殖民地的掠夺，西班牙、葡萄牙、荷兰、法国和英国相继发展成为具有世界影响力的强国，在随后的资产阶级革命和产业革命中，西欧进一步确立了其在欧洲经济、文化中的领先地位。19 世纪中叶，北欧、中欧和东欧诸国也走上了资本主义发展道路，由于资本主义的迅速发展，19 世纪欧洲的经济、文化水平在世界上已遥遥领先，几个欧洲列强的殖民地遍布各大洲，几千万欧洲人移居海外，对世界人文地理和经济地理产生了极大的影响。

学习索引

1. 体会古罗马建筑艺术的辉煌成就及其对世界建筑的影响。
2. 关注传统民俗活动的延续、发展、改良。
3. 古雅典文化对西方文明的影响。
4. 波西米亚风格的特点及其对世界服饰的影响。
5. 传统康体娱乐活动的流传与健康生活方式的关系。
6. 文艺复兴时期是产生巨人的时代，以莎士比亚为例，挖掘其戏剧艺术对后世的影响。
7. 被列入人类非物质文化遗产代表作名录的法国大餐，在人类饮食文化历史中彰显了非凡的魅力，对人类饮食文化的发展有不可估量的作用。
8. 欧洲葡萄酒文化与啤酒文化。
9. 东西方两股历史潮流相互撞击，欧亚文明相互作用，造成了俄罗斯民族性格的矛盾性、两极性。

项目一　意大利

前置作业

1. 掌握文艺复兴时期意大利光辉灿烂的文化，代表人物，成就，意义。
2. 了解古罗马文明对现代文明的影响。

主体内容

国家概况

意大利的全称是“意大利共和国”，其位于欧洲南部，包括亚平宁半岛及西西里岛、撒丁岛等岛屿。西与法国，北与瑞士、奥地利，东与斯洛文尼亚接壤，东、西、南三面临亚得里亚海和第勒尼安海（都是地中海的子海），并且与突尼斯、马耳他和阿尔及利亚隔海相望。海岸线长约7200多千米。北部有阿尔卑斯山脉，中部有亚平宁山脉。意、法边境的勃朗峰海拔4810米，居欧洲第二。亚平宁半岛西侧有著名的维苏威火山，西西里岛上的埃特纳火山是欧洲最大的活火山。

意大利为罗马帝国的发祥地。2—3世纪为古罗马帝国全盛时期，版图遍及整个地中海沿岸。毁于维苏威火山大爆发的庞贝古城、闻名于世的比萨斜塔、文艺复兴的发祥地佛罗伦萨、风光旖旎的水城威尼斯、被誉为世界第八大奇迹的古罗马竞技场，从这些遗址可以看出古罗马时代的社会生活。

公元14—15世纪，意大利文艺空前繁荣，成为欧洲“文艺复兴”运动的发源地，但丁、达·芬奇、米开朗基罗、拉斐尔、伽利略等文化与科学巨匠对人类文化的进步做出了无可比拟的巨大贡献。如今，在意大利各地都可见到精心保存下来的古罗马时代的宏伟建筑和文艺复兴时代的绘画、雕刻、古迹和文物。

此后，几经分裂和外族入侵，于1861年成立王国，1870年实现统一，建成意大利王国。1946年6月2日正式命名为“意大利共和国”。

一、饮食民俗

意大利的菜肴源自古罗马帝国宫廷，有着浓郁的文艺复兴时代佛罗伦萨的膳食情韵。意大利被称为“欧洲大陆烹调之母”，在世界上享有很高的声誉。意大利菜多以海鲜作主料，辅以牛肉、羊肉、猪肉、鱼肉、鸡肉、鸭肉、番茄、黄瓜、萝卜、青椒、大头菜、香葱等烹成。制法常用煎、炒、炸、煮、红烩或红焖，喜加蒜茸和干辣椒，略带小辣，火候一般是六七成熟，重视牙齿的感受，以略硬而有弹性为美。意大利菜的特色可以用醇浓、香鲜、断生、原汁、微辣、硬韧12字来概括。意大利特色饮食有佛罗伦萨牛排、罗马魔鬼鸡、那不勒斯烤龙虾、巴里甲鱼等。与大餐相比，意大利面、薄饼、米饭、肉肠和饮料等更上一层楼。

那不勒斯烤龙虾

意大利比萨

二、服饰民俗

意大利是服装之乡，以服装设计制作、皮鞋和首饰加工闻名于世。注重服饰礼仪是其民族传统，他们认为衣着既体现人的修养与见识，又反映其为人处世的态度。他们穿衣服讲究合体，注重服装的色泽和款式，上衣、裤子和皮鞋颜色搭配要协调，服装的样式和颜色要与自己的肤色和性格相适应，既讲究衣着的个性化和整体搭配，又喜欢标新立异和时髦。

在正式场合，男士穿三件套的西服，系领带。女士穿套裙，很少穿长裤。意大利人习惯在不同的场合穿不同的服装。穿衣不受性别和年龄限制，中老年男人也穿红色上衣、碎花衬衣。

意大利服装大体可以分为民族服装、普通服装、流行服装和正式服装。民族服装代表各民族的传统习惯。遇有重大节日、喜庆活动或传统节日表演时，人们才穿上五彩缤纷的传统服装。平日的服装较随意，男士穿各种棉织衬衣、T 恤、夹克、牛仔裤等，女士穿绣花衬衣、棉麻丝绸上衣或针织上衣、连衣裙、短裙等。业余穿休闲装、运动服。有些青年爱穿流行服装。意大利的时装以传统的手工精巧、用料讲究、款式新颖著称。

意大利人的民间服装，保留了许多古老的传统，所用质料有亚麻布、天鹅绒和丝绸。即使是较为贫困的农妇们，也穿着丝绸的衬衣、内衣，并且饰以花边和刺绣。即使是亚麻布制成的围裙，也饰以彩色的窄条装饰。

意大利南部的妇女常年披着头巾，即便戴帽子时，也要把头巾罩在帽外。无檐女帽是由上浆的白色花边、金线花边织成的，帽顶和帽檐上还饰以花束和缎带。盛装是宽松的黑色衬衣加上饰以红色缎带的白色围裙，衬衣外再穿上长袖的黑色或蓝色天鹅绒外套。富裕妇女们戴着金、银、珊瑚或珍珠制成的佩饰品（主要为耳环、项链、手镯），农妇们则大多戴着嵌有珐琅釉的金属件或玻璃珠。意大利北部男子的长裤是黑色的，渔民们的长筒袜也是黑色的。

西西里岛上意大利男子的服装以白色为主调。他们穿着白色的衬衣，衬衣领子是竖起的，并饰以刺绣。紧身裤也是白色的，有时罩上红色的背心和外套，上面也饰以刺绣花纹和穗带。白色的皮鞋上还装饰着红绒球。红与白两色形成鲜明的对比。

三、节庆民俗

意大利全年大约有 1/3 的日子属于节日。有的是宗教节日，有的是民间传统节日，有的是国家纪念日。当中有圣诞节、主显节、狂欢节、复活节、国庆节、八月节、万圣节等，下面简要介绍下主显节及狂欢节。

（一）主显节

每年的 1 月 6 日为主显节，亦称显现节。

该节原是纪念“东方三博士前来朝拜圣婴耶稣”的，今天它已成为一个儿童节日了。传说 1 月 5 日夜里，有位骑着扫帚的老妇会从各家各户壁炉的烟囱里进来给小朋友送礼物，听话的孩子会得到一只装有好礼物的长筒袜，不听话的会得到一只装有一块黑炭的长筒袜。节日早晨，小朋友一早起来就去壁炉炉台寻找自己的礼物。小朋友都想得到一份称心如意的礼物，不愿得到一块黑炭。其实，这是家长们教育孩子的一种方法，根据孩子的表现和自己的意图，把早已买好的东西装进长筒袜里，晚上放在炉台上，待孩子们第二天早晨去取。

（二）狂欢节

每年的 2—3 月的某一天为狂欢节。

狂欢节，亦称谢肉节，在大斋前一天举行。因基督教有规定，复活节前 40 天为大斋期，而复活节定为春分月圆后第一个星期日，故复活节无固定日子，一般在 3 月 21 日—4 月 25 日。确定了复活节后再往前推 41 天即为狂欢节。

四、宗教民俗

在接纳基督教之前，罗马人的宗教基本上继承了古希腊的多神教。可以说，罗马的宗教是一种公共的宗教、大众的宗教和政治的宗教。通过参与各种宗教活动，罗马人培养了公民之间的感情和凝聚力，也培养了他们对公共事务的热情和对国家的忠诚。其国家的强盛，在很大程度上得益于这种国家宗教。

随着帝国的扩张，罗马宗教在帝国政治中的作用越来越小。

目前，90%以上意大利人信仰天主教，其余的则信仰新教、东正教、犹太教、伊斯兰教和耶和华见证会及佛教。

五、礼仪民俗

意大利人一般比较开朗、健谈、热情奔放。但南北方又各有不同，北方人比较注意行为举止，比较注意谈吐，注重个人享乐，时间观念较强。南方人则较保守，虽然性格开朗，人也非常热情，但更注重传统的家庭生活，时间观念不强。

意大利人姓名的组成分为两部分，与中国人的姓名顺序相反，他们是名在前，姓在后。对初次见面和不太熟悉的人，对长者、有地位的人一般用尊称“您”，如称呼他们的姓，要加上“先生”、“女士”等用语，或加上“教授”、“博士”等头衔，也可以不称呼他们的姓而直接称呼头衔。在正式场合的讲话或其他活动中提到时一定要称呼全称，若不称呼全称也可以只称姓，但一般不宜直呼大名。只有在家人、朋友和熟人之间才可以直呼大名。妇女婚后一般用夫姓，也可以用原姓。

意大利人的手势和表情比较丰富，表达时常借助手势，如手势表达不正确，很容易造成双方误会。几种常见的手势：用大拇指和食指围成圆圈，其余三指向上翘起，一般表示“好”、“行”或“一切顺利”，在餐桌上表示“好吃极了”或“做得棒极了”；用食指顶住脸颊来回转动，意为“好吃”、“味道鲜美”；竖起食指来回摆动表示“不”、“不是”、“不行”；耸肩摊掌加上摇头，有时还加上撇嘴，表示“不知道”；五指并拢，手心向下，对着胃部来回转动，表示“饥饿”；等等。

此外，在与不认识的人打交道时，忌讳用食指侧面碰击额头，因为这是骂人“笨蛋”、“傻瓜”。一般也忌讳用食指指着对方，讲对方听不懂的语言，这样做造成的后果将不可收拾。

意大利人讲究穿着打扮，在服饰上喜欢标新立异，出席正式场合时注意衣着整齐得体。他们喜爱听音乐和看歌剧，他们的音乐天赋和欣赏能力大都较高。到歌剧院看歌剧大都比较讲究穿着和举止，尤其是男士，要穿晚礼服或至少穿西装打领带，在看歌剧期间不能发出任何怪声和大声评论，对演员的精湛演出应报以热烈的掌声。

意大利人酷爱自然界的动物，喜爱动物图案和鸟类图案，喜欢养宠物，对狗和猫异常偏爱，有些人甚至把宠物作为家庭的一员介绍给客人。

意大利人的时间观念不强，参加一些重大的活动，参加一些重要的会议、谈判或者一般的约会，常常迟到。因此，会议不能准时开始，活动推迟 10 多分钟是常事。为此，与意大利人约会，一方面要有一定时间的提前量，另一方面决不能把约会时间定在早晨或刚吃过午饭的时候。

意大利人喜欢先闲聊几句，谈谈天气、交通或家常等再转入正题。对商业谈判要有充分准备，对自己的产品及其在当地或其他地方取得的成功要有详尽的了解。此外，绝大多数意大利商人都受过教育，他们喜欢漫谈文化、艺术、体育运动和国际大事，也喜欢谈论饮食和家庭生活。意大利人善于社交，总能与人谈得十分投机，但不要把他们的礼貌语言误解为对你的产品或建议感兴趣。此外，在纯社交活动中不要谈与业务有关的事情。

与罗马以北地区的商人交往，一切商业信件都应当简明扼要，有条件的最好用意大利文书写。罗马以南地区的人则比较注重人与人之间的接触，到南方，你会感到周围的气氛比较轻松，因为南方人性格比较开放、热情，而北方人相对比较内向、谨慎。

比萨斜塔

佛罗伦萨的雕塑

六、其他民俗

（一）婚嫁习俗

意大利的传统结婚风俗早已被岁月遮掩，即便某些仍然沿袭下来，也只有为数不多的人才了解其中蕴含的意义。

新娘在结婚的当天应该带上5样东西，分别如下。

（1）一样蓝色的东西。蓝色是纯洁的象征，也是以前婚纱礼服的颜色。

（2）一样旧东西。象征着难以忘怀的从前。

（3）一样新东西。象征着新生活、新里程的开始。

（4）一样借来的东西。带着向最亲的亲人借来的东西也就是带着爱和美好的祝福。

（5）一样送的东西。带上好朋友送的东西，表示友谊永远是我们的支柱。

1. 戒指

我们都知道在结婚仪式上在说“是”的时候双方要交换戒指，但这是为什么呢？因为在从前人们认为左手无名指上的静脉直通心脏，是人体最能传达感情和感觉的部分，把感情直接传递到心脏，使爱不会逃离。还有人认为新人们戴上一样的戒指意味着团结。从前，戒指是由结婚证人赠送的，现在大多是由新郎来准备。

2. 幸福的“米雨”

在意大利，在新人完成仪式从教堂走出的那一刻，来宾会在两侧向他们撒大米，象征幸福的雨。

3. 新娘婚纱的颜色

在欧洲中世纪的时候，新娘是穿各色的婚纱礼服的，在古罗马则是穿黄色或橙色的，而今80％以上穿白色的，象征纯洁。

4. 新娘捧花

新娘在结婚的当天应该从家里捧着花束前往参加结婚仪式，象征着未婚夫在婚前作为男友送的最后一束花。在结婚仪式的结尾，新娘向来宾投掷花束，据说接到花束的未婚女子有在一年内结婚的好运。

5. 新娘的头纱

从前，很多人是双方家庭为了政治利益或者经济目的而联姻的，新郎新娘直到结婚的那一天才认识对方。在新郎揭开头纱的那一刻他就不能再回头了，因为仪式已经开始了。

6. 喜糖

在意大利，喜糖是扁椭圆形的裹着白色糖霜的杏仁，每袋喜糖数目相等，包装也一样，意味着对来宾的平等尊重。每小袋装有5颗糖，意味着新人在今后生活中不可或缺的5样东西：健康、幸福、富裕、生育与长寿。

（二）工艺美术民俗

意大利是艺术与文化之都。这是一个文化古国，她的人民曾建立起横跨欧、亚、非三洲的庞大国度，产生过恺撒、屋大维等伟大军事家，孕育出达·芬奇、米开朗基罗等天才艺术家，她是罗密欧与朱丽叶的家园、马可·波罗的故乡……意大利的军事制度、贸易手腕、宗教组织、建筑雕刻、音乐美术及烹调饮食，对欧洲乃至世界影响巨大。

说起意大利不得不提文艺复兴，不得不提佛罗伦萨，佛罗伦萨在某种意义上已成为文艺复兴的代名词。这座位于意大利中部的城市，在公元前59年成为古罗马的殖民地，后又被伦巴第人统治。13世纪时，因羊毛和纺织业的迅速发展而崛起，成为当时意大利的重要城市。

在15—18世纪中期的3个世纪，佛罗伦萨的历史和当地银行巨商美第奇家族的兴衰紧紧联系在一起。家族曾经产生过多位统治者和三位教皇，掌握了当地实际的政治和经济权力。凭借雄厚的财力、崇高的威望和对艺术的执着爱好，该家族庇护和资助了许多艺术大师，正是美第奇家族的人发现了13岁的米开朗基罗，让他开始学习雕刻。家族还扶植了莱奥纳多·达·芬奇和拉斐尔，终于使其艺术之花盛开。而完成了代表佛罗伦萨的花之圣母大教堂回屋顶的布鲁内勒斯基和放荡不羁的画家费里坡·里底的后台也都是美第奇家族的人。文艺复兴初期，这些为数众多的艺术家们像闪耀的群星一样围绕在美第奇家族这个太阳周围。艺术大师们的杰出作品开辟出人类历史上一个辉煌的文艺复兴时代，光芒照射到整个欧洲，也使佛罗伦萨成为当时欧洲艺术文化和思想的中心。

这座意大利历史名城，曾经创造出人类历史上最璀璨的文明。但丁、波提切利、“文艺复兴三杰”都曾在这里留下不朽大作。作为历史的见证，城内有大量的博物馆、画廊、宫殿以及众多的教堂。这里也诞生过但丁的《神曲》、薄伽丘的《十日谈》，无数名家大师把他们创作的瑰宝留在这个翡翠般美丽的古城，把佛罗伦萨变成了当时欧洲的人文主义中心。这里，才是人类近代文明的“寻根”之所。

罗马的雕塑

（三）禁忌

意大利忌讳“13”和“星期五”，认为“13”这一数字象征着“厄兆”，“星期五”也是不吉利的象征。现代人对“13”和“星期五”的不祥预兆据说起源于1307年10月13日，星期五。这一天罗马教廷的教皇和法国国王联合执行了一条对圣殿骑士团的秘密处决令。圣殿骑士们因为被说成是异教徒而被判处死刑，失去了他们长期以来所拥有的权利。基督教大长老雅克德沐莱被捕，他死前受尽了折磨，最终被钉死在十字架上。但也有传说认为是起源于基督教徒的信仰，即“13”是最后晚餐中聚会的人数，餐桌上第“13”位弟子是叛徒犹大。

意大利忌讳菊花。因为菊花是丧葬场合使用的花，是放在墓前悼念故人用的花，是扫墓时用的花。因此，人们把它视为“丧花”。如送鲜花，切忌送菊花，如送礼品，切忌送带有菊花图案的礼品。如送其他鲜花，要注意送单数。红玫瑰表示对女性的一片温情，一般不宜送。

意大利忌讳用手帕作为礼品送人，认为手帕是擦泪水用的，是一种令人悲伤的东西。所以，用手帕送礼是失礼的，同时也是不礼貌的。

意大利还忌讳别人盯视自己，认为盯视他人是对人的不尊敬，可能还有不良的企图。此外，在参加宴请活动或接受邀请到意大利朋友家做客时，吃东西时尽量不要发出声音，否则会被认为是没有教养。在各种正式活动和交际场合，不宜在人前用手指抠鼻子和挖耳朵，在参加一些会议活动时，也不宜随意脱鞋，这是社交场合的大忌。在入住旅馆后，不宜在走廊大声谈笑。在公共场合也不宜大声喧哗。

知识链接

水城威尼斯

威尼斯是意大利北部威尼托大区首府，威尼斯省省会，世界著名的历史文化名城，威尼斯画派的发源地，其建筑、绘画、雕塑、歌剧等在世界有着极其重要的地位和影响。

威尼斯有“因水而生，因水而美，因水而兴”的美誉，享有“水城”、“水上都市”、“百岛城”、“亚得里亚海的女王”、“桥城”等美称。

威尼斯的风情总离不开“水”，蜿蜒的水巷，流动的清波，好像一个漂浮在碧波上的浪漫的梦，诗情画意久久挥之不去。威尼斯的历史相传开始于公元453年，当时威尼斯地方的农民和渔民为逃避酷嗜刀兵的游牧民族，转而避往亚德里亚海中的这个小岛。威尼斯外形像海豚。整个城市面积不到7.8平方千米，却由118个小岛组成，177条运河蛛网一样密布其间。城内古迹众多，有各式教堂、钟楼、男女修道院和宫殿百余座。大水道是贯通威尼斯全城的最长的街道，它将城市分割成两部分，顺水道观光是游览威尼斯风景的最佳方案之一，两岸有许多著名的建筑，到处是作家、画家、音乐家留下的足迹。圣马可广场是威尼斯的中心广场，广场东面的圣马可教堂建筑雄伟、富丽堂皇。总督宫是以前威尼斯总督的官邸，各厅都以油画、壁画和大理石雕刻来装饰，十分奢华。总督宫后面的叹息桥是已判决的犯人去往监狱的必经之桥，犯人过桥时常忏悔叹息，因而得名“叹息桥”。威尼斯整座城市建在水中，水道即为大街小巷，船是威尼斯唯一的交通工具，当地的小船贡多拉独具特色。

项目拓展

1597 年，歌剧在佛罗伦萨诞生，早期的歌剧大多为单旋律说白式的歌剧，演出也基本上局限在宫廷中，崇尚奢侈浮华的场面，并以此来迎合贵族的情趣，满足他们的虚荣心，早期歌剧成了王公贵族们在文化娱乐和享受方式上的一种特权。题材大多是根据史诗创作的神话剧和圣人剧。直到 1637 年，威尼斯建立了世界上第一座向公众开放的歌剧院——圣·卡西亚诺剧院，从此，歌剧才走向了大众。蒙特威尔第是音乐历史上第一位伟大的意大利歌剧作曲家，他是跨越文艺复兴和巴洛克两个时代的人物，集杰苏阿尔多的牧歌风格与威尼斯乐派的音乐风格于一身，使歌剧从简单的叙述形式改变为戏剧性形式，题材也逐渐从以田园生活为故事背景改变为悲喜剧相间，加入了更多的日常生活情景。这推动歌剧大大向前跨进了一步。17 世纪中叶，意大利歌剧在威尼斯基本上定型，威尼斯歌剧艺术风格具有如下一些特征：历史题材的剧目成为最成功的歌剧；独唱成为歌剧的主要歌唱形式；咏叹调与宣叙调实现了分离，而咏叹调日益受到作者的重视及观众的欢迎；新的美声唱法在歌剧演唱中占据了绝对主导地位；剧情的发展趋向复杂；剧本的结构逐步严谨，舞台的布景装置基本实现了机械化，可以模拟海战、暴风雨、诸神、行进中的大象和狮子等，还可升降活动。威尼斯舞台美术的一些优秀成果，一直到 19 世纪仍被沿用。意大利歌剧是意大利璀璨文化的重要组成部分，它对世界音乐艺术的发展有着突出贡献。

项目二 西班牙

前置作业

1. 了解西班牙独特的民俗“扇语”。

2. 西班牙为何被称为“橄榄王国”?

主体内容

国家概况

西班牙位于欧洲西南部伊比利亚半岛。北濒比斯开湾，西邻葡萄牙，南隔直布罗陀海峡与非洲的摩洛哥相望，东北与法国、安道尔接壤，东和东南临地中海。海岸线长约 7800 千米。境内多山，是欧洲高山国家之一。官方语言和全国通用语言为卡斯蒂利亚语，即西班牙语。少数民族语言在本地区亦为官方语言。96%居民信奉天主教。

公元前 9 世纪，凯尔特人从中欧迁入。公元前 8 世纪起，伊比利亚半岛先后遭外族入侵，长期受罗马人、西哥特人和摩尔人的统治。西班牙人为反对外族侵略进行了长期的斗争，1492 年取得“光复运动”的胜利，建立了欧洲最早的统一中央王权国家。同年 10 月，哥伦布发现西印度群岛。此后，西班牙逐渐成为海上强国，在欧、美、非、亚均有殖民地。1588 年“无敌舰队”被英国击溃，开始衰落。1873 年，爆发资产阶级革命，建立第一共和国。1874 年 12 月王朝复辟。在 1898 年的西美战争中，失去在美洲和亚太的最后几块殖民地——古巴、波多黎各、关岛和菲律宾。在第一次世界大战中保持中立。1931 年 4 月王朝被推翻，第二共和国建立。1936 年 2 月成立有社会党和共产党参加的联合政府。同年 7 月佛朗哥发动叛乱，经 3 年内战，于 1939 年 4 月夺取政权，实行独裁统治达 36 年之久。1943 年 2 月与德国缔结军事同盟，参加侵苏战争。1947 年 7 月佛朗哥宣布西班牙为君主国，自任终身国家元首。1966 年 7 月立末代国王阿方索十三世之孙胡安·卡洛斯为继承人。1975 年 11 月佛朗哥病死，胡安·卡洛斯一世登基，恢复君主制。1976 年 7 月，国王任命原国民运动秘书长阿·苏亚雷斯为首相，开始向西方议会民主政治过渡。

一、饮食民俗

西班牙是个资源丰富、经济发达的国家，其园艺业在世界上占有重要地位，同时也是葡萄、油橄榄和柑橘的大产区，其沿海盛产沙丁鱼。西班牙是美食家的天堂，每个地区都有著名的饮食文化。

西班牙盛产土豆、番茄、辣椒、橄榄。烹调时喜欢用橄榄油和大蒜。西班牙美食汇集了西式南北菜肴的烹制方法，其菜肴品种繁多、口味独特，主要美食有派勒利、鳕鱼、利比里亚火腿、葡萄酒、虾、牡蛎、马德里肉汤等。

西班牙还有一些饭前开胃的小菜或是两顿正餐之间的点心，如炸乌贼、炸小墨鱼、炸鸡翅膀、香烤咸酥虾、香蒜虾、蒜泥洋蘑菇等。

西班牙海鲜烩饭

西班牙美食

二、服饰民俗

在漫长的岁月里，西班牙各民族和地区形成了独具特色的传统服装。西班牙人的民族传统服饰与其宗教、舞蹈和斗牛等有着密切的关系。

西班牙女子的衬衣，大多是在边缘上饰以白细布制成的折裥花边，头发上也装饰着带花边的头饰或是鲜花。其花边头巾是由阿拉伯面纱演变来的。8 世纪初，信仰伊斯兰教的摩尔人侵入西班牙后，曾将天主教势力排挤到半岛的西部和北部，直至 11—13 世纪时，天主教势力才重新兴起。但是，阿拉伯人的服装给西班牙人留下了深刻印象。西班牙式花边头巾多取纱质面料，再镶绣上黑色或白色的花边。头发上插着巨大的梳子，这些梳子由象牙、玳瑁、牛角制成，有的还饰以雕刻。梳子支撑起花边头巾，同时还可看到梳子的精美效果。

西班牙男子的传统服饰也饰以刺绣，但民间的服装风格大体是简练而朴素的。男子们上穿白色的衬衣、无领背心和外衣，下穿黑色的紧身裤。宽阔的刺绣纹饰腰带系扎在腰部。脚上的皮鞋款式和女鞋大致相同，鞋舌也是长的。由于男子用鞋跟蹬地更为有力，所以在鞋跟处钉上鞋钉和金属片。它一方面起着保护鞋跟的作用，另一方面也可以使发出的声音更加响亮。外衣和马裤上都装饰着穗带，头上戴着遮阳的黑色檐帽。

斗牛是西班牙的传统习俗活动。斗牛士一般有着专门风格的传统服饰。斗牛士一般头戴三角帽，身穿白衬衣，外罩长及腰际的坎肩或带袖上衣。下身穿紧腿裤，裹着的长长的绑腿是用钢片折叠而编成的。脚下穿矮靿软牛皮马靴。斗牛士身上的斗篷红里黑面，肥而长。这些既可以起到保护躯体的作用，同时又可以使斗牛士显得精明强干。这是一套华丽的服装，无论是短上衣还是裤子，上面都有精致的刺绣。刺绣大多是用金线绣成图案，里面还镶缀着珍珠，再飘散出五彩的穗带。当出现在斗牛场上时，斗牛士手里还要拿着激怒公牛的红布和利剑。这是一套民族色彩十分浓郁的运动兼表演装。

西班牙特色斗牛士服饰

三、节庆民俗

西班牙节日众多，除了大家熟知的平常性节日外，还有一些富有民族风格的节日。如三王节、瓦伦西亚的法亚节（火节）、塞维利亚的四月节、马德里的圣伊西德罗节、斗牛节、圣体节、奔牛节、圣地亚哥节、西红柿节、圣皮拉尔节等。圣诞节和新年等节日期间西班牙人纷纷外出休假。下面简要介绍下斗牛节。

斗牛节在 3 月底 4 月初举行。斗牛要举行入场式。首先奏乐，乐曲雄壮奔放。乐曲声中，斗牛士入场。他们身穿绣花紧身衣，紧腿裤，头戴三角帽。斗牛士一般 20 来名，他们的队伍由两名骑士率领绕场一周，向观众致意。这之后由主持宣布斗牛开始。一场斗牛表演要有 6 头公牛出场，它们的体重约 370～500 千克。每斗一头牛大约耗时 20 分钟。每头牛的名字、年龄和体重都由主持向观众进行介绍。斗牛士更少不了要介绍给观众。每当介绍到有名气的斗牛士时，全场就会报以雷鸣般的掌声。

一个斗牛士水平的高低，不但要看他挑逗公牛的技术，而且要看他是否有一剑杀死公牛的本领。凡是能一剑结果公牛性命的，主持会当众宣布褒奖斗牛士牛耳一只；如果他挑逗动作一直出色，还要奖给他牛尾一条。

西班牙斗牛节

四、宗教民俗

西班牙自从罗马人统治时期就确立了天主教的地位。公元8—12世纪的“再征服”战争（收复失地运动）将阿拉伯人赶出半岛之后，天主教完全控制了整个西班牙。中世纪西班牙“宗教裁判所”横行整个欧洲，滥施酷刑，捕杀异端，上自王公大臣，下至平民百姓，无不谈虎色变。欧洲宗教改革时期西班牙成为西欧各新教国家的眼中钉。18世纪以后，教会和世俗力量之间的矛盾不断激化，反教权运动日益高涨，教会势力逐渐衰败。但是，仍有94%的西班牙人信奉天主教，其余也有新教徒、犹太教徒和伊斯兰教徒。

西班牙全境分11个教区，其中，托莱多教区是最大也是最重要的一个。托莱多主教从哥特时期以来就是西班牙的红衣主教。

天主教的影响表现在西班牙人的日常生活中。像其他天主教徒一样，西班牙人一生中最重要的时刻都是在教堂中度过的：出生后的洗礼，第一次领圣餐，婚礼和死后的葬礼。西班牙节日众多，有一个原因就是每一个城市、每一个村子、每一种职业都有一个圣徒作为守护神。每到圣徒生日的时候，这个城市或者行业公会就要举行大弥撒和宗教游行。另外，每一个教徒也都有自己的守护神，不仅要过自己的生日，也要过圣徒的生日，称作“Día del Santo”。西班牙人的名字大多取自圣徒，最常见的男女名字就是圣父、圣母“何塞”和“玛丽亚”，而且不论男女，都经常把这两个名字连用。

五、礼仪民俗

西班牙人在正式社交场合通常穿保守式样的西装，内穿白衬衫，打领带。他们喜欢黑色，因此一般穿黑色的皮鞋。西班牙女性外出有戴耳环的习俗，否则会被视为没有穿衣服一般被人嘲笑。

当地女性有时会用“扇语”，如当妇女打开扇子，把脸的下部遮起来，意思是“我是爱你的，你喜欢我吗”；若一会儿打开一会儿合上，则表示“我很想念你”。因此，初到西班牙的女人，如果不了解扇语，最好不要使用扇子。

西班牙人在正式社交场合与客人相见时，通常行握手礼和吻礼。

西班牙人的姓名常有三四节，前一两节为本人姓名，倒数第二节为父姓，最后一节为母姓。通常口头称呼称父姓。

六、其他民俗

（一）婚嫁民俗

西班牙巴斯克人的婚礼沿袭着一套传统的习俗。人们习惯上认为星期二是“吉日”，因此婚礼一般选在这一天举行。典礼要在教堂里按天主教教会规定的仪式进行，随后还要举办宴会和舞会。

马约尔广场

（二）丧葬礼俗

鼓掌，在中国人的风俗习惯里常用于喜庆、祝贺等场合。没人在悲哀之际用鼓掌来表达悲痛的心情。如果真有人反其道而行之，那肯定是幸灾乐祸。但在西班牙，人们在葬礼上的确是用鼓掌表达哀思的。西班牙鼓掌有两种含义：一是世界通用的含义，即表示喜庆、祝贺、鼓励等；二是表示“永远爱你，永远想你”。第二个意思的鼓掌只能在葬礼时使用，而且掌声越热烈表示对死者的感情越深厚。在这样的场合，不鼓掌反而意味着幸灾乐祸，要被人咒骂。

（三）禁忌

西班牙人忌讳送大丽花和菊花，只有在葬礼上才送菊花。送的时间也有讲究，每月的13日一般都不送花，送花时也不送13枝，因为“13”这个数字在西班牙人心中不吉利。

项目拓展

弗拉门戈舞蹈是西班牙舞蹈之一，是西班牙人的骄傲。弗拉门戈舞的精髓是充满创造力，不断地继承和创新。它植根于民间，充满了前卫和不断发展的生命力。随着时代的变迁，弗拉门戈舞蹈结合了探戈、塞圭利亚、桑布拉等9个极富特色的舞蹈，营造出纯正浓厚的弗拉门戈风情。演员高超的舞蹈技巧，一招一式尽显风情，散发出撩人心魄的魅力，每一个优雅的转身和定格都足以令观众震慑，滚雷般铿锵的舞步、深邃迷醉的眼神，将西班牙民族独特的风格演绎得淋漓尽致。弗拉门戈舞蹈被称为西班牙的国粹。

项目三　芬兰

前置作业

1. **芬兰婚礼民俗是怎样体现古典与浪漫的结合的？**
2. **地处北欧的芬兰，饮食民俗与欧洲其他国家有何不同？**

主体内容

国家概况

芬兰位于欧洲北部，与瑞典、挪威、俄罗斯接壤，南临芬兰湾，西濒波的尼亚湾。海岸线长1100千米。内陆水域面积占全国面积的10%，有岛屿约17.9万个，湖泊约18.8万个，有“千湖之国”之称。全国1/3的土地在北极圈内。其气候属温带海洋性气候。芬兰是世界上森林覆盖率最高的国家。

芬兰最早的居民为拉普人，故芬兰又称拉普兰，芬兰人迁入后，建立了芬兰大公国。12世纪后半期被瑞典统治。1809年俄瑞战争后并入帝俄，成为大公国。1917年12月芬兰共和国宣布独立。

芬兰是世界上高度发达的国家，其国民享有极高标准的生活品质。芬兰是一个高度工业化、自由化的市场经济体，人均产出远高于欧盟平均水平，与其邻国瑞典相当。

芬兰总面积为338000平方千米，是欧洲第七大国。芬兰拥有世界上纬度第二高的首都赫尔辛基，其纬度之高仅次于冰岛首都雷克雅维克。

一、饮食民俗

芬兰饮食文化的特色是全麦制品（裸麦、大麦、燕麦）及莓类（蓝莓、越橘、云莓、沙棘），牛奶与相关衍生产品（酪乳等）也相当普遍。现今，芬兰的烹饪风格融合了传统地方饮食与欧洲当代的高级烹饪风格。

在芬兰西部的传统菜色中，鱼与肉扮演了很重要的角色，东部的传统菜色则习惯加入各类蔬菜与菇类。

芬兰美食

二、服饰民俗

芬兰人在上班时常穿保守式样的西装，在正式社交场合更注意衣着与自己身份的相称，通常是男装笔挺，女装华丽。在日常生活中，芬兰人爱好体育运动，因此运动服式样很多，既有夹克式，也有蝙蝠衫式、握手口袋式，既有滑雪衫，也有健身服和各式球衣。

芬兰人的传统服饰：女士们身穿白衬衣，外边套着色彩绚丽的竖条无袖连衣裙，头系彩带包巾；男士们则是白衣黑裤，外罩花坎肩，头戴黑礼帽，脚踏黑皮靴。

三、节庆民俗

芬兰人的节日有元旦节、神灵节、五一节、降灵节、仲夏节、万圣节、独立日、节礼日等。下面简要介绍几个节日。

（一）仲夏节

每年的 6 月 25 日，芬兰各地按照民间传统习俗举行仲夏节庆祝活动。人们身穿民族服装进行各种传统民间手工艺表演，并点燃熊熊篝火，载歌载舞欢度仲夏之夜。

（二）大学生戴帽节

赫尔辛基的大学生从四面八方聚集到南码头广场，为广场中央圆形喷池中的哈维斯·阿曼达少女青铜塑像举行戴帽仪式。同时，在场的大学生戴上象征大学生的白帽子，畅饮已经准备好的香槟酒，祝贺他们自己的节日。

（三）圣诞节

芬兰是圣诞老人的故乡，当地人会化装成小雪花、森林动物、白雪公主等，牵着来自北部地区的驯鹿，兴高采烈地参加游行庆祝活动。

（四）赫尔辛基桑巴狂欢节

每年的 6 月 13 日，赫尔辛基会举行桑巴狂欢节。当日，来自芬兰全国各地的桑巴舞爱好者和桑巴舞学校的师生会在赫尔辛基市中心举行狂欢节大游行。

四、宗教民俗

芬兰为宗教自由的国家，大多数芬兰人（86％）信奉基督教路德宗，大约 1％的人口信奉东正教。路德教与东正教均为国教，法律地位相同。其余的人则是基督教新教其他教派的教徒、罗马天主教徒、伊斯兰教徒和犹太教徒。

五、礼仪民俗

芬兰人在官方场合与客人相见时惯施握手礼。他们也施接吻礼，但一般是在亲人及密友之间。吻唇礼一般只用于情侣及夫妻间。

约会应预先安排，并要准时赴约。

如果你应邀去芬兰人的家中用餐，最好不要忘记给女主人送些鲜花。

六、其他民俗

（一）婚嫁民俗

代芬兰人举行婚礼不但要创新、有特色，而且要反映他们的传统风俗。现代婚礼可谓是古典与浪漫的结合。豪华婚礼轿车上装饰着叮当作响的锡罐，新郎要抱着新娘跨过门槛。对于现代芬兰人来说，这些都是真正的传统。

（二）禁忌

芬兰人绝大多数信奉基督教（路德宗），还有少数人信奉伊斯兰教。芬兰人忌讳数字“13”和“星期五”，并视其为不吉祥的数字与日期，认为其会给人们带来厄运和灾难，因此人们都不愿意接触这些数字和日期。他们很忌讳交叉式的握手或交叉式的相互谈话，认为这两种方式均属不礼貌的范畴。在与客人攀谈时，一般都不愿相互间的距离过近。按他们的待客心理习惯，距离以 1.2 米左右较为适当。

芬兰信奉伊斯兰教的教徒禁食猪肉，忌讳使用猪制品，同时也忌讳谈论有关猪的问题。芬兰人在饮食上不习惯吃稀奇古怪的海味品，也不爱吃姜和香菜，一般人也不吃动物内脏。

知识链接

圣诞老人的故乡

1927 年，芬兰的儿童故事大王玛尔库斯在电台讲故事时说，圣诞老人和两万头驯鹿一起住在芬兰和苏联分界的拉普兰省“耳朵山”上，正是因为有“耳朵”，圣诞老人才能在北极听到世界上所有孩子的心声。他的这种颇有感染力的浪漫推理获得了世人认可，从此，故事中的“耳朵山”就成了圣诞老人的故乡。

项目拓展

芬兰是圣诞老人的故乡，圣诞老人的传说表现了人们怎样的愿望及情感？为何能引起世人的共鸣？

项目四　波兰

前置作业

1. 天主教在波兰的影响无处不在，这在日常生活中是如何体现的？
2. “溺死雪女”的民俗是怎样的？有何意义？

主体内容

国家概况

波兰全称波兰共和国，位于中欧，西面与德国接壤，南部与捷克和斯洛伐克为邻，东部与乌克兰和白俄罗斯相连，东北部和立陶宛及俄罗斯接壤，北面濒临波罗的海。地势北低南高，中部下凹。全境属于由海洋性向大陆性气候过渡的温带阔叶林气候。波兰具有迥异的东欧风情。每年的5—9月是波兰较美丽的时候，天气温暖而阳光明媚。

波兰族是欧洲最古老的民族之一，属西方斯拉夫系。远古时期，在维斯瓦河流域和奥得河流域居住着一群莱赫人，他们便是波兰族人的祖先。据历史考证，在9世纪末和10世纪初，古波兰族人已在这块土地上建立了自己最初级的国家组织。此后，古波兰族人的首领们不断扩张自己的势力范围。公元966年，波兰人正式建立波兰国家，此时的波兰已成为一个多民族国家，也属斯拉夫国家中的大国之一。在随后的诸多世纪中，由于波兰贵族统治者继续推行扩张主义政策，加上波兰几度被瓜分以及第二次世界大战后波兰疆界的变更，波兰变成拥有10多个民族的、以波兰族为主的国家。

华沙历史中心

一、饮食民俗

波兰人平时以吃面食为主。他们爱吃烤、煮、烩的菜肴，口味较淡。大部分波兰菜肴不加化学添加剂，用纯自然的方式做成。波兰人吃饭时先喝汤，汤的种类有甜菜汤、蛋花冷汤、大麦汤，有的大麦汤还加上蛋和香肠。主餐的种类也不少，常见的有炸猪排薄饼和软起司，以及各式的洋水饺等。在饮料方面，他们还爱喝咖啡和红茶。在饮用红茶之时，波兰人大都爱加入一片柠檬，并且不喜欢茶水过浓。

二、服饰民俗

波兰人喜爱有红色、黄色、蓝色条纹的布料，所有的色彩都配合得和谐美观。当地男子还常穿军服式服装，有的上面还饰有金色流苏。波兰妇女，已婚的要把头发塞进帽子里，未婚的则把头发梳成两条辫子，用缎带把辫梢系住，头上通常戴花环或系头巾。她们喜欢在颈上戴用珊瑚珠、玻璃珠或琥珀珠做成的项链。

波兰传统服饰

三、节庆民俗

（一）圣安德鲁日

圣安德鲁日是一个久负盛名的波兰传统节日，这是耶稣降临日前的最后一个宗教节日，它将预言新一年的景象。最有名的方式就是把热蜡浇入冷水中，然后“读”出它的形状以预言未来。

（二）溺死雪女

溺死雪女是至今在波兰仍非常流行的一个异教徒传统。在古代，这个习俗意味着生命永恒的旋律。它表达了人们对春季来临的喜悦，它意味着万物重生，预示着丰收。“雪女”代表着寒冬，通常是一个用稻草制作的，穿着白色的衣服，戴着珊瑚项链和绸缎的女性雕像。

在西里西亚地区，“雪女”穿着华丽的婚礼服，手上戴着花环。人们抬着她走过家家户户，然后把她的衣物剥光，并把碎布铺撒在农田中，最后把她“淹死”在河里、池塘里、湖里或大水坑里，有时在“淹死”前还会在她身上点上一把火。在“雪女”被抬出村子的同时，对面会有一个用绿色枝叶制作的佩戴着绸缎、珊瑚项链和鲜花的“门神”被抬进来。千百年过去了，这个仪式逐渐演变成了一种娱乐方式。如今，“溺死雪女”的活动主要由小孩子在 3 月 21 日完成，这一天是春天的第一天，也是一个非正式的逃学日。

（三）圣西尔维斯特节

新年和除夕，也就是波兰有名的圣西尔维斯特节，是一场伴随着宴会和舞会的狂欢节日。其中，一个传统的娱乐项目便是乘雪橇，数百年来它一直受到绅士们的喜好，到现在仍然很流行。由马儿拉着的雪橇和雪车队伍经过一个又一个的庄园，沿途受到热情的款待，美餐之后人们热烈地起舞。如今，场面已经没有那么壮观了，但在结束的时候通常会举行一个篝火晚会，大家尽情地品尝香肠或是波兰传统炖肉。

在狂欢节的最后一个星期四，波兰人喜欢用炸面圈或炸麻花来填饱肚子。狂欢节以“忏悔星期二”的狂欢盛会作为结束，这就是著名的“鲱鱼盛会”，吃完鲱鱼后便预示着基督教大斋期的到来。

（四）圣诞节

波兰的圣诞节就像中国的新年一样，全家大小围在一起吃丰盛的年夜饭。晚餐前大家一起唱圣诞歌曲，家中的长者手里会拿着圣诞饼与家中的其他人共同分享，之后就按照年龄大小顺序一一祝福其他的人，每个人口中都会说：“彼此宽恕，也特别祈求天主的爱，不断地与他同在。”

圣诞树下放了不少的礼物，礼物上面有每个人的名字，礼物是由年纪大的人送给每位在场的人的，晚餐后仍然继续庆祝圣诞节的活动，一直到子夜弥撒结束前。

（五）棕枝全日

在复活节之前，最丰富多彩的节日就是“棕枝全日”。全国的教堂都会庆祝这个基督成功进入耶路撒冷的日子。这一天最大的特色就是棕榈叶。虽然仍被称为“棕榈叶”，但它们已不再像当年耶稣在圣城被祝福时的那个样子了。

典型的“棕榈叶”是一束束的锦熟黄杨、晒干的花朵和柳树枝。有些地区因拥有独特的棕榈叶而出名，那儿有数米高的棕榈枝叶，上面点缀着五彩缤纷的丝带、牧草、干花或人造花。在过去，人们相信在弥撒中被祝福过的棕榈叶有着特殊的功能，可以预防疾病等。弥撒后，人们会用棕榈叶轻轻地互相敲打，互相表达健康、财富和丰收的祝愿。

（六）复活节后的星期一

复活节后的星期一是男孩子向女孩子泼水的日子。这个古老的习俗至今仍然非常流行，但其最初的含义已经逐渐被忘却。它很可能是一种赐予生命力的净化仪式。在很多地方，不仅仅是女性被泼，为了更好的收成和更多的产奶量，水也同样会被泼到土地上和母牛身上。

四、宗教民俗

波兰95%的人信奉天主教，其中75%的人依然忠实虔诚地遵守天主教习俗。波兰是今日欧洲少有的对宗教仍然相当虔诚的国家，境内大小教堂林立，宗教气氛浓郁，每周去教堂望弥撒仍是大多数居民重要的生活内容。波兰人由于受宗教的影响，养成了特别爱佩挂“十字架”的风格，如项链、胸徽等。

五、礼仪民俗

在人际交往中，波兰人的举止优雅、语言文明、彬彬有礼是世人有口皆碑的。同外人打交道时，波兰人对称呼极其重视。他们的习惯，是要尽可能地采用郑重其事一些的称呼。

在社交场合问候他人时，波兰人肯定会对对方以“您”相称。假如对对方以“你”相称，则多半意味着双方关系十分密切，彼此相交已非一日。

按照波兰人的习惯，自己在交际场合被介绍给他人之后，必须要主动同对方握手，同时还要报上自己的姓名，不然即为失礼。

在波兰，最常用的见面礼节有握手礼和拥抱礼。在波兰民间，吻手礼则十分通行。

一般而言，吻手礼的行礼对象应为已婚妇女，行礼的最佳地点应为室内。在行礼时，男士宜双手捧起女士的手在其指尖或手背上象征性地轻吻一下，吻出声响或吻到手腕之上，都是不合规范的。

六、其他民俗

波兰人普遍爱花。在所有鲜花之中，他们最喜欢三色堇，并将其定为国花。送波兰人鲜花时，宜送由一种鲜花组成的单束花，且不宜送双束花。

波兰人最喜欢的动物是白鹰，被定为国鸟。

波兰的公共设施被标以与众不同的标识。例如，男用卫生间的标识是倒三角形，女用卫生间的标识则是一个圆圈。

忌讳就餐者是单数。他们认定此乃不吉之兆。

在吃整只的鸡、鸭、鹅时，波兰人通常讲究要由在座的最为年轻的女主人亲手操刀将其分割开来，然后逐一分到每位客人的食盘之中。

不论饭菜是否合自己的口味，客人都要争取多吃一点，并要对主人的款待表示谢意。

口中含着食物讲话，在波兰人看来是很粗鲁的。

与波兰人进行交往应酬时，有 3 个问题一定要特别注意：第一，天主教在波兰的影响无处不在；第二，波兰人的民族自尊心极强；第三，波兰人很介意待人的礼数。

波兰著名工艺品琥珀

知识链接

琥珀传说

琥珀也被称为“太阳之石”。希腊罗马神话中太阳神阿波罗之子帕耶特是看着父亲驾着太阳马车的英姿长大的，故对驾驭马车十分向往。有一天，帕耶特终于开口要父亲让他试试驾着太阳马车，阿波罗勉强同意了。起初，一切都非常顺利。不料，帕耶特的驾驶技巧尚未成熟，又太得意忘形，就在他驾着太阳马车将要到达最高点时，天马突然失去了控制，载着灼热太阳的马车偏离了轨道，一头冲到地面，造成了巨大的灾难。全知全能的天神宙斯为了拯救一切，不得不以雷击将马车和帕耶特一起打入水中。帕耶特的妹妹赫利阿得斯对帕耶特的不幸遭遇万分悲痛，不久就因受不了这沉重的打击而变成了河堤边的白杨树。她流下来的悲伤的眼泪凝固后，就变成了半透明的琥珀。

项目拓展

琥珀是数千万年前的树脂被埋藏于地下，经过一定的化学变化后形成的一种树脂化石，是一种有机的似矿物。琥珀的英文名称为 Amber，来自拉丁文 Ambrum，意思是“精髓”。中国古代认为琥珀为“虎魄”，意思是虎之魂。在波兰，琥珀被称为“太阳之石”、“赫利阿得斯对帕耶特的眼泪”。从这一神话传说，可以看出琥珀在波兰人心目中的地位如何?

项目五　捷克

前置作业

1. **了解波西米亚风格及其特点。**
2. **捷克克鲁姆洛夫为何被列为世界文化遗产之一?**

主体内容

国家概况

捷克是欧洲中部的内陆国家，它处在三面隆起的四边形盆地，土地肥沃。全国丘陵起伏，森林密布，风景秀丽。国土分为两大地理区，西半部是波希米亚高地，东半部是喀尔巴阡山地。这里属温带气候，年降雨量700 多毫米。年平均气温 8.3℃，夏季平均气温 16.7℃，冬季平均气温－1℃。夏季是去捷克旅游的好季节，著名的卡通片《鼹鼠的故事》就是捷克创作的。捷克人口有 1056 万，主要民族为捷克族，占 90%，其他民族有摩拉维亚族、斯洛伐克族、德意志族和波兰族等。捷克的官方语言为捷克语，主要宗教是罗马天主教。

一、饮食民俗

捷克人的饮食以猪肉为主，日常民族饭菜是猪肉排、甜酸菜和馒头片。捷克人常吃的面皮包肉馅的洋水饺，配上东欧人特爱的酸白菜及蘸酱，相当美味。捷克人嗜食肉类，水果、蔬菜很少吃。捷克的国菜，可以说是烤猪肉，炖煮的食品也是不错的选择。捷克最有名的美食是一种炖牛肉。这种炖牛肉的制作方法也很复杂，要按照时间添加 23 种不同的调味料。整个制作过程大约要 4 个小时。捷克人喜饮啤酒。捷克人与法国人的口味相似，喜欢炸、焖的菜肴，早餐吃麦粥，晚餐要有汤，一般为清汤。捷克人喜欢甜点，如甜甜圈、苹果派和包水果的捷克饺子等。另外，捷克人认为鲤鱼能带来好运和财富，所以在圣诞节前，捷克人将会吃掉上百万条鲤鱼。

猪肉排酸梅酱

捷克啤酒

二、服饰民俗

捷克族是个放荡不羁、以歌舞为生的民族，在波西米亚的旗帜下，再复杂的情绪，在这个时尚的时代都能用感性的服饰演绎出来。波西米亚落实在女人身上，便成了一种奢华的另类、个性的高贵。波西米亚风格的装扮，在总体感觉上靠近毕加索的晦涩的抽象画和斑驳陈旧的中世纪宗教油画，还有迷综错乱的天然大理石花纹，杂芜、凌乱而又惊心动魄。暗灰、深蓝、黑色、大红、橘红、玫瑰红等是这种风格的基色。

波西米亚，原意指豪放的吉卜赛人和颓废派的文化人。在时装界甚至整个时尚界中，波西米亚风格代表着一种前所未有的浪漫化、民俗化、自由化。浓烈的色彩、繁复的设计，会带给人强劲的视觉冲击和神秘气氛。

波西米亚最有代表性的服饰是打满粗褶、细褶的长裙，质地可以是纯棉的、粗麻的、砂洗重磅真丝的，款式可以是镂空设计的、缀满波西米亚式绣花的、加上婀娜的荷叶边的、垂垂吊吊满是流苏的，也可以是布满无规则图案的、用其他风格面料拼镶的……总之，它是繁复的、奢华的，无时无刻不在昭示着独特性。如果要披外套，一般是收腰的长大衣，昂贵的羊绒是第一选择，其次便是精纺亚麻，再加上一条粗犷而帅气的腰带，将硬朗与柔美完美地结合在一起。

饰品的选择上，几乎不放过身体上任何能披挂首饰的部位，手腕上、脚踝上、颈前、腰间，还有耳朵、指尖。不管重不重、贵不贵，发黑的银器、天然的或染色的石头等都可以在考虑之列。

如今，捷克人在日常生活中，年轻人喜欢穿牛仔装和其他休闲服，女士则根据自己的喜好或流行趋势选择裙装或裤装，男士普遍穿西服或夹克。

三、节庆民俗

1 月 1 日，元旦。

2 月 25 日，劳动人民胜利纪念日。

5 月 8 日，反法西斯胜利纪念日。

7 月 5 日，康斯坦丁和麦托杰耶传教士纪念日。

7 月 6 日，扬·胡斯纪念日。

10 月 28 日，捷克共和国国庆日。

11 月 1 日，万圣节，纪念“圣人”的节日。

11 月 2 日，万灵节，纪念亡灵的节日。

12 月 6 日，圣尼古拉斯节，一个宗教节日。

12 月 25 日，圣诞节。

……

捷克人除了自己的生日以外，还有一个值得庆贺的日子——命名日。在捷克的年历上，每一天都有一个固定的人名，命名日便由此而来。每个人都将这一天视作自己的第二个生日。亲戚朋友过来祝贺并赠送礼物，这些礼物通常是一瓶酒、一盒巧克力或一束花。

四、宗教民俗

捷克的无神论者已上升至 58.3%（个别地区除外，兹林州信仰宗教的居民超过半数，而乌斯季州和利贝雷茨州信教的人数还不到 20%），10%的居民未确切表明自己的宗教信仰，31.7%的捷克居民信仰某一种宗教，其中，83%的教徒信仰天主教，其次是新教（主要是捷克斯洛伐克胡斯教和捷克兄弟福音教），然后是东正教，还有少部分居民信仰犹太教、伊斯兰教。

五、礼仪民俗

捷克人认为可以没有好衣服，但不可没有好风度。他们不但在与别人打交道时谈吐文雅、彬彬有礼，而且独处时也不随便，对举止轻浮的人非常讨厌，对公众场合搂肩搭背的现象也没有好感。在家里，对长辈恭敬，在室外，扶老携幼者随处可见。

现代捷克人绝大多数只有一个姓和一个名，即姓、名各一词或一节。为了与自己同名同姓而且身份又相近者相区别，有人还要加一个中间名。

称呼时，一般称呼先生、小姐。见面行握手礼。捷克人在官方场合与客人相见时，惯行握手礼。男友间相见，惯施拥抱礼；女性友人间相见，惯施亲吻礼（即亲吻双颊）。应邀到捷克人家里做客，要带上礼物和鲜花、葡萄酒、威士忌或法国白兰地。

六、其他民俗

（一）婚嫁民俗

举行婚礼前，男女双方向亲戚朋友发送结婚通知，接到通知的人在婚礼举行前一天向新人发送贺电，内容要风趣幽默。

通常在举行婚礼的当天晚上举办婚宴，城市的居民一般将婚宴安排在饭店或餐馆，农村人则在家杀猪宰鸡，以丰盛的酒席和自制的各式糕点款待参加婚礼的亲朋好友。至今在捷克还流行一个风俗，即新郎新娘在进入举办婚宴的餐厅（或家门）前，各自喝完一杯白酒，然后将酒杯摔碎在地上，接着一人拿笤帚一人拿簸箕共同打扫碎片，这寓意着夫妻二人将来一起面对生活中出现的挫折和困难。婚宴上一定要有蛋糕和鸡汤，新人一起给客人分蛋糕，并用一个盘子喝鸡汤，新郎还要用勺喂新娘喝汤。在婚宴上，新人向大家朗读贺电，客人向新人赠送礼物或礼金。随后，大家跳舞、唱歌，客人通常娱乐到午夜12点前分散回家，回去时带着葡萄酒和蛋糕、点心。

在捷克一些农村地区，举行婚礼的前天晚上即开始编制新娘婚礼时所戴的花冠，编花冠时会放入一小段苹果树枝，以祈求将来的婚姻生活幸福美满。举行婚礼的当天，新娘家闭门等待新郎和媒人率领的迎亲队伍前来迎接新娘。新娘在婚礼仪式进行过程中口含一朵红色康乃馨，典礼结束前将其传入新郎的口中，以象征忠诚的爱情。婚礼结束后，前来参加婚礼的人们用盐和面包祝福一对新人早生贵子。随后是酒席，庆贺活动会持续两三天。

在一些地方，为了强调新娘告别少女时代的悲伤，妇女们都穿上深色的服装去参加婚礼。

（二）丧葬民俗

在捷克，丧礼分为世俗丧礼和宗教丧礼两种，根据死者及其亲属的意愿来选择举行哪一种丧礼。人死后可以火葬，也可以土葬，骨灰或遗体安葬在公墓里。通常举行宗教丧礼的要土葬，在墓地由神职人员为死者做祈祷等仪式，在灵柩放入墓穴前要唱挽歌。世俗丧礼在殡仪馆举行，亲友向死者献花圈并向死者的遗体告别。无论参加哪一种葬礼，死者亲友都着黑色或其他深色服装。葬礼后，死者家属还要宴请参加葬礼的人。

（三）禁忌

捷克人视“13”、“星期五”为不祥的数字和日期。平时人们无论干什么，都设法躲开这些数字和日期。他们忌讳交叉式握手和交叉式的谈话，认为这样是不礼貌的。他们对红三角很敏感，并视其为有毒标记。此外，对盯视自己的人很反感，认为盯视他人是一种蔑视人的行为。他们中的个别人不喜欢吃鱼、虾、羊肉，一般人都不爱喝浓汤。

圣母玛利亚大教堂

三位一体圣柱

项目拓展

波西米亚风格的主要特征就是流苏、涂鸦带给人的视觉冲击和神秘感，这种被称为“有一定经济基础的小资情调”的服饰风格对简约风格形成了巨大冲击。波西米亚风格不是可以简单地用流苏花边绳结、棉麻褶皱来武装的穿着方式，它崇尚自由个性，把没有原则当成原则。把一石一木一珠一布组成时尚，是波西米亚的精髓。

波西米亚是怎样成为世界潮流的？

项目六　英国

前置作业

1. **英国的绅士风度对现代社交有何意义？**

2. **穿裙子的男人并不多，苏格兰却有这样的民俗。体会英国的服饰文化。**

主体内容

国家概况

大不列颠及北爱尔兰联合王国，简称联合王国或不列颠，通称英国。它是由大不列颠岛上的英格兰、苏格兰、威尔士、爱尔兰岛东北部的北爱尔兰以及一系列附属岛屿共同组成的一个西欧岛国，是英国西欧的一个高度发达的资本主义国家。英国本土位于欧洲大陆西北面的不列颠群岛，被北海、英吉利海峡、凯尔特海、爱尔兰海和大西洋包围。除了英国本土之外，其还包括14个海外领地。1688年“光荣革命”确立了英国的君主立宪政体，英国首先完成工业革命，国力迅速壮大。18—20世纪初期大英帝国领土跨越全球。两次世界大战中英国都取得了胜利，但国力严重受损。到20世纪下半叶，大英帝国解体，超级大国领导地位被美国和苏联取代。不过，英国依旧在国际上有着举足轻重的领导地位，是世界上数一数二的发达国家。英国是一个在世界范围内拥有强大影响力，举足轻重的经济、文化、军事和科技强国。英国亦为英联邦元首国、欧盟成员国、北约创始会员国、G8成员国之一，为联合国安理会五大常任理事国之一，对安理会议案拥有否决权。首都伦敦是欧洲最大的城市、全球最大的金融中心、全球最为领先的城市之一，与美国纽约、日本东京并称为全球经济大都市。

一、饮食民俗

在饮食上，英国人很是讲究。他们的口味比较淡，喜欢清炖的菜肴，爱喝清淡的汤，讲究花样，讲究原汁原味，不吃辣的，也不喜欢吃浓汁的菜。英国人的饮食注重营养，他们在用餐时首先考虑的是要摄取多少营养成分，十分理性。为了营养，尽管每天饮食单调，但仍坚持吃下去。

英国人早餐通常是麦片粥冲牛奶或一杯果汁，涂上黄油的烤面包片，熏咸肉或煎香肠、鸡蛋。午餐就在工作地点附近买上一份三明治，就一杯咖啡，打发了事。只有到了周末，英国人的饭桌上才会丰盛一番。通常主菜是肉类，如烤鸡肉、烤牛肉、烤鱼等。蔬菜品种繁多，有卷心菜、新鲜豌豆、土豆、胡萝卜等。蔬菜一般都不再加工，装在盘里，浇上从超市买回的现成调料便食用。主菜之后总有一道易消化的甜食，如烧煮水果、果料布丁、奶酪、冰激凌等。

有些比较讲究的英国人一日四餐：早餐丰盛，一般吃麦片、三明治、奶油点心、煮鸡蛋，饮果汁或牛奶；午餐较简单；午后饮茶也算一餐，通常喝茶，吃面包、点心；晚餐最讲究，吃煮鸡肉、煮牛肉等食物，也吃猪肉、羊肉。英国人做菜不爱放酒；调味品放在餐桌上，任进餐者调味；用餐讲究座次、服饰、方式。

英国人每餐都喜欢吃水果，晚餐还喜欢喝咖啡。夏天爱吃各种果冻和冰激凌，冬天则爱吃蒸的布丁。

英国人爱喝茶，一早起床就要喝一杯浓红茶。倒茶前，要先往杯子里倒入冷牛奶，加点糖，若先倒茶后倒奶会被认为无教养。他们常饮葡萄酒和冰过的威士忌苏打水，也有喝啤酒的，一般不饮烈性酒。

英国人的晚餐

二、服饰民俗

男人穿裙子在世界上不多见，苏格兰男人就是其中一例。头戴小黑呢帽，身着花格裙及短袜，手上拿着管风笛，这是苏格兰男人引以为傲的打扮。苏格兰人爱穿花格裙，是因为不同图案的花格布代表着不同的氏族，每一个氏族都为自己设计一种代表氏族精神及血缘关系的花格布裙。当氏族人穿上自己氏族的花格布裙时，也就同时穿出了他们族人的骄傲、责任与忠诚。尽管英国人讲究衣着，但他们十分节俭，一套衣服一般要穿十年八年之久。现在英国人的衣着已向多样化、舒适化发展，比较流行的服饰有便装夹克、牛仔服。

在穿戴上，英国人是最讲究的，在交际应酬中非常重视“绅士”、“淑女”之风。在参加宴会时，男士要穿燕尾服，头戴高帽，手持文明棍或雨伞，这是他们的标准行头。女士则穿深色套裙或是素雅的连衣裙，庄重、肃穆的黑色的服装是首选。英国最传统的男子服装是“基尔特”，它是一种由腰至膝的花格短裙，穿着时要配上很宽的腰带。

在英国参加正式的宴会时要注意以下4个要求：

(1) 忌打带条纹的领带；

(2) 忌不系长衬衫袖口的扣子；

(3) 忌正式场合穿凉鞋；

(4) 忌浅色皮鞋配深色西服。

三、节庆民俗

日期	节日	备注
1月1日	元旦	国定假一天。按惯例，如果节日是在周末，则周一补休一天。假日期间人们举办各种各样的新年晚会，女王发表新年祝辞，各种教堂在除夕夜都做守岁礼拜
2月14日	情人节	爱侣的节日。源于3世纪殉教的圣徒圣华伦泰逝世纪念日，情人们在这一天互赠礼物，故称“情人节”
3月1日	圣大卫日	圣大卫是威尔士的守护圣徒。用传统风俗来庆祝
3月17日	圣帕曲克日	悼念爱尔兰的守护神圣帕特里克的节日。爱尔兰传统风俗庆祝
4月1日	愚人节	通常朋友或同事之间开些无伤大雅的玩笑，但必须是在中午12点以前
4月2日	母亲节	送贺卡、鲜花或礼物以答谢母亲
4月13日	星期五日	国定假日一天。基督教的宗教假日
4月15日至16日	（耶稣）复活节	该节日是庆祝基督复活的节日，过节时人们多吃复活节彩蛋，送给儿童用巧克力做的复活彩蛋

续　表

日期	节日	备注
4 月 21 日	女王诞辰日	庆祝女王的诞辰
4 月 23 日	圣乔治日	英格兰的守护圣徒。传统风俗庆祝
5 月 7 日	五月公假日	放假一天。宗教假日
5 月 28 日	五月公假日	放假一天。宗教假日
6 月 17 日	父亲节	送贺卡、鲜花或礼物以答谢父亲
8 月 27 日	八月公假日	放假一天。宗教假日
10 月 31 日	万圣节	也称鬼节，传统以南瓜灯、化装舞会或游街来庆祝。孩子敲邻家的门讨零钱或糖果
11 月 5 日	烟花节	也称盖夫克夜（俗称柴火夜）。庆祝欲烧毁国会大楼的盖夫克被捕并处死。烧柴火、放烟花庆祝
11 月 11 日	纪念日	每年 11 月 11 日上午 11 点整纪念在第一次和第二次世界大战中牺牲的无名烈士。几乎所有商店在此前后都会出售塑料或纸做的罂粟花纪念物。大多数城镇会在烈士纪念塔前举行小型仪式。皇家成员无论在哪，都即时默哀 2 分钟
11 月 30 日	圣安德鲁日	苏格兰的守护圣徒。传统风俗庆祝
12 月 24 日至 26 日	圣诞节	国定假日。从圣诞日起两天，但多数人一直休息到元旦过后。一般来说，12 月份下旬一直到次年的 1 月上旬都不宜安排到英国的商务旅行

四、宗教民俗

大部分英国人信仰英国国教（基督教新教的一种），另外一些外来移民也保持了自己文化的信仰，如天主教、伊斯兰教、佛教等。基督教是英国的传统宗教，北爱尔兰地区部分居民信仰天主教，另有印度教、犹太教及伊斯兰教等较大的宗教社团。

教堂里的十字架

五、礼仪民俗

在英国，女士优先是人人皆知的行为准则。进房间、进餐馆等大多是女子在前，男士要替女士开门。在街上行走或过马路时，男子要走在女士身旁靠来车方向的一侧。宴会上，女士进客厅时，厅中的男子要站起来以示敬意，女士则不必起身为礼。作介绍时，通常把男士介绍给女士，年轻的介绍给年长的。在客厅里就座的宴会，男士应为女士拉开椅子，帮女士入座。被邀请到英国人家做客，如果是社交聚会，早到是不礼貌的，因为女主人正在做准备，还没完全准备好客人就到了会使她感到非常尴尬。晚到 10 分钟最佳，晚到半小时就显得太迟了，需向主人道歉。在主人家坐到太晚也是很不礼貌的，最好在晚 10 点至 11 点之间离开或者餐后 1 小时告别。英国人吃饭的规矩较复杂，最主要的是要坐直，吃饭时不准不停地交谈。汤匙应放在汤盆的托碟上，咖啡匙要放在茶托上，不能把自己使用的匙子留在汤盆或咖啡杯上。吃东西时不要弄出声响，否则会被认为是不懂规矩。喝汤时用匙的一侧从里往外舀，不能用匙头，更不能端着汤盆把盆底剩的汤全喝光。每餐一般只有一道主菜、沙拉和甜食。不能在餐桌上抽烟和打饱嗝。

六、其他民俗

（一）婚嫁民俗

由于信仰不同，英国有 3 种婚礼：英国国教婚礼、天主教婚礼、世俗婚礼（非宗教仪式婚礼）。英国婚礼注册一种是传统的教堂婚礼注册，这种注册方式要提前半年预约，还要张榜公告一个月，直到没有人反对这对新人的婚姻，新人才有机会步入教堂举行婚礼。第二种注册方式是去市政厅注册，只需要提前 1 个月预约。

一旦双方确立了恋爱关系，男方要送给女方订婚戒指并举行仪式。这种习俗遍及整个英国。结婚或订婚戒指是许多民族的传统习俗。英格兰人在教堂里举行婚礼仪式时，新郎给新娘戴戒指是不可缺少的一项重要内容。人们甚至认为不戴戒指的婚姻是无效的。当神甫询问一对新人是否愿意做对方的妻子或丈夫，能否相互尊重、白头偕老后，新郎要给新娘在无名指上戴上一枚戒指，它象征着丈夫对妻子的纯真爱情，同时也表示妻子接受并忠实于这份爱情。

(二) 丧葬民俗

生老病死，自然规律，无人能够避免。葬礼是送死者最后一程的重要仪式，每个国家都有各种不同的丧葬文化和习惯，拥有深厚文化底蕴的英国也是如此。

西方葬礼一般都是要穿黑色或者深色服装的。这样颜色的服装庄严肃穆，可以表达对死者的哀思。

英国社会在人死亡以后由医生验查尸体，发出医疗上的死亡证明书，并在地区的死亡登记处登记。英格兰规定应在 5～12 天内进行死亡登记。家属必须与教堂商量办理丧事事宜，并立即通知家庭成员、亲密朋友、同事等。所有收到死讯的人应立刻发出唁信，并表明是否参加丧礼。英国人还有登报发布死亡通知的习惯。亲友们可以给死者送上鲜花，以表示敬意。现在越来越多的人要求以捐赠慈善事业代替送鲜花。

棺材起行前先由一位家庭成员或教士念祈祷词，由殡葬承办人和抬棺工人负责搬运，把棺材放在一辆灵车里，然后移往教堂。人们在教堂中等候，大厅前排为家属的座位。主要送葬者进入教堂，棺材进入教堂，棺材一般放在教堂过夜。在举行仪礼后立刻在教堂墓地或公墓里埋葬，仪式主要是唱赞美诗，祈祷，读《圣经》，并由一人讲话。

如今很多人愿意在火葬场的小礼堂举行仪式。火葬已普遍被英国人接受。据统计，英国死者大约有 67%是火葬的。追悼仪式与葬礼不同，前者为公共集会，后者为私人葬丧礼仪。追悼仪式是在城镇或大城市进行，而葬礼常是在乡村偏僻的小教堂举行。参加葬礼通常穿上颜色暗淡的服装，寡妇穿黑色衣服。男子已不穿正式服装，如黑裤子、高礼帽等，只是戴一条黑领带而已。

犹太教徒在犹太会堂中举行一次纪念仪式，并在下葬后几个月以后在墓地举行一次纪念聚会，献祭墓碑。

英国新寡妇女的衣服要素淡，两三个星期内不接待客人，半年不外出拜访，一年之内不参加舞会及大型宴会，可参加音乐会、观剧、小型挚友的宴会。丧偶的男子两三个月内要举止文雅，不可花天酒地，以表示生者对死者的哀悼之情。丧期内的礼仪没有具体规定。

（三）禁忌

英国人忌谈个人私密问题，如家事、婚丧、年龄、职业、收入、宗教等问题。由于宗教的原因，他们非常忌讳“13”这个数字，认为这是个不吉祥的数字。不能手背朝外，用手指表示“2”，这种“V”形手势是蔑视别人的一种敌意做法。

英国人非常不喜欢谈论男人的工资和女人的年龄，英国女士认为年龄是自己的秘密。在英国购物，最忌讳的是砍价。英国人不喜欢讨价还价，认为这是很丢面子的事情。英国人上厕所时不会直截了当地说“去上厕所”，一般说“请原谅几分钟”或“我想洗手”等，小孩子们一般说“我要去那个地方”。在朋友之间和家庭内部，“100 号”则是最常用的说法。

项目拓展

在英国，人们恪守着这样一句名言——“My home is my castle. The wind can come in, but the Kings and Queens and human beings can never come in without my permission.”这表现了英国人怎样的性格特质？形成这种性格特质的因素有哪些？

项目七　希腊

前置作业

1. 怎样理解希腊人的“酒神情绪”？
2. 雅典卫城为什么是西方文化的象征？

主体内容

国家概况

希腊共和国位于巴尔干半岛的东南端，三面临海，国土的 3/4 都是山地，海岸线长达 12000 千米。希腊面积为 131944 平方千米，包括希腊本土、爱琴海和爱奥尼亚海中的诸多岛屿。希腊是欧洲的文明古国，2700 多年前就开始有文字记载的历史。希腊悠久的历史和独特的地中海自然风光吸引着全世界的游客。

雅典是希腊首都，也是希腊最大的城市。雅典位于巴尔干半岛南端，三面环山，一面傍海，西南距爱琴海法利龙湾 8 千米，属亚热带地中海气候。基菲索斯河和伊利索斯河穿城而过，市内多小山。雅典是世界上最古老的城市之一，有记载的历史就长达 3000 多年。

古雅典是一个强大的城邦，是驰名世界的文化古城。希腊是哲学的发源地，是柏拉图学院和亚里士多德的讲学场所。苏格拉底、希罗多德、伯里克利、索福克勒斯、阿里斯托芬、欧里庇得斯、埃斯库罗斯和其他著名的哲学家、政治家和文学家都在雅典诞生或居住过，雅典也因此被称为“西方文明的摇篮”和民主的起源地。公元前 5 世纪和公元前 4 世纪在文化和政治上的成就对欧洲及世界文化产生了重大影响。

雅典至今仍保留了很多历史遗迹和大量的艺术作品，其中最著名的是雅典卫城的帕特农神庙，雅典卫城的帕特农神庙是西方文化的象征。

雅典是奥运会起源的地方。1896 年曾举办过第一届夏季奥运会。2004 年，第 28 届夏季奥林匹克运动会在雅典举行。

一、饮食民俗

希腊的饮食有着悠久的历史，早在公元前 330 年，古希腊的美食家就写出了世界上第一部有关烹饪的书。希腊属于地中海气候，温和湿润，阳光充足，雨量充沛，适宜种植豆、麦、葡萄、橄榄等作物。与当地作物密切相关，古希腊人的主食是面包和麦片粥。他们常吃蔬菜、水果、豆类、坚果和鱼。

希腊人喜食牛肉、羊肉，“煮羊头”在当地是一道佳肴大菜。他们还喜欢吃在火上烤制的不加调料的鱼肉。最爱吃干炸方法制作的食品。他们特别喜欢在阳光下喝冰镇白葡萄酒。希腊人嗜饮浓咖啡，一般人每天早起的第一件事就是煮咖啡，而且煮的咖啡非常浓稠，并喜欢细细地品尝咖啡的味道。无论男女老少，大多数人都喜欢烟草，一般的烟瘾还非常大。他们一般吃西餐，也乐于品尝中国菜肴。

希腊人在饮食嗜好上有如下特点。

①讲究菜肴的营养成分，注重菜品的香、脆。

②一般口味浓重，爱油大、微酸味道。

③以面食为主，米饭也可作调剂食品。

④喜欢鱼肉、牛肉、羊肉、猪肉、虾、蟹、火鸡等；蔬菜爱吃土豆、豌豆、番茄、辣椒等；调料爱用番茄汁、辣椒粉、胡椒粉、橄榄油、蒜、盐等。

⑤偏爱用炸、煎、烧等烹调方法制作的菜肴。

⑥喜爱中国的不太辣的川菜及京菜。

⑦很欣赏冷拼盘、烤肉、宫保鸡丁、干烧鱼、烤鸭、西瓜盅、干炸大虾、烤羊肉串、软炸鸡、鲜菇青笋尖等风味菜肴。

⑧一般每日午餐和晚餐都喝些酒，尤其爱喝白葡萄酒、煮咖啡和橘子汁等。

⑨喜欢石榴、桃、哈密瓜、西瓜、葡萄、菠萝、草莓、苹果等水果；偏爱炒栗子、南瓜子、葵花子、核桃、盐水花生、蜜饯等。

烤羊肉串

二、服饰民俗

希腊服饰以优雅、飘逸见长，轻薄的纱质、缎质面料及雪纺能够体现出希腊服装所特有的垂顺感。

白色是希腊服装的代表色。事实上，古希腊服装中最常出现的颜色还有紫色、绿色和灰色。古希腊服饰整体感觉舒适慵懒，突显上身，不注重腰身，胸线以下多为直筒轮廓。宽松的设计、褶皱、垂坠等几乎成了希腊式服装的经典搭配。

希腊女子懂得用腰带使服装变得立体而富于变化。古希腊人的服装通常由几块布料围住身体，再以胸针或扣结系固，形式简便。

希玛申是古希腊男子穿着的一种服装，通常用长 4～5 米、宽 1.2～1.5 米的面料制成，最先使用的是羊毛织物，适合在户外穿着，一些轻薄材料被发现后，希玛申也就不再受时间的影响。

基同可分为多利安基同（又称佩波洛斯）以及爱奥尼亚基同。多利安式用一整块面料构成，是一种长至膝盖的短袖束腰外衣，呈矩形，其长边大于着装者的高度，宽为伸直手臂时指尖到指尖的两倍。它用软羊皮制成，多为紫色、红色或蓝色。穿着时，将多余的部分向上折叠，使矩形对折，并围绕身体褶裥垂披于左边，将腰部与胸部用扣针固定于肩，胸部用腰带稍加悬吊，两侧各留穿孔以便双臂伸出。由于腰带上部将其拉出缩短了衣长，从而形成了一个宽大的罩衫。多利安基同的图案通常分为 4 种：格子、波浪线、条纹及花卉图案。爱奥尼亚式是一种长至膝盖的短袖束腰外衣，基同的上身没有向外面的翻折，只是用腰带将宽松的长衣随意系扎一下。两肩系结处不止一个别针，而是多少不等，形成自然的袖状。别针多为金属质，体积较小，式样繁多，加之精细，本身就是一件绝好的工艺装饰品。

我们可将古希腊服饰风格的特点归纳为：服装的披挂性和缠绕性；服装的悬垂性和服装线条的流畅性；服装的自由性和变化性；服装的舒适性和功能性；服装的简洁性和富于内涵的单纯性；以无形之形的方式表现人体。

现代的希腊人十分注意着装整洁，中老年人更讲究衣着端庄大方。在正式社交场合，男子通常穿深色西装，打领带或系领结。一般来说，希腊的中老年人平时只要外出都要打扮自己，老太太们十分喜欢穿各式颜色鲜艳的服装。

三、节庆民俗

在希腊，有很多的宗教节日。感情丰富的希腊人总是用自己的方式来庆祝各种各样的节日。

（一）新年

1 月 1 日。人们一般不会庆祝。

（二）主显节

1 月 6 日。人们把一个十字架扔进海里，然后青年男子们跳进海里去捞出来。

（三）圣灰节

复活节前的第 41 天，人们放风筝，吃斋。雅典人聚集在 Philopappou 山庆祝节日。

（四）独立日和天使报喜节

3 月 25 日，有军队游行。

（五）复活节

一年一度纪念耶稣复活的宗教节日，日期年年不同，在每年3月21日或过了3月21日月圆之后的第一个星期日；如果月圆那天正好是星期日，则复活节推迟一星期举行。星期五的晚上有盛大的游行活动，人们手持蜡烛，高唱圣歌，挤满大街小巷。

（六）劳动节

5月1日，是鲜花盛开的节日。

（七）处女死亡节

复活节后的50天。

（八）十月二十八日

纪念1940年希腊拒绝意大利的最后通牒这一意义深远的事件，有军队游行。

（九）圣诞节

12月25日至26日。

（十）酒节

由各地方政府组织庆祝。

（十一）海军节

在Faliro举行庆祝活动。

四、宗教民俗

古希腊的宗教在其发展过程中逐渐形成了一些特点，可以概括如下。

（1）多神崇拜。古希腊宗教渊源极其广泛，加之城邦林立且政体与经济形态各异，难于统一等因素的影响，故神的来源广、数量多，神的故事丰富而驳杂，神的系统不一而足。

（2）古希腊神人同形同性的特点非常明显，这可从其绚丽多彩的神话传说中得到反映。希腊的神实际上就是现实中的人的提高，有些神本身就是由人转化而来的。

（3）古希腊宗教活动频繁，但祭祀仪式相当简单朴素，一般仅需祭酒，祭献一些谷物、果品、油脂、花环或其他装饰物。

（4）古希腊神庙虽然众多，宗教事务繁杂，却没有形成特殊的祭司阶层。

东正教是希腊的国教，但是也容许其他宗教的存在。信仰东正教的人口约占98%，东正教指导人民心灵的忠诚，可视作国家的标记。

五、礼仪民俗

希腊人对老年人很尊重，和年长的人说话要带尊称。老年人在希腊有很大的权威，年轻人凡事都要谦让老年人。

希腊人见面没有固定的礼节，可以握手，也可以拥抱、亲吻。希腊人真诚待客，慷慨得使人难以置信，当你见到希腊人的一件东西时，千万不可大加赞赏，否则主人会执意把这件东西送给你。如果应邀到希腊人家里做客，可给女主人带上一束鲜花或一盒蛋糕。

千万不要伸出你的大拇指，这在希腊是一个非常具有侮辱性的手势。当地的朋友如果请你吃东西或喝东西的话最好不要拒绝，因为拒绝对当地人来说是相当具有侮辱性的态度。

六、其他民俗

（一）婚嫁民俗

希腊的新娘子会在手套中放一些糖，代表把甜蜜带进婚姻生活。希腊人喜欢在婚礼中跳传统的圆舞招待宾客。婚礼举行时，其中有一项程序是由诗歌班的领唱者训示新郎要好好照顾和保护妻子，新娘则会轻拍新郎以示尊重。新人会用薄纱包着裹以糖衣的扁桃仁，然后分派给宾客，以象征丰足和美满。

依照希腊的礼俗，一个星期当中，除了星期二、星期五是不幸日子以外，其他时间都适宜结婚，但最理想的结婚日还是周末晚上 5 点以后。

希腊喜宴中新夫妻得逐桌向亲戚朋友敬酒。另外，希腊新人得为舞会开舞，以传统舞蹈邀请餐会中的亲友加入一起跳舞。步入舞池的人，手携手串联成队，在新娘带领下旋转成同心圆。新娘随意弯腰穿插队伍中任意两人的手臂下而过，制造热闹气氛。有趣的是希腊男人在喜宴上照惯例会表演几下传统舞蹈，像举世闻名的 sirtaki 舞等。

（二）丧葬民俗

古代希腊人相信，当一个人呱呱坠地时是不洁的，同样，人离开尘世时也是不洁的，而且会将整座房子以及房中的人都污染。因此，人一断气，其亲属就会立刻从另一房中端来一盆祭祀用的圣水放在死人的房门前，每个走出这所房子的人都必须用圣水喷洒自身以祛除不洁。否则，不能再与别人接触。接着，就是怀着极其虔敬的心情料理尸体。首先，家中妇女为死者洁身，然后给尸体涂上优质油料和香精，穿上纯白色衣服，裸露着头和脚。青年死者穿 Chalmys（古希腊一种短斗篷或外套）。斯巴达人穿猩红战袍。雅典人有时不穿白衣而穿彩衣。其次，给死者头戴花冠（要用鲜花)。只要时令允许，桂、橄榄、常春藤冠也未尝不可。到安葬时则须换上金箔冠。吊唁的亲友送来的花冠、花环常用以装饰棺椁坟墓。最后，在死者口中放一枚钱币，作为亡灵渡冥河时的船费。

项目拓展

公元前 776 年，在希腊西南部的伯罗奔尼撒半岛的奥林匹亚，奥林匹亚运动会诞生了。它之所以受到前所未有的尊崇，并不是因为它的竞赛项目有何特殊之处，而是因为化解仇恨和荣誉至上的“奥林匹克精神”。所有城邦，不管当时正在进行什么战争，到运动会期间一定要停止，否则会受到其他国家的联合制裁。得到冠军的一方没有高额的奖金，所有的景仰都集中在一顶桂冠上，而作弊者所受到的惩罚足以使他倾家荡产。现在，在奥林匹亚我们仍然能看到当年的竞技馆、体育场和天后赫拉神庙。

“奥林匹克”的精神实质是什么？

项目八　法国

前置作业

1. 为什么提起法国，人们就会联想到浪漫？
2. 法国服装如何引领世界潮流？

主体内容

国家概况

法国，即法兰西共和国，面积 55 万平方千米，人口大约 6090 万，官方语言为法语，货币是欧元，国庆日为 7 月 14 日，国旗是长方形，有红、蓝、白 3 种颜色，国歌是《马赛曲》。首都巴黎，有着 3000 多年的历史，是法国政治、经济和文化中心。其他著名的大城市还有里昂、马赛、里尔、波尔多、坎佩尔、南特、尼斯、布列斯特等。

法国位于欧洲大陆西部，其南到赤道、北至北极的距离相等。三面临水，三面靠陆，西北一面隔英吉利海峡和多佛尔海峡与英国相望；西部紧靠大西洋比斯开湾，港口连接西非及南美、北美各国；东部临地中海，与北非及南欧的水上交通非常便利。

17 世纪以来，法国人一直扮演着重要的艺术潮流先驱的角色，从罗可可艺术到印象画派，法国的著名画家有鲁本斯、伦勃朗、普桑、雅克、路易、大卫、保罗、塞尚、佛朗索瓦、米勒、莫奈，还有旅居法国的毕加索。雕塑家有罗丹等。

公元 950—公元 1500 年是法国建筑史上的鼎盛时期，罗曼式和哥特式建筑风格的教堂纷纷拔地而起。巴黎圣母院、圣心教堂、卢浮宫、索邦教堂、圣徒礼拜堂、兰斯大教堂、勃艮第大教堂，都是世界建筑艺术的精华。法国的现代建筑与古代建筑一样使人震撼：埃菲尔铁塔、拉德芳斯大拱门、巴黎歌剧院、圣丹尼斯体育馆、普瓦节科技馆。法国文学在世界文学之林有着不可替代的地位，福楼拜、雨果、罗曼·罗兰、司汤达、大仲马、巴尔扎克和儒勒·凡尔纳，都是世界文学史上最耀眼的明星。

19 世纪 90 年代，法国开创了世界电影之先河，吕米埃兄弟在里昂拍摄了第一部反映工人生活的电影——《工厂的大门》。如今，戛纳电影节成为国际电影的展地。

一、饮食民俗

法国烹饪世界有名，非常重视烹饪方法和就餐礼仪，法国盛产葡萄酒和奶酪，因此这些成为法国烹饪必不可少的调料，法国各地大约出产 450 多种不同风味的奶酪，每一种奶酪以最先发明其做法的村镇名命名，有的村镇如 Camembert 在任何普通地图中都找不到，但在任何一本法语词典甚至英语词典中都能找到这个代表奶酪名称的词。法国烹饪在各地区根据其特产也具有不同的特色，南方沿海多使用橄榄油，南方和西方沿海多水产，北方和东方则多肉食，总的来说法国人不太喜欢素食。法国比较具有特色的食品有青蛙腿、炖鸡、法国蜗牛。主食主要是面包，具有法国特色的面包有牛角包和棍式面包。

法式大餐

二、服饰民俗

法国时装在世界上享有盛誉，选料丰富、优异，设计大胆，制作技术高超，这使法国时装一直在引导世界时装潮流。在大街上，几乎看不到两个妇女穿着一模一样的服装。

法国的男士和女士都穿戴极为讲究。法国人对于衣饰的讲究，在世界上是最为有名的。在正式场合，法国人通常要穿西装、套裙或连衣裙，颜色多为蓝色、灰色或黑色，质地则多为纯毛。出席庆典仪式时，一般要穿礼服。男士所穿的多为配以蝴蝶结的燕尾服，或是黑色西装套装；女士所穿的则多为连衣裙式的单色大礼服或小礼服。对于穿着打扮，法国人认为重在搭配是否得法。在选择发型、手袋、帽子、鞋子、手表、眼镜时，都十分强调要使之与自己着装相协调、一致。

三、节庆民俗

法国的节日有元旦、复活节、劳动节、二战停战日、圣灵升天日、国庆日、万圣节、圣诞节等。下面简要介绍下圣诞节。

圣诞节是基督诞辰日，属宗教节日，传统上 12 月 24 日晚家庭团聚共进晚餐，晚餐要持续到 25 日零点（基督零点诞生），这时大家相互赠送礼物——当然说是圣诞老人送的，小孩子们通常坚持不到午夜，临睡前将鞋子摆在圣诞树下以便圣诞老人放礼物进去——第二天他们都会有许多意外的惊喜；教徒们则还要去教堂做午夜弥撒。

四、宗教民俗

天主教是大多数法国人的信仰，65％的法国人声称信奉天主教，伊斯兰教是法国的第二大宗教。信奉耶稣教的占法国总人口的 2％，还有人是福音派和五旬节派的信徒、旧基督教派人士、犹太教徒。

在法国，各宗教派别都遵从政教分离的世俗化原则，这项原则划定了国家与宗教的分界。法国 1958 年宪法第一条规定，法国是一个世俗的、民主的社会共和国，它保障全体公民，不分其来源、种族和宗教，在法律面前人人平等，尊重一切宗教信仰。国家保障公民的宗教信仰自由和宗教多元化。唯一的约束是宗教活动不得妨碍公共秩序。国家应该保持中立，不得优待任何教派，应以平等方式对待所有宗教信仰。

宗教教育分散在法国的私立教育机构（从幼儿园到高中后）内。

巴黎圣母院

五、礼仪民俗

法国人在社交场合与客人见面时，一般以握手为礼，少女和妇女也常施屈膝礼。在男女之间、女士之间见面时，还常以亲面颊或贴面来代替相互间的握手。法国人还有男性互吻的习俗。两个男人见面，一般要当众在对方的面颊上亲一下。在法国一定的社会阶层中，吻手礼也颇为流行。施吻手礼时，注意嘴不要触到女士的手，也不能吻戴手套的手，不能在公共场合吻手，更不得吻少女的手。

法国的社交礼仪

法国人在餐桌上敬酒时先敬女后敬男，哪怕女宾的地位比男宾低也是如此。走路、进屋、入座，都要让妇女先行。拜访告别时也是先向女主人致意和道谢，介绍两人相见时，一般职务相等时先介绍女士。按年龄先介绍年长的，按职位先介绍职位高的。若介绍的客人有好几位，则一般是按座位或站立的顺序依次介绍。有时介绍者一时想不起被介绍者的名字，被介绍者应主动自我介绍。到法国人家里做客时要带鲜花。

六、其他民俗

（一）婚嫁民俗

在中国的传统婚礼过程中，男方一般要给女方聘金。而在法国，恰恰相反：没有人谈聘金，新娘要准备充足的嫁妆。

一般法国女孩子，从青少年开始，就会为了自己将来的婚姻购买床单、碗盘、毛巾等家庭日用品，而且，婚宴的费用一般也必须由女方承担。因此，法国有“嫁妆吞噬者”的说法，用于形容少数不良男性，选择结婚对象时专门挑选富贵家庭的女儿，作为致富的途径。

新娘新郎在结婚前会想清楚他们婚后家里需要什么东西，再到当地的较有规模的商场建立一个“结婚明细表”，列出他们所需要的东西。此后，在所寄的请帖上会附上“我们的结婚明细表在××商场”的说明。你就必须前往该商场看明细表里有什么东西还没被别的客人买，再按照自己的经济能力替新人买礼物。

（二）禁忌

给法国人送礼物时不要送带有仙鹤图案的礼物，因为仙鹤是蠢汉的标志，也不要送核桃，核桃被认为是不吉祥的。送花时要注意，花的枝数不能是双数，男人也不能送红玫瑰给已婚女子。在送花的种类上应注意：法国人给每一种花都赋予了一定的含义，所以选送花时要格外小心，如菊花就代表着对死者的哀悼。此外，法国人厌恶墨绿色，忌用黑桃图案，商标上忌用菊花。法国人还视孔雀为恶鸟，并忌讳仙鹤（认为它是蠢汉与淫妇的象征）、乌龟，认为杜鹃花、纸花不吉利。

法国人认为“13”这个数字以及“星期五”都是不吉利的，甚至能由此引发祸事。如果你对老年妇女称呼“老太太”，她们会很不高兴。法国人还忌讳男人向女人送香水，因为这有过分亲热和图谋不轨之嫌。他们还不愿意别人打听他们的政治倾向、工资待遇以及个人的私事。如果初次见面就送礼，法国人会认为你不善交际，甚至有些粗俗。

法国女宾有化妆的习惯，所以一般不欢迎服务员为她们送香巾。

卢浮宫

塞纳河

埃菲尔铁塔

项目拓展

巴黎圣母院是位于巴黎的一座天主教教堂，它是为了表示对宗教的崇敬而建造的。巴黎圣母院的建筑风格是标准的哥特式，它曾经在多个时代引领建筑风潮。最令人称赞的部分毫无疑问是它典型的西欧式建筑正面和两个高耸的钟楼。教堂正面，有不同的雕塑物作为装饰，这些雕塑物是巴黎圣母院最具有代表性的标志。大教堂内，可以给人一种特殊而且强烈的感觉的，是印象派风格的建筑布局，是巨大的拱形屋顶，是在右边钟楼上那重达13吨的大钟。巴黎圣母院是法国的一个标志。请从巴黎圣母院看法国的宗教建筑特点。

项目九　德国

前置作业

1. 德国在历史上为何被称作“诗人与思想家的国家”?
2. 为什么歌德说海德堡是“把心遗忘的地方”?

主体内容

国家概况

德国全称是德意志联邦共和国，它是位于欧洲中部的一个大国，其领土从阿尔卑斯山穿过北欧平原直到北海和波罗的海。

公元 919 年，萨克森公爵亨利一世当选为东法兰克王国的国王，建立了萨克森王朝，正式创立德意志王国。萨克森王朝的地域大致位于今荷兰、德国西部、瑞士和奥地利。严格意义上的德意志历史就此开始。1157 年，帝国得到了“神圣帝国”的称号。1254 年，帝国第一次开始使用头衔“神圣罗马帝国”，此后作为官方名称沿用至 1806 年。

1871 年，普鲁士在首相奥托·冯·俾斯麦的领导下，先后在普丹战争、普奥战争和普法战争中获胜，完成了统一德意志的大业。1871 年 1 月 18 日，国王威廉一世在巴黎凡尔赛宫镜厅正式登基为皇帝，建立了德意志帝国（第二帝国，1871—1918 年）。由这个时间开始，所有德意志邦国都能被统一称为“德国”。

1933—1945 年，由阿道夫·希特勒和其所领导的纳粹党控制下的德国称为第三帝国。第三帝国一词指的是继承了中世纪的神圣罗马帝国与近代的德意志帝国的德国。1945 年 5 月 8 日纳粹德国向盟军宣告无条件投降后，德意志随即被盟军分别军事占领。盟军将德意志分为 4 个占领区，分别归美、苏、英、法管制，并实施军事专政及非纳粹化。1949 年 5 月 23 日，由美、英、法占领区合并成立了德意志联邦共和国，即“西德”，同年 10 月 7 日，苏联占领区则成立了德意志民主共和国，即“东德”。至此，盟军对德国的军事占领宣告结束，而德国则分裂成两个国家，在冷战中两德相互敌对，直到 1989 年柏林墙倒下，德国才重新统一。

德国是世界第四经济大国。世界最有影响力的汽车品牌，如奔驰、宝马、奥迪、大众、保时捷都属于德国，著名汽车品牌欧宝也诞生在德国（现属于美国通用汽车集团）。汽车生产量仅次于中国、美国和日本，是全球最大的汽车生产国之一。

德国在历史上被称作“诗人与思想家的国家”，歌德、海涅、席勒、莱辛和格林兄弟是杰出的代表。德国是音乐家的摇篮，为古典音乐贡献了多位世界级的音乐家，包括巴赫和古典主义音乐最重要代表人物之一的贝多芬。其他世界知名的作曲家还有亨德尔、克拉拉·舒曼、罗伯特·舒曼、瓦格纳。德国哲学可以说奠定了西方哲学的基石。进入 21 世纪，德国与法国、奥地利、瑞士及斯堪的纳维亚各国持续发展当代分析主义。

一、饮食民俗

（一）肉类

德国人普遍崇尚“大块吃肉，大口喝酒”，尤好猪肉类食品。德国每年人均猪肉消耗量为 65 千克，居世界首位。德国的食品以香肠最为知名，香肠种类至少有 1500 种，皆由猪肉制成。

除了猪肉外，牛肉、鸡肉、鹅肉等也很普及。肉类通常是锅煮或烧烤，较少采用油煎。

（二）鱼类

鱼类菜式主要集中于德国北部。这是因为德国只有北部才有海岸线。北部海岸是波罗的海，盛产鲱鱼。德国人通常会用鲱鱼来卷起蔬菜制成鱼卷。内陆地区鱼肉都是淡水鱼肉，这些淡水鱼来自河流，如莱茵河等。

（三）蔬菜

德国人吃的蔬菜比较普通，有胡萝卜、马铃薯、洋葱、生菜、卷心菜、青豆等，通常会炖煮或用来煮汤。

（四）面包

德国面包的历史已超过 800 年，种类也多，据说超过 400 种。差不多境内所有乡镇都有自家面包工场。烤面包圈和农夫包是德式面包里最具代表性的。前者配以粗盐、面粉烤制，后者则用黑麦与小麦制成。

（五）啤酒

德国为世界第二大啤酒生产国，生产的啤酒种类高达 5000 多种。而根据官方统计，每个德国人平均每年啤酒消耗量为 138 升。大体上德国啤酒可以分为白啤酒、清啤酒、黑啤酒、科什啤酒、出口啤酒、无酒精啤酒六大类。

德国啤酒

二、服饰民俗

穿戴整齐是德国人在穿着上最显著的特征，德国人非常讲究清洁，这一优点不仅体现在居室的卫生上，也体现在衣着服饰上，德国人在工作时要穿上干净整洁的工作服，下班之后，也要穿戴得整整齐齐才能上街。

在德国北方的港口城市汉堡，人们爱戴一种小便帽，这种小便帽已成为汉堡人服饰上的一个显著特征。

德国人不喜欢花哨的服装，但都很注重衣冠的整洁，穿西装一定要系领带。在赴宴或到剧院看文艺演出时，男士经常穿深色礼服，女士则穿长裙，并略施粉黛。在东部地区，已婚者都戴金质戒指。

德国传统服饰

三、节庆民俗

德国的主要节庆民俗有新年、圣三王节、耶稣受难节、圣灵降临节、基督圣体节、宗教改革纪念日、万圣节等。

（一）新年

一年中的第一天。元月 1 日。

（二）圣三王节

元月 6 日。非全德性节日。

德国人对除夕之夜很重视，他们认为新年过得好坏直接关系到一年的命运。除夕之夜，人们用烟火、灯光、响声来镇妖除魔、辞旧迎新。

在德国黑森林山区的一些小村庄，有除夕之夜全村出动举行除夕游行的习俗。村民们在做完除夕弥撒之后，手执灯笼，在教堂钟声的伴随下，喜气洋洋地开始除夕游行。人们一路高唱颂歌，感谢上帝赐福人间。此时，牧师和村长或市长也要先后致辞，祝大家新年快乐、万事如意。午夜

12 时整，由新婚伴侣敲响钟楼的大钟，阵阵悦耳的钟声表示新年的到来。

在原来的边境地区，人们在元旦的黎明时刻在花园里鸣枪，以使果树能够硕果累累。阿尔卑斯山地区的人们则用甩鞭子的方式宣布新年的来临。这一风俗令人回想起用声音驱邪的日耳曼风俗。在北德，元旦那一天，孩子们手持“响盆”走街串巷，吟唱歌曲。在巴登，有一种别开生面的新年歌唱方式：孩子们按响邻居的门铃，然后朗诵简短的、广为流传的诗歌，用来表达对新年的祝福，同时，诗歌的内容往往还是一个谜语。

德国人迎新年还有穿新衣的习俗，他们认为元旦穿新衣，万事如意；新年乱穿衣，一年不顺利。洗洗澡，换新衣，禳灾祈福庆新年。这一风俗与我国过春节的习惯相似。德国人新年中的吉祥物有“吉祥猪”、“鱼鳞鱼子”、“马蹄铁”等。“吉祥猪”令人回忆起日耳曼诸神中的图腾野公猪，它是神圣与吉利的象征。“鱼鳞鱼子”表示招财进宝，把几片鱼鳞放入钱包中，预示在新的一年中财源茂盛。新年里，人们还习惯把马蹄铁钉在门上，据说有驱邪镇妖的作用。

德国的新年，庆祝时间前后有一周。这期间，家家户户都要摆上一棵枞树和横树，树叶间系满绢花，表示繁花似锦，春满人间。德国人在除夕午夜新年光临前一刻，爬到椅子上，钟声一响，他们就跳下椅子，并将一重物抛向椅背后，以示甩去祸患，跳入新年。孩子们组成乐队，穿上新衣服，拿着口琴和手风琴，列队在街上吹奏。成年人则手持彩旗，跟在后面呐喊唱歌，欢庆新年。德国的妇女在新年里要即兴表演家庭题材的喜剧小品。在德国的农村流传着一种过新年的风俗——“爬树比赛”，小伙子们顺着光秃秃的树比赛爬高，第一名被誉为“新年英雄”，以示步步高升。

四、宗教民俗

和绝大多数西方国家一样，德国的主要宗教信仰是基督教。

在德国，新教教徒在北方占多数，南方则多为天主教教徒，但在一些州，则是两个教派势均力敌。现在随着社会的进步和发展，信教的人正在减少。有相当一部分青年人只是在出生后去教堂洗礼，长大成人后很少去教堂做礼拜。对于他们来说，宗教节日就是假日，届时他们多是出远门度假，而不是去教堂做礼拜。

五、礼仪民俗

德国人对工作一丝不苟，在社交场合也举止庄重，讲究风度。德国妇女的特点是素，这不仅体现在穿着打扮上，也体现在言谈举止上。与德国人相处时，几乎见不到他们皱眉头等漫不经心的动作，因为他们把这些动作视为对客人的不尊重，是缺乏友爱和教养的表现。

德国人比较注重礼节形式。在社交场合与客人见面时，一般行握手礼。与熟人朋友和亲人相见时，一般行拥抱礼。在与客人打交道时，总乐于对方称呼他们的头衔，但他们并不喜欢听恭维话。对刚刚相识者不宜直呼其名。

德国人在宴会上和用餐时，注重以右为上的传统和女士优先的原则。德国人举办大型宴会时，一般是在两周前发出请帖，并注明宴会的目的、时间和地点。他们用餐讲究餐具的质量和齐备。

六、其他民俗

（一）对爱情的表达——赠送求爱树

赠送求爱树是德国的一项独特习俗。波恩小伙子如果看上一位姑娘，就会在 4 月 30 日或 5 月 1 日这一天送姑娘一株小白桦树，以表爱慕之情。

（二）德国人非常注重规则和纪律

凡是有明文规定的，德国人都会自觉遵守；凡是明令禁止的，德国人绝不会去碰它。德国人对工作严肃认真，思考总是深刻敏锐。德国人的时间观念很强。因此，一旦约定时间，迟到或过早抵达都被视为不懂礼貌。他们在谈判时态度明朗，谈生意时一般使用商业名片。

（三）禁忌

忌讳数字 13，视数字“13”和“星期五”为不吉祥。不喜欢红色、红黑相间色以及褐色，尤其是墨绿色。法律禁用纳粹或其军团的符号图案，讨厌菊花、蔷薇图案和蝙蝠图案。送花时禁止送菊花、玫瑰、蔷薇，枝数和花朵数不能是 13 或者双数，鲜花不用纸包扎。禁止送太个人化的物品。礼品包装纸不用黑色、白色和棕色，也不能用彩带包扎。

项目拓展

德国是音乐家的摇篮，为古典音乐贡献了多位世界级的音乐家，包括巴赫和古典主义音乐最重要代表人物之一的贝多芬。其他世界知名的作曲家还有亨德尔、克拉拉·舒曼、罗伯特·舒曼、瓦格纳。

德国怎样的民俗文化孕育了这么多杰出的艺术家？

项目十　俄罗斯

前置作业

1. **了解俄罗斯东西方文化共同作用下的服饰民俗。**

2. **比较“俄式大餐”、“法国大餐”、“满汉全席”的异同，着重了解不同文化背景的影响。**

主体内容

国家概况

俄罗斯联邦是世界上最大的国家，面积1707.54万平方千米，占地球陆地面积的1/8。它地跨欧亚两大洲，领土包括欧洲的东部和亚洲的北部，作为欧洲和亚洲分界线的乌拉尔山脉把它一分为二。

严寒可以说是俄罗斯的一大特色。在引进“圣诞老人”的形象之前，俄罗斯有自己的“严寒老人”，民间还称他为“莫罗兹·伊万诺维奇”。西欧各国对俄罗斯严寒也闻“寒”丧胆。欧洲人戏称俄罗斯严寒为“二月将军”。无论是法国拿破仑的大军，还是德国希特勒的法西斯军队，都在“二月将军”的淫威之下苦不堪言，溃不成军。俄罗斯的“白夜”是一种奇特的自然现象。夏初，在南北半球纬度60度以上，太阳中心在子夜时分下沉到地平线以下不超过7度时，晚霞与朝霞相连，彻夜不黑，称为“白夜”。俄罗斯圣彼得堡的白夜最为著名。圣彼得堡的白夜每年从6月11日起延续到7月2日。此时的圣彼得堡是旅游的最佳时期。俄国著名作家陀思妥耶夫斯基在小说《白夜》里描写的一个以白夜为背景的凄婉动人的爱情故事，给这个旅游胜地增色不少。

俄罗斯起源于东欧草原上的东斯拉夫人，即后来的俄罗斯人、乌克兰人和白俄罗斯人的共同祖先。基辅罗斯是东斯拉夫人建立的第一个国家。988年开始，东正教（基督教的东部分支）从拜占庭帝国传入基辅罗斯，由此拉开了拜占庭和斯拉夫文化的融合，并最终形成了俄罗斯文化。13世纪初，基辅罗斯被蒙古人占领后，最终分裂成多个国家，这些国家都自称为是俄罗斯文化和地位的正统继承人。

莫斯科市建于1147年，弗拉基米尔大公尤里·多尔戈鲁基是其奠基人。他头戴战盔、身披铁甲、左手持盾、双腿跨马的纪念像一直矗立在莫斯科市中心特维尔大街中段莫斯科市政府前面的广场上。1283年莫斯科公国正式建立。

1547年，莫斯科大公伊凡四世加冕称沙皇，建造克里姆林宫，莫斯科大公国逐渐发展为东北罗斯的政治、经济、文化和宗教中心，领导其他公国摆脱了蒙古鞑靼的统治，使俄罗斯成为一个独立的国家。

1721年，彼得一世宣布俄罗斯为帝国。叶卡捷琳娜二世时期，领土空前膨胀，被称为“帝国的黄金时期”。17世纪中期，乌克兰和俄罗斯合并为统一的国家。1689年8月，彼得一世正式亲政。17世纪，击溃了波兰和瑞典封建主的入侵。1721年，彼得一世（彼得大帝）改国号为俄罗斯帝国。1812年，俄罗斯消灭了入侵的拿破仑军队。1825年12月，贵族革命者在圣彼得堡举行起义（即十二月党人起义），被镇压。1861年，沙皇亚历山大二世推行改革，同年2月俄国废除农奴制。

1917年11月7日（俄历十月），十月革命建立了世界上第一个社会主义国家政权——俄罗斯苏维埃联邦社会主义共和国。1922年12月30日，苏维埃社会主义共和国联盟正式成立，俄罗斯联邦同乌克兰、白俄罗斯和外高加索联邦（包括阿塞拜疆、亚美尼亚和格鲁吉亚）一起加入，后扩至15个苏联加盟共和国。

1990年6月12日，俄罗斯联邦第一次人代会通过《俄罗斯联邦国家主权宣言》，宣布俄罗斯联邦在其境内拥有“绝对主权”。1991年8月，苏联发生“8·19”事件。9月6日，苏联国务委员会通过决议，承认爱沙尼亚、拉脱维亚、立陶宛3个加盟共和国独立。12月8日，俄罗斯联邦、白俄罗斯、乌克兰3个加盟共和国领导人在别洛韦日签署《独立国家联合体协议》，宣布组成“独立国家联合体”。12月25日，俄罗斯苏维埃联邦社会主义共和国最高苏维埃决定，将国家正式名称改为“俄罗斯联邦”（简称俄罗斯）。12月26日，苏联最高苏维埃共和国院举行最后一次会议，宣布苏联停止存在。至此，苏联解体，俄罗斯联邦成为完全独立的国家。

一、饮食民俗

俄罗斯菜肴的品种丰富多彩，“俄式大餐”在世界上很有名气。珍贵的鱼子酱，正宗的罗宋汤，还有传统小煎饼，都是非常有民族特色的。在俄罗斯餐桌上最常见的就是各种各样的肉类食品，几乎每餐都会有牛肉、羊肉、牛排、香肠等。此外，正餐的第一道菜——“汤”也颇有特色，由白菜、萝卜、土豆、肉、甜菜、桂皮等熬制的红菜汤更是美味。在饮食习惯上，俄罗斯人讲究量大实惠，油大味厚。他们喜欢酸、辣、咸味，偏爱炸、煎、烤、炒的食物，尤其爱吃冷菜。总的讲起来，他们的食物在制作上较为粗糙一些。

一般而论，俄罗斯以面食为主，俄罗斯人很爱吃用黑麦烤制的黑面包。除黑面包之外，俄罗斯大名远扬的特色食品还有鱼子酱、酸黄瓜、酸牛奶，等等。吃水果时，他们多不削皮。

在饮料方面，俄罗斯人很能喝冷饮。具有该国特色的烈酒伏特加，是他们最爱喝的酒。

此外，他们还喜欢喝一种叫格瓦斯的饮料。

二、服饰民俗

（一）传统服装

俄罗斯大部分传统服装作为日常穿着早已被世界服装的潮流所冲淡，随着时间的推移，它们走进了历史的博物馆。但也有几款传统服装令俄罗斯人偏爱至今，竟经过几代人的穿着，完好地、原封不动地继承下来，并且至今在大的时装店中仍占有一席之地。例如，有两款大众化的服装——鲁巴哈和萨拉范就深受妇女们的喜爱。每逢传统节日，人们就穿上这种富有民族风味的服装。这种服装色彩艳丽，装饰细腻，能烘托气氛，逐步变成了人们的节日盛装。

1. 鲁巴哈

“鲁巴哈”是传统的女装，其样式有点像长袖连衣裙。从前，俄国妇女下地除草时都穿鲁巴哈，因为长袖能防止稻草扎刺皮肤。鲁巴哈又被称为“割草裙”。不过，从现在的眼光来看，鲁巴哈下部为直筒裙，并不太适合田间劳动。但俄国人的除草器有与众不同的特点，它的扶把很长，可站立除草，无须弯腰，除草时穿这种裙子并不受约束。鲁巴哈没有腰身，穿着时须束腰带。

2. 萨拉范

“萨拉范”为女士连衣裙，是一种在俄国曾十分大众化的服装，款式颇像今天人们穿的太阳裙或沙滩裙，但用途绝非像太阳裙那么单调，它是一年四季都可以穿的服装。冬季，萨拉范用厚呢、粗毛、毛皮制成，是过去俄国妇女的典型服装。人们贴身穿棉麻衬衣，外面穿萨拉范，然后再围上厚厚的毛披肩，穿这一身就可以御寒过冬了。当然，今天的俄罗斯妇女冬季不会再穿萨拉范了，但夏季穿这种传统服装的人仍然不少。萨拉范的面料有手工蜡染布、粗麻布、印花布等。衣服上饰有绣花、补花、丝带，变化多端的装饰和色彩使萨拉范显得自然、活泼、随意。俄国妇女通常在冬季暖气供应不错的时候，穿着棉布的萨拉范在家中料理家务。

3. 淑巴

"淑巴"即皮大衣，是俄国人冬季必不可缺的御寒服装。淑巴有貂皮、裘皮、羊皮、兔皮和狗皮等不同货色，很久以前，俄国人的淑巴主要为羊皮的。由于俄罗斯气候寒冷，淑巴一直是冬季服装的主宰，直到羽绒服问世，才彻底打破了淑巴的垄断地位。

俄罗斯妇女的传统习惯是偏爱裙装，所以，平日的服装市场以裙装居多，长裙、短裙、连衣裙、西服裙应有尽有。女装中西服套裙较多，而西服加裤则明显供应不足。这种排斥长裤的做法，与妇女们喜欢穿裙装的传统有关。

（二）头饰

俄罗斯人的头饰具有浓郁的民族特色。古时候，通过头饰可看出女人的不同年龄，一般姑娘的帽上不封顶，发际分两侧露出。已婚妇女要戴帽子，不能露出一丁点儿发际，凡露者，必受到公众的谴责。俄国农村妇女习惯将头发梳成小辫，盘在头上呈羊角式。在南方，天气一热，妇女们就将头发扎成两股，以便在田间劳动时不受头发的干扰。

发箍是姑娘的主要头饰。发箍种类有镶珍珠的、花环式的、普通木头的。除此之外，还用发带来装饰头发，高级的发带上面还镶有宝石等贵重物品。最普通的头饰要数由亚麻制成的手绢，它与妇女的帽子一样，随年龄增长而选用越来越深的颜色。姑娘结婚时，帽子就取代了手绢。许多地方的女子在婚后的第一年要戴牛角帽，就是在普通帽子上缝一块牛角，有时是一块骨头或木片。妇女生育以后，牛角帽就换成软帽或者是已婚妇女常戴的喜鹊帽。

三、节庆民俗

俄罗斯可能是世界上节日最多的一个国家，它的节日由四大类组成：苏联的节日；传统节日；东正教的节日；俄联邦的新节日。

（一）苏联的节日

苏联的节日大体上分为国际性的，如三八妇女节、五一劳动节、六一儿童节等；全国性的，如十月革命节（11 月 7 日）、胜利日（5 月 9 日）等；职业性的，如印刷节（5 月 5 日）、无线电节（5 月 6 日）、边防战士节（5 月 28 日）、铁路工人节（8 月的第 1 个星期天）、运动员节（8 月的第 2 个星期六）、宇航节（4 月 12 日）、教师节（10 月的第 1 个星期日）等。其中，最重要的节日是十月革命节，也就是苏联的国庆节。俄罗斯联邦独立后基本上保留了这些节日，不过把五一劳动节改为春天和劳动节，十月革命节改为和谐和解日。

（二）传统节日

1. 谢肉节（送冬节）

谢肉节是传统节日里的大节。它在复活节前的第 8 周，为期 7 天。按照民间习俗，每一天都有所不同：第一天是迎春日；第二天是娱乐日；第三天是美食日；第四天是醉酒日；第五天是岳母晚会日（岳母在这一天要宴请新婚的女婿）；第六天是小姑子相新嫂子日（这天未婚女子要拜访未婚夫的姐妹们）；第七天是送冬和宽恕日（人们互相串门，请求对方宽恕自己的言行）。

今天，谢肉节已演变为“俄罗斯之冬狂欢节”，又称“送冬节”。人们用自己喜爱的方式欢度送冬节，欢庆春天和春耕即将到来。全国各地的节日时间也不一致，一般在 2 月的最后一个星期日或 3 月的第 1、第 2 个星期日。节日期间各地都有丰富多彩的文体表演、各具特色的游艺活动，还要进行规模巨大的化装游行。游行结束后还要评选出最佳服装奖。除此之外，人们还喜欢乘坐用花环、彩带、铃铛装饰的 3 匹马拉的雪橇，奔驰在白茫茫的田野上，欣赏大自然的美景。

2. 春耕节

春耕节一般在每年积雪已经融化、春耕生产即将开始时举行。

在春耕节里，古俄罗斯人习惯吃黑麦烤成的犁形和耙形面包。春耕的第一天，他们穿着干净的衣服，带着面包、盐、鸡蛋下地。当犁好三条垄沟后，便拿出面包和盐，自己吃一些，其余的喂牛，之后把鸡蛋埋在土里，以祭祀大地，祈求这一年风调雨顺、五谷丰登。

3. 诗歌节

6 月 6 日是俄罗斯的诗歌节。这个节日是为了纪念俄罗斯的伟大诗人普希金而设的，因为他诞生在 1799 年的 6 月 6 日。普希金不仅闻名于俄罗斯，也闻名于全世界。俄罗斯人一般在普希金生活过的莫斯科和圣彼得堡庆祝普希金节。人们观看演员、学者、诗人表演的普希金的作品，人们在这一天说的每一句话都与诗人和他的作品有关。

4. 桦树节

6 月 24 日是俄罗斯人的桦树节，它原名夏节。这个节日的主角是白桦树。白桦树是俄罗斯的象征，堪称俄罗斯的“国树”。

节日这天，人们用白桦树装饰家里的各个角落，购买擦澡用的“桦树枝浴帚”作为节日的纪念，商店里也用白桦树皮制作的图案和标识来装饰橱窗。

（三）东正教的节日

东正教在沙俄时代是国教，十月革命后教会的活动受到了限制。苏联解体后，东正教重新活跃起来。东正教的节日繁多，其中复活节最为重要。

1. 复活节

东正教最大的节日是复活节。复活节是东正教最古老、最突出的节日，是“节日中的节日”。它为纪念耶稣复活而设，在每年春分月圆后第1个星期日举行，一般在3月底4月初。这个节日来源于《圣经》中关于耶稣从死复活的记载。

复活节前夕（星期六晚上），在耶稣像前点起油灯，供上圆柱形的鸡蛋面包及染成各种颜色的鸡蛋。晚上教徒手持蜡烛和彩蛋到教堂门口排队。夜间12点整，圣门敞开，内有教士喊：“耶稣复活了！”人们都跟着喊：“耶稣复活了！”并且互相拥抱、接吻、交换彩蛋。然后，教士把少量的面饼和葡萄酒分给教徒，把面饼称为耶稣的“圣体”，葡萄酒称为“圣血”，谓之领“圣餐”。据说，吃了“圣餐”的人会得到幸福。

2. 主降生节

主降生节又称圣诞节，是纪念“耶稣诞生”的节日。东正教的圣诞节日期与天主教的不同。天主教把12月25日定为圣诞节；东正教因历法不同，节期也不同，把圣诞节定在公历1月7日。长期以来，不论是否是教徒，俄罗斯人都隆重庆祝这一节日，并把12月24日至1月19日这段日子定为圣诞节期。俄罗斯人认为圣诞节是新的一年的开始。在圣诞节期间，人们聚集在一起唱歌、跳舞、占卜，吃圣诞鹅，装饰圣诞树。由于这一节期正好在元旦前后，所以往往和迎新年的各项庆祝、娱乐活动交织在一起。

3. 主领洗节

主领洗节又称显现节或主显节，是纪念耶稣在约旦河里接受先知约翰洗礼的节日。东正教把主领洗节定在公历1月19日。这一天，俄罗斯人除去教堂祈祷外，还要到江河里破冰取“圣水”，健康的人还要跳进冰窟窿里洗一洗。按风俗习惯，1月18日晚上，人们要进行占卜。特别是女孩子，可在此时占卜自己的终身大事。这种风俗一直延续到现在。

4. 主进堂节

主进堂节又称圣母行洁净礼日。东正教把主进堂节定在公历2月14日或15日。此节是纪念圣母玛丽亚在生育耶稣满了洁净期后，带婴儿耶稣进圣殿，为自己行洁净礼，将婴儿耶稣献给上帝。

5. 圣母领报节

东正教把圣母领报节定在公历 4 月 6 日。此节是为纪念圣母玛丽亚领受天使向她传报上帝的旨意，告知她将由“圣灵”感孕而生耶稣。

6. 主进圣城节

主进圣城节又称棕枝主日，东正教把主进圣城节定在复活节的前一个星期。此节是为纪念耶稣“受难”前不久，骑驴最后一次进耶路撒冷城。据说耶稣基督进耶路撒冷圣城时，许多居民把衣服脱下来铺在路上，让耶稣基督走在上面，还有群众手执棕枝踊跃欢迎耶稣。为表示纪念，此日教堂多以棕枝为装饰，有时教徒也持棕枝绕堂一周。

7. 主升天节

主升天节又称耶稣升天节。东正教把主升天节定在复活节（每年春分月圆后的第 1 个星期日）后第 40 日，即公历 5 月 14 日和 6 月 17 日之间。此节为纪念耶稣“升天”的节日。据《新约圣经》记载，耶稣于“复活”后第 40 日升天。

此外，还有圣三主日（复活节后第 50 日后的星期日）、主显圣容节（公历 8 月 18 日）、圣母安息节（公历 8 月 27 日）、皇母圣诞节（公历 9 月 20 日）、举荣圣架节（公历 9 月 26 日）、圣母进堂节（公历 12 月 3 日）。这里不再一一详细介绍。

（四）俄联邦的新节日

1991 年，俄罗斯联邦独立以后，陆续制定了一些新的节日，有的是由苏联的节日改名而来，如祖国保卫者日、春天和劳动节、和谐和解日，有的则是新定的节日，如独立日、宪法日。

四、宗教民俗

俄罗斯是一个宗教信仰多元化的国家。

（一）原始宗教

在俄罗斯有很多原始宗教，俄罗斯的原始宗教信仰主要是多神教。在斯拉夫族的原始宗教中蕴含着对大自然的力量的原始崇拜，如别龙——雷与闪电之神，达兹博格——太阳神，维列斯——生灵之神，雅歇尔——海洋之神等。与此同时，也存在一些关于精灵的崇拜。在 20 世纪以前，原始宗教信仰一直受到基督教会迫害，然而，这些原始宗教信仰还是受到了人们的尊敬，如谢肉节就是一个原始宗教节日。

（二）基督宗教

在 988—989 年间弗拉基米尔将东正教定为俄罗斯国教后，原来那些原始宗教信仰崇拜的神就被对应为了基督教圣徒（例如，别龙—以利亚，维列斯—圣尼古拉等）。

（三）东正教

东正教是俄罗斯最为广泛流行的宗教。正是对东正教的信仰，影响了俄罗斯文化的发展。然而，东正教从来没有完全主宰过俄罗斯社会，俄罗斯社会已经容纳下了各种宗教的发展。

（四）伊斯兰文化

伊斯兰教徒在俄罗斯大都居住在伏尔加—乌拉尔一带，北高加索地区，以及莫斯科市、圣彼得堡市、西西伯利亚地区。在俄罗斯有超过 6000 座清真寺（1991 年仅有百余座）。

（五）佛教文化

在俄罗斯，佛教徒主要分布在 3 个地区：布里亚特共和国、图瓦共和国和卡尔梅克共和国。

五、礼仪民俗

在人际交往中，俄罗斯人素来以热情、豪放、勇敢、耿直而著称于世。在交际场合，俄罗斯人惯于和初次会面的人行握手礼。但对于熟悉的人，尤其是在久别重逢时，他们则大多要与对方热情拥抱。

在迎接贵宾之时，俄罗斯人通常会向对方献上“面包和盐”。这是给予对方的一种极高的礼遇，来宾必须对其欣然笑纳。

在称呼方面，在正式场合，他们也采用“先生”、“小姐”、“夫人”之类的称呼。在俄罗斯，人们非常看重人的社会地位。因此，对有职务、学衔、军衔的人，最好以其职务、学衔、军衔相称。依照俄罗斯民俗，在用姓名称呼俄罗斯人时，可按彼此之间的不同关系，具体采用不同的方法。只有与初次见面之人打交道时，或是在极为正规的场合，才有必要将俄罗斯人的姓名的 3 个部分连在一起称呼。

前去拜访俄罗斯人时，进门之后务请立即自觉地脱下外套、手套和帽子，并且摘下墨镜。这是一种礼貌。

见面接吻和拥抱，是俄罗斯人的重要礼节。男女在隆重的场合相遇，常常是男子弯腰吻女子手背。日常生活中，长辈吻晚辈的面颊 3 次（先右后左再右）。男子间只能拥抱。亲兄弟姐妹见面，可拥抱亲吻。

尊重女子是俄罗斯社会风尚，女士优先显示了俄罗斯绅士的风度。男士吸烟要先得到女士们的同意，让烟时不能单独递一支，要递上一整盒，相互点烟时，不能连续点 3 支烟。俄罗斯人喜欢结交朋友，待人友好亲切，感情真挚热烈。公共场合人们相互谈话低声细语，从不大声喧哗，妨碍他人。与人交谈时，不打断别人讲话，以表示尊重。谈话时不习惯问长问短，听对方讲话时不能左顾右盼或做小动作。初次见面，不宜问生活细节，尤其对妇女，在任何情况下都不能当面问她们的年龄。俄罗斯人十分注重仪表美，外出时衣冠楚楚，他们认为不扣好纽扣或把外衣搭在肩上都是不文明的表现。

用餐之时，俄罗斯人多用刀叉。他们忌讳用餐发出声响，并且不能用匙直接饮茶，或让其直立于杯中。通常，他们吃饭时只用盘子，而不用碗。

参加俄罗斯人的宴请时，宜对其菜肴加以称道，并且尽量多吃一些，俄罗斯人将手放在喉部，一般表示已经吃饱。

六、其他民俗

在俄罗斯，被视为“光明象征”的向日葵最受人们喜爱，它被称为“太阳花”，并被定为国花。拜访俄罗斯人时，送给女士的鲜花宜为单数，花束越鲜艳、数量越多越好。只有在追悼亡人时，花才送双数。颜色以一种为宜，两种也可，但是不要多种颜色混杂在一起。

俄罗斯人非常崇拜盐和马。

在数字和日期方面，俄罗斯人最偏爱“7 ”，认为它是成功、美满的预兆。对于“13”与“星期五”，他们则十分忌讳。

俄罗斯人主张“左主凶，右主吉”，因此，他们不允许以左手接触别人，或以之递送物品。

俄罗斯人忌讳的话题有政治矛盾、经济难题、宗教矛盾、民族纠纷、苏联解体、阿富汗战争，以及大国地位问题。

另一风俗就是，年长者不到年幼者家里做客。

在俄罗斯，主要是在乡村，还保留着这样一个风俗，即农民在长期出远门之前，会向送行者行鞠躬礼，企求获得谅解，谅解以前他可能犯下的过失，希望在分别期间自己不再有内疚，留下的人也不要记恶。

俄罗斯行鞠躬礼的历史较长，寓意有几个：首先，俄罗斯人认为，人的头是生命的体现，低头，象征把头伸到外面，推出自己，献给对方；其次，有降低自己，突出他人地位之意；最后，不论对象是谁，鞠躬是向土地躬身，因为是土地养育了人。

贝加尔湖

克里姆林宫

冬宫（艾尔米塔什博物馆）

莫斯科红场

项目拓展

俄罗斯的生活中，科学和教育等方面表现出极具西方传统的理性精神，而在宗教和文艺等领域，则体现着被视为东方特征的神秘主义和感性至上的倾向。俄罗斯为什么会出现这种矛盾性?

欧洲模块训练

1. 古罗马斗兽场是古罗马时为取悦凯旋的将领士兵和赞美伟大的古罗马帝国而建造的。古罗马斗兽场在建筑史上堪称典范的杰作和奇迹，以庞大、雄伟、壮观著称于世。现在虽只剩下大半个骨架，但其雄伟之气魄、磅礴之气势犹存。斗兽场平面呈椭圆形，占地约 2 万平方米，外围墙高 57 米，相当于现代 19 层楼房的高度。该建筑为 4 层结构，外部全由大理石包裹，下面 3 层分别有 80 个圆拱，其柱形极具特色，按照多立克式、爱奥尼式和科林斯式的标准顺序排列，第 4 层则以小窗和壁柱装饰。场中间为角斗台，长 86 米，宽 63 米，仍为椭圆形，相当于一个足球场那么大。角斗台下是地窖，关押猛兽和角斗士。角斗台周围的看台分为 3 个区。底层的第一区是皇帝和贵族的坐席，第二层为罗马高阶层市民席，第三层则为一般平民席，再往上就是大阳台，一般观众只能在此处站着观看表演。场内看台共可容纳观众5万多人，底层地面有80个出入口，可确保在15～30分钟内把场内5万观众全部疏散离场。斗兽场的建筑设计并不落后于现代的美学观点，而且事实上，大约2000年后的今天，每一个现代化的大型体育场都或多或少地烙上了一些古罗马斗兽场的设计风格。

古罗马斗兽场体现了古罗马哪些文化内涵？举例说明古罗马斗兽场对现代建筑的影响。

2. 斗牛是西班牙的国粹，风靡全国，享誉世界。西班牙的斗牛历史可追溯到2000多年前，他们先是以非洲纯种野牛为猎获的对象，而后拿它做游戏，进而将它投入战争。18世纪以前，斗牛基本是显示勇士杀牛的剽悍勇猛，斗牛场面壮观，格斗惊心动魄，富有强烈的刺激性。1743年，马德里兴建了第一个永久性的斗牛场，斗牛活动逐渐演变成一项民族娱乐性的体育活动。斗牛季节是3—10月，斗牛季节里，每逢周四和周日各举行两场。如逢节日和国家庆典，则每天都可观赏。

斗牛作为西班牙最具代表性的民族体育项目，代表着西班牙人的粗犷豪爽的民族性格。西班牙人说，这是他们的天性，来自于他们的生存环境。但从动物保护的观点上看目前人们对此存在争议。请问，您怎么看？

3. 马克思曾赞赏“英国戏剧之父”莎士比亚为“人类最伟大的戏剧天才”。莎士比亚的戏剧不受束缚，打破了古希腊、古罗马悲喜剧的严格界限，不受古典戏剧“三一律”的束缚，突破悲喜剧界限，努力反映生活的本来面目，深入探索人物内心奥秘，从而塑造出众多性格多样、形象真实生动的人物典型，描绘了广阔的、五光十色的社会生活图景，博大、深刻、富于诗意和哲理。

莎士比亚的戏剧对后世产生了什么深远的影响？

4. 芬兰人发明了桑拿浴，号称芬兰的国粹。芬兰谚语说：“先建桑拿，再搭房屋。”桑拿是为数不多的进入世界语言范畴的芬兰词汇之一。芬兰桑拿室一度完全用木材建造，其中一度包括蒸汽房、洗澡间和更衣室。芬兰全国有不同大小桑拿室上百万间，平均每3个人就拥有一间桑拿房，密度是全球之冠。对到芬兰旅游的人来说，如果没有洗过桑拿，就等于没到过芬兰。

如今，桑拿已从芬兰走向世界，这种康体娱乐方式受到追捧，其原因是什么？

5. 古雅典是一个强大的城邦，是驰名世界的文化古城，是柏拉图学院和亚里士多德讲学场所所在地，苏格拉底、希罗多德、伯里克利、索福克勒斯、阿里斯托芬、欧里庇得斯、埃斯库罗斯和其他著名的哲学家、政治家和文学家都在雅典诞生或居住过，雅典也因此被称作“西方文明的摇篮”和民主的起源地。

雅典为何能孕育如此璀璨的文化？它对西方文明产生了什么深远的意义？

6. 法国大餐是西餐中最有地位的菜，是西方文化的一颗明珠。相传16世纪意大利女子Catherine嫁给法兰西国王亨利二世以后，把意大利文艺复兴时期盛行的牛肝脏、黑菌、嫩牛排、奶酪等烹饪方法带到法国，路易十四还曾发起烹饪比赛，即现今流行的Corden Bleu奖。曾任英皇乔治四世和帝俄沙皇亚历山大一世首席厨师的安东尼·凯莱梅写了一本饮食字典《Dictionary of Cuisine》，成为古典法国菜式的基础。法国美食的特色在于使用新鲜的季节性材料，加上厨师个人的独特的调理，完成独一无二的艺术佳肴极品，视觉上、嗅觉上、味觉上、触感上、交感神经上，都是无与伦比的境界，而在食物的品质、服务水准、用餐气氛上，更要求精致化的整体表现。法国菜的特色是汁多味腴，而吃法国菜必须有精巧的餐具和如画的菜肴满足视觉；扑鼻的酒香满足嗅觉；入口的美味满足味觉；酒杯和刀叉在宁静安详的空间下交错，则是触觉和味觉的最高享受。2012年11月16日，在肯尼亚首都内罗毕举行的联合国教科文组织保护非物质文化遗产政府间委员会第5次会议上经过审议，将法国大餐列入人类非物质文化遗产代表作名录。这是教科文组织首次将一国的餐饮列入非物质文化遗产名录。

法国大餐的地位备受尊崇，这与法国的饮食民俗有密切关系。法国饮食文化有什么魅力？对世界饮食文化有何贡献？

7. 就像瓷器使人想到中国、樱花使人想到日本、牛仔使人想到美国一样，啤酒让人想到的是德国。德国是世界上啤酒消耗量最大的国家，德国人酷爱喝啤酒，因此德国形成了一种特殊的“啤酒文化”。北欧以前的传统是由女性酿造啤酒的，那些女性就是传说中的“女武神”（北欧神话中决定谁该阵亡并将阵亡将士引至英烈祠的女神），她们酿造出的酒被视为“不死之水”。这种习俗也流传到了德国北部，年轻女人出嫁时会带着不同的酿造器具到夫家。这种传统直到公元8世纪葡萄酒文化的涌入才有所改变。

在葡萄酒文化浓郁的欧洲，啤酒从历史走向未来，一直渗透在德国文化中 。德国有别于其他欧洲国家的“啤酒文化”是怎样形成的？

8. 希腊的宗教是多神教，希腊人崇拜的神很多，每一种自然现象都可以提升为一个具有人格的神。比如说，阿波罗就是太阳，波塞冬就是大海，宙斯就是雷霆。而新一辈的神则代表一种社会现象或精神需求，如荷尔牧斯是商业之神，雅典娜是智慧之神，阿芙洛狄忒是美之神等。希腊神话最重要的特点在于“神人同形同性”。所谓“同形”，就是说神跟人长得一模一样。可以说，男神之所以为男神，就是因为他长得比男人更加健美和强壮；女神之所以为女神，就是因为她长得比女人更加妩媚。所以，神之为神，就是因为他的肉体比我们人更加优美，更加典型，是最典型的人。关于这一点，很多西方哲学家、神学家和历史学家都有论述。黑格尔在历史学中谈到希腊神时说：诸凡客观美丽的形体，就是希腊人的神。丹那在艺术学中说：希腊人崇拜美丽的形体，乃至于奉若神明，在天上颂之为神灵，在地上颂之为英雄。所以，希腊神就是以其肉体的健壮或者妩媚赢得了希腊人的敬仰的。

希腊的多神崇拜和基督教的崇拜在本质上有何区别？

9. 俄罗斯横跨亚欧两块大陆，由于特殊的地理位置和欧亚大陆上相对后起的民族的存在，俄罗斯同时受到来自东西多个方向的文化影响，这也使它常常面临艰难的文化抉择，东西方概念的长期存在，向这个占据着亚欧两块大陆的俄罗斯提出了一个难题：俄罗斯文化属于东方还是西方？这在俄罗斯就像一个巨大的文化钟摆，不断地在东西方文化之间来回摇摆，也因此形成了俄罗斯文化“中间性”和“兼容性”的特点。

俄罗斯文化的特点形成了俄罗斯怎样的民族特质？

模块二　大洋洲篇

大洋洲位于太平洋西南部和南部、赤道南北的广大海域，总面积约897万平方千米，人口2900万，是世界上面积最小、人口最少（除没有国家、固定居民的南极洲外）的一个洲。

全洲除少数地区海拔超过2000米外，大部分地区海拔在600米以下。大部分岛屿属珊瑚礁型，面积小，地势低平。大洋洲有世界上最大的珊瑚礁群——大堡礁。它位于澳大利亚东北海岸的珊瑚海上，断续绵延2000余千米，有3000余个岛礁，面积21万平方千米。

大洋洲河流稀少，河流短小，水量不大。除澳大利亚内陆属大陆性气候外，绝大部分地区属海洋性气候。

大洋洲自然资源丰富：矿藏品种多，储量大，有些矿藏如镍、铝土等的储量在世界名列前茅；森林覆盖率达9%，有桉树、白檀木和红木等贵重木材；草原面积辽阔，畜产品供应可观；渔业资源丰富，是沙丁鱼、金枪鱼等的重要产地。

经济发展差异显著，澳大利亚和新西兰经济发达，其他国家经济落后。农作物有小麦、椰子、甘蔗、天然橡胶等。畜牧业以养羊为主，绵羊头数占世界绵羊总头数的20%。羊毛产量占世界羊毛总产量的40%。工业大多集中于澳大利亚和新西兰，主要有采矿、钢铁、有色金属冶炼、机械制造、化学、建筑材料、纺织等。

学习索引

1. “以人为本”是推进现代文明发展的关键。
2. 农业民俗的优化促进国家经济的发展。
3. 民族文化对整个国家生活的影响。

项目一　澳大利亚

前置作业

1. 澳大利亚的日常礼仪中为何会出现“亦英亦美”的现象？
2. 作为一个新移民国家，澳大利亚是如何建立属于自己的文化的？

主体内容

国家概况

澳大利亚位于南太平洋和印度洋之间，由澳大利亚大陆和塔斯马尼亚岛等岛屿和海外领土组成。它东濒太平洋的珊瑚海和塔斯曼海，西、北、南三面临印度洋，是全球土地面积第六大的国家。澳大利亚不仅国土辽阔，而且物产丰富，是南半球经济最发达的国家，是全球第四大农业出口国，也是多种矿产出口量全球第一的国家。

澳大利亚一词，意即“南方大陆”，欧洲人在 17 世纪初叶发现这块大陆时，误以为这是一块直通南极的陆地，故取名“澳大利亚”，Australia 即由拉丁文 terraaustralis（南方的土地）变化而来。澳大利亚最早的居民为土著人。1770 年，英国航海家詹姆斯·库克抵达澳大利亚东海岸，宣布英国占有这片土地。1788 年 1 月 26 日，英国流放到澳大利亚的第一批犯人抵达悉尼湾，英国开始在澳大利亚建立殖民地，后来这一天被定为澳大利亚国庆日。1900 年 7 月，英国议会通过《澳大利亚联邦宪法》和《不列颠自治领条例》。1901 年 1 月 1 日，澳大利亚各殖民区改为州，成立澳大利亚联邦。1931 年，澳大利亚成为英联邦内的独立国家。1986 年，英国议会通过《与澳大利亚关系法》，澳大利亚获得完全立法权和司法终审权。

澳大利亚是一个移民国家，多元文化是澳大利亚文化的必然特性，这也为这个国家注入了活力。澳大利亚政府鼓励不同种族或民族的居民，包括土著人，在家里或公共场合像使用英语一样地使用他们的母语，也鼓励任何背景和任何民族的人们保留他们自己的文化。澳大利亚联邦政府和各州各领地的政府甚至提供各种援助和津贴，去奖励发展多元文化的人士、团体和组织。从主流文化角度而言，澳大利亚属西方文化，它的生活方式与西欧和北美相似。澳大利亚的生活大多是轻松而友善的，来自世界各地的移民大都喜欢这里充满机会的生活。

一、饮食民俗

澳大利亚人的饮食习惯可谓多种多样。就主流社会而言，人们一般喜欢英式西餐。口味清淡，不喜油腻，忌食辣味。有不少的澳大利亚人还不吃味道酸的东西。

澳大利亚人大都爱吃牛肉、羊肉，对于鸡肉、鱼肉、禽蛋也比较爱吃。他们的主食是面包，爱喝的饮料则有牛奶、咖啡、啤酒与矿泉水等。澳大利亚人不吃狗肉、猫肉、蛇肉、动物的内脏与其头、爪。对于加了味精的食物，他们也十分厌恶，他们认为味精好似“毒药”，令人作呕。

在用餐时，澳大利亚人是使用刀、叉的。在有些地方，如在达尔文市，人们外出用餐时必须衣冠楚楚，否则，将被禁止入内。平时，澳大利亚人还很爱外出野餐，并以烧烤为主。澳大利亚土著居民目前大多数不会耕种粮食、饲养家畜，他们靠渔猎为生，并且经常采食野果。他们的食物品种甚多，制作方法往往也各具特色。在进食的时候，他们经常生食，并且习惯于用手抓食。

皇帝蟹

二、服饰民俗

澳大利亚除了在极为正式的场合要穿西装、套裙之外，平时大都穿着T恤、短裤，或者牛仔装、夹克衫。由于阳光强烈，他们在出门之时，通常喜欢戴上一顶棒球帽来遮挡阳光。

在澳大利亚的达尔文市，当地居民的穿着自成一体。他们在正式场合一定要穿衬衫、短裤和长袜。这种穿法，当地人叫作“达尔文装”。

澳大利亚的土著居民平时习惯于赤身裸体，至多是在腰上扎上一块围布遮羞。与着装不甚讲究所不同的是，对于打扮他们却十分介意。在身上，他们通常要佩戴额箍、鼻针、臂环、项圈等多种饰物，并且还要以石刀或贝壳刻出用以装饰的精致的疤痕。有的时候，他们还会在身上扎上一些羽毛，并且涂上各种颜色。

有趣的是，由于澳大利亚地处南半球，季节正好与北半球相反，所以，澳大利亚人在同一个季节里的穿着可能恰恰与北半球的人相反。如在欢度圣诞节的时候，澳大利亚人要穿夏装。

三、节庆民俗

澳大利亚的主要节庆有新年、澳洲日、劳动节、复活节、澳纽军团日、墨尔本赛马节、战争纪念日、圣诞节等。

(一) 澳纽军团日

每年4月25号，澳大利亚和新西兰都要放假，人们会举办各种活动，纪念在战争中死去的战士。一般会有军队游行、老兵纪念仪式、去墓地献花、瞻仰烈士等活动。民间还有习俗，要做一种饼干，据说这种粗粮饼干是战士们当年在战场上吃的食物，并且饼干上要刻上Anzac（澳纽军团）的字样。

(二) 墨尔本赛马节

墨尔本杯赛马是澳大利亚最著名的赛马，创办于1861年，在澳大利亚被誉为“让举国屏息的赛事”，该比赛接受3岁或以上纯种马参赛。在最初，墨尔本杯赛马的距离都是两英里（3218米），1970年由于澳大利亚实行度量衡公制化，赛事距离在1972年改为3200米。现在的墨尔本杯赛马实际上被包装成一个叫作“墨尔本赛马嘉年华”的节日，包括4天的大赛，分别是每年11月第1个星期六的维多利亚州打吡日（Derby Day）、第1个星期二的墨尔本杯日（Melbourne Cup Day）、第1个星期四的橡树日（Oaks Day）和第2个星期六的大奖赛日（Stakes Day）。

在墨尔本杯赛马举行的当天，男士们穿着传统的赛马服装或正规的西服，女士们戴着各式争奇斗艳的帽子，节日气氛格外浓厚。

四、宗教民俗

尽管有宗教信仰自由，但教会还是渗透到了澳大利亚社会的各个角落，影响力很大。在澳大利亚各大小城镇，雄伟的教堂建筑数不胜数。澳大利亚2/3的私立中小学是由罗马天主教教会开办的，由于富有的家庭喜欢把子女送往私立中小学，因此天主教或者教会学校在澳大利亚青少年一代有相当的影响力。在平日生活中，教会既竭力通过各种途径和方法增加信众，也尽力帮助人们解决一些困难。找房子、寻工作、觅恋爱对象、诉心中烦恼、求车搬家、唱卡拉 OK、跳舞娱乐、烧烤郊游、凑够打麻将的人数，都可以通过教会或者在教会认识的人来解决。从某种程度来说，澳大利亚教会有点类似中国的居委会、工会、妇联和街坊邻居的作用。对华人移民来说，教会往往是他们认识澳大利亚的途径之一。即使没有宗教信仰的人，教会也总是欢迎。华人的教会往往有厨房和吃饭的地方，活动时有很多志愿人士帮厨，不少人还从家中带来家常小菜或家乡特产。礼拜后、查经前，大家熙熙攘攘地吃喝玩乐，说短论长。在礼拜天吃饱喝足之后，大家还组织各种娱乐活动。所以，到教堂走走，也可以是生活的一部分。

五、礼仪民俗

澳大利亚的社交礼仪深受英国的影响。另外，由于近些年来英国地位的衰落与美国势力的膨胀，美国的社交礼仪已经日益渗入到澳大利亚社会，所以，澳大利亚人在人际交往中呈现出第一个基本特点，即亦英亦美，以英为主。

在澳大利亚同时生活着许多民族，他们共同奋斗，共同创造澳大利亚文明与繁荣；同时，也在一定程度上保留了本民族的传统礼仪与习俗，并且努力将其发扬光大。因此，澳大利亚的社交礼仪便形成了第二个基本特点，即兼容并包，多姿多彩。

澳大利亚人见面时所行的既有拥抱礼、亲吻礼，也有合十礼、鞠躬礼、握手礼、拱手礼、点头礼，可谓五光十色。土著居民在见面时所行的勾指礼，极具特色，即相见的双方各自伸出手来，令双方的中指紧紧勾住，然后再轻轻往自己身边一拉，以示相亲、相敬。

澳大利亚人普遍乐于同他人进行交往，并且表现得质朴、开朗、热情。过分地客套或做作，均会令他们不快。在讲英语的国家中，澳大利亚人可能是最无拘无束、轻松自在、爱交朋友的了。在公共场合，他们爱跟陌生人打招呼、聊天，并且爱请别人到自己家里做客。

六、其他民俗

（一）居住民俗

澳洲大城市占地面积巨大无比，澳洲的悉尼和墨尔本等都是世界上数一数二的土地大城市（上海只是人口大城市）。这些城市之所以占地面积巨大无比，是因为澳洲人喜欢住花园洋房，每一座花园洋房，小的占地400～600 平方米，大的占地 1000 平方米以上，甚至有上万平方米的花园洋房，这种花园洋房不仅有私人游泳池，还有私人网球场和小型牧场。澳洲的房屋多半是轻体结构，单元别墅众多。

（二）禁忌

澳大利亚人认为，兔子是一种不吉利的动物，碰到了兔子，可能是厄运降临的预兆。

澳大利亚人对“13”与“星期五”极为反感。

与澳大利亚人打交道，还有下列 4 点需要特别注意：第一，澳大利亚人不喜欢将本国与英国处处联系在一起，虽然不少人私下里会因自己与英国存在某种关系而津津乐道，但在正式场合，他们却反感于将两国混为一谈；第二，澳大利亚人不喜欢听“外国”或“外国人”这一称呼，他们认为，这类称呼抹杀个性；第三，澳大利亚人对公共场合的噪声极其厌恶；第四，澳大利亚的基督教有“周日做礼拜”的习惯。

知识链接

澳大利亚的部落如此培养刻苦耐劳的精神

不同的部落，几乎都不同程度地采用专门的饮食禁忌和肉体上的痛苦来考验和培养刻苦耐劳的精神。例如，打掉牙齿，割破皮肤，拔掉头发，割包皮，在火堆上熏烤等。打掉牙齿时，男孩需双腿跪在一个专门的坑内，巫师们在他面前跳舞，由一个长者抓住男孩，并将他头仰起，再由一名巫师实施“手术”。男孩张开嘴，巫师压住男孩的上牙床，用自己的下牙扳掉男孩的上门牙。如果扳时费力，则认为此男孩与妇女厮混太多，扳掉的牙需仔细收藏起来。割礼、上火堆上熏蒸，是澳大利亚土著人献身仪式的重要部分。有些部落还有血淋淋的成年仪式：由几个老者扎住上臂，一个接一个地刺穿自己的肘部静脉，让鲜血倾注在献身少年的头和身上，直至他被浑身凝结的血块沾到不能动弹为止。通过这些献身仪式，向献身者灌输勇气。也只有那些经受住考验的少年，才可成为部落的正式成员，并可以娶妻成家。通观澳大利亚的仪典，其实施方式以舞仪和演现为主，举行与图腾崇拜有关的仪式。

项目拓展

作为新的移民国家，澳大利亚的历史并不长。如何理解澳大利亚“原始文明与现代文明并存”、“东方与西方联姻”的文化特色？

项目二　新西兰

前置作业

1. 新西兰是以农牧业为主的发达国家，试了解新西兰的农业民俗。
2. 了解新西兰毛利文化。

主体内容

国家概况

直至公元10世纪，才有来自库克群岛和塔希蒂的波利尼西亚航海家乘坐独木舟来到新西兰。到公元12世纪，全国受青睐的地区已分布了许多定居点。1642年，荷兰航海家阿贝尔·扬松·塔斯曼在一次远洋冒险中发现新西兰的西海岸区，但在企图登陆时遭到毛利人的攻击而迅速离去，但他以荷兰一个地区的名字命名这块土地（Nieuw Zeeland），他绘制了部分西海岸地区的地图，但并未在此登陆。1769年，英国海军舰长詹姆斯·库克及其船员成为首先踏足新西兰土地的欧洲人，随后，捕捞海豹和鲸鱼的人们也来到这里，传教士也很快接踵而来，定居点开始逐渐建立起来了。

到1840年，新西兰估计有毛利人口约10万人，大约2000名欧洲定居者（毛利人称其为Pakeha，白人）分布在沿海地区，新西兰那时没有全国政府或全国领导人，毛利人和白人团体请求英国提供某些保护以及法律和秩序；1840年2月6日，毛利人和英国王室在岛屿湾的怀唐伊镇签署了《怀唐伊条约》。此条约签署后，更多的人开始来到这里定居，多数人去南部岛定居，那里的土地适合耕作，在奥塔哥和西海岸地区还发现了金矿。

后来，来北岛居住的人逐渐多于南部，到19世纪80年代，全国人口增加到20万，并开始建设铁路和公路，定居者建立的农场已经成为新西兰经济的支柱。1893年，新西兰成为第一个赋予妇女选举权的国家，当时，英国仍然是新西兰文化的重要组成部分并经常被喻为“家乡”，成千上万的新西兰人代表英国参加第一次世界大战，到1918年，有一半的参战者死于战争或在战争中负伤。1935年，选出新西兰工党政府，该政府进行了一系列的社会改革，其中包括每周40小时工作制以及国家拨款的卫生和福利制度。第二次世界大战开始后，新西兰再次派出军队，大约全国人口的10%出国作战，战争结束后，对新西兰的农产品的需求增加。20世纪50年代，全国就业迅速增长，工业空前繁荣。

新西兰的经济在20世纪70年代和20世纪80年代开始恶化。20世纪70年代初期，英国加入欧洲共同体以后，新西兰失去其传统的出口市场，随即出现失业和社会问题；20世纪80年代中后期，工党政府开始进行新的货币政策、工业解除限制、取消津贴以及将许多政府部门私有化等大范围的改革，自此经济开始逐渐好转，失业人数开始下降。从20世纪90年代后期开始，新西兰经历了持续的经济增长。

一、饮食民俗

新西兰的烹饪方法主要以西餐为主，与中餐相比简单多了。新西兰人喜欢烧烤，在夏天通常是以烧烤方式用餐。牛扒、香肠、鸡、马铃薯、鱼、虾、贝类等，都拿来烧烤。另外，还有种烹调方式值得一提，新西兰拥有特殊的地热，在毛利人的饮食文化中，利用地热蒸汽便成为特有的烹调方式。当地的毛利人自制的传统的石头火锅，是把薄薄的石头烘热，放入地洞，再把包裹好的食物放进去并熏熟，用这种方法做出来的食物，吃起来原汁原味、齿颊留香。

新西兰人喜爱吃羊肉，且羊肉风味多种多样。一岁的小羊味道较清淡，十分受当地人的喜爱。犊羊肉或羊肉常被用来做羊排，几乎没有羊膻味，肉质柔软，因而成为新西兰最普遍的菜色之一。羊肉还常以香草腌渍，再炭烤或嫩煎，佐以酱汁，搭配芋泥或薯条，风味独特。

烤羊肉

说到新西兰乳制品，不能不提新西兰最著名的甜品——奶油蛋白酥。这美味的甜品像个巨型的果汁软糖，外表是松脆的蛋白酥皮，内里却香甜耐嚼。吃的时候可在顶部配上奶油、奇异果、西番莲或啤梨等。

奶油蛋白酥

新西兰的葡萄由移民带入，有 160 多年的历史，只是最近十多年才在国际上崭露头角。新西兰气候温和，为典型的冷凉气候酿酒葡萄种植区，这使得新西兰的葡萄酒具有特别的风味。

新西兰葡萄酒

二、服饰民俗

新西兰人是欧洲移民的后裔，在日常生活里通常穿着欧式服装。他们注重服饰质量，讲究庄重，偏爱舒适，强调因场合而异。正式盛大的集会大都穿深色西服或礼服，但在一般场合人们的穿着趋于简便。妇女打高尔夫球时都是穿裙子。外出参加交际应酬时，新西兰妇女不但要身着盛装，而且一定要化妆。在她们看来，参加社交活动时化妆是一种基本的礼貌修养。周末假期，人们出外郊游则是另一番打扮，十分随便。新西兰毛利人的传统服饰鲜艳而简洁，富有民族特色，有披肩、围胸、围腰和短裙。最常见的是“比乌比武”（Piupiu）短裙，它是用亚麻类植物织成的，人们习惯称之为毛利草裙。此裙不分男女，现在多作演出时的道具。毛利人最讲究的是羽毛大氅，过去是酋长才能披戴的，现在遇有盛大庆祝活动时才穿上迎接贵宾，以示庄重威严。现今毛利人平时的穿戴也是西装革履，并无异样。

毛利人服饰

三、节庆民俗

（一）亚伯塔斯曼海岸赛事

亚伯塔斯曼海岸赛事，始于 1994 年，是新西兰最受欢迎的赛事之一，每年的参加者都络绎不绝。赛跑全程共计 36 千米，在阿瓦罗瓦（Awaroa）及马拉霍（Marahau）之间举行，靠近莫图伊卡（Motueka），其间还将横穿自然资源保护区。

（二）亚历山德拉春季嘉年华

中奥塔哥（Central Otago）地区将以这一历史悠久的节日欢庆春天的到来，人们一直以这一传统庆典拉开春季的序幕。2009 年，约有 10000 游人参加了这一盛事。

亚历山德拉春季嘉年华

（三）奥塔哥艺术节

自2000年艺术节诞生以来，两年一度的“精品都市之精品节日”已经成为新西兰最令人期待的顶级艺术盛事之一。

（四）凯尔特有奖赛马大会

霍克斯湾凯尔特顶级有奖赛马大会，一直被冠以“创造传奇的比赛”的称号。此项赛事规模庞大，耗资百万，赛制严格。年龄为3岁的赛马云集赛场，争夺至高无上的荣誉。此外，赛场亦是盛大的社交场，游人还可参加赛场最佳着装的评比。

（五）怀唐伊日

每年的2月6日，是新西兰的怀唐伊日，这一天在1974年曾一度被定为新西兰的国庆日，1976年又被取消。每年的这一天新西兰全国放假一天。

（六）新西兰国际艺术节

新西兰国际艺术节演出阵容强大，囊括各种精彩节目，演出共计300场，其中包括来自比利时的顶级杂技表演、来自芬兰的朋克手风琴演奏以及一场国际首映仪式等。这一节日每年都会吸引30多万名游客慕名前来。

（七）菲茨罗伊贻贝节

位于奥克兰大屏障岛的菲茨罗伊港口（Port Fitzroy）有着清澈的水域，产出的贻贝口感独特，大部分出口国外，但每年当地都会举办贻贝节，广邀游客共赏新鲜贻贝。贻贝吃法多种多样，包括刺身、烟熏、串烧、煎炸，绝对美味。

（八）卡菲亚美食节

如果你想体验传统的毛利美食与文化，一定不能错过久负盛名的卡菲亚美食节。每年数以千计的游人慕名来到位于北岛西海岸的卡菲亚海滨渔村，领略悠久的历史，品尝丰盛的海产。

（九）新西兰音乐艺术月

新西兰音乐艺术月持续31天，是新西兰本土音乐人展示才华的艺术盛会。届时，众多音乐会将在全国各地上演，展现新西兰音乐人独一无二的音乐才华，提升本地音乐新秀的知名度。音乐艺术月创立于2001年，旨在提高商业广播频道中新西兰歌曲的播放比例。

四、宗教民俗

新西兰无国教，约66.7%的居民信奉基督教新教和天主教，不信教者或无固定信仰者占9%，信仰其他宗教的占24.3%。新西兰主张信仰自由。

五、礼仪民俗

新西兰人在社交场合与客人相见时，惯施握手礼；和妇女相见时，要等对方伸出手再施握手礼。他们也施鞠躬礼，不过鞠躬方式独具一格，要抬头挺胸地鞠躬。新西兰的毛利人会见客人的最高礼节是施“碰鼻礼”，碰鼻子的次数越多，时间越长，礼就越重。

若应邀去新西兰人家里做客，以带巧克力或葡萄酒之类不显眼的礼物为宜，但也不是非带不可。

新西兰人喜欢谈论国内和国际政治局势、天气以及体育运动。他们喜欢那些了解他们文化的来访者。与新西兰人谈话时应回避的话题是种族问题。

六、其他民俗

（一）婚嫁民俗

新西兰的毛利人有婚前同居的习俗。毛利人在到了结婚年龄之后，一般是先和自己相中的姑娘同居一段时间，如果男女双方感到可以在一起生活，那么经过父母同意，就可以举行婚礼了。

（二）丧葬民俗

1.“公寓式”墓地

新西兰的墓穴在开始建时，是按照一穴3人的标准建的，即一个穴里埋3个人，3个穴坑不是并排的而是上下的，就像公寓楼层一样，谁先去世，谁就被葬在最底层，以此类推。夫妇同穴，很好理解，那另外一个是给谁准备的呢？据说是给孩子准备的，以防有的孩子小时候不幸夭折。

2. 穿旧衣服入土

新西兰的丧葬服务行业没有中国发达。新西兰人死后，亲人给逝去的亲人穿的衣服都是死者生前最喜欢的旧衣服，一般也就里外两层。如果有陪葬的话，也只是死者生前最喜欢的发卡、配饰等。新西兰人认为穿新买的衣服，死者会觉得不舒服，同样，穿太厚了，也不舒服。丧葬服务业提供的服务主要是逝者照片的放大、墓穴的打开与回填。如果死者是宗教徒，会在教堂有个告别仪式。

3. 没有“清明节”

新西兰人去世后，亲人今生是不必到逝者的墓前去祭奠的。新西兰人没有“七七”、“一百天”、“清明”、“寒食节”、“忌日”之说，他们的家人会清楚地记得死者去世的时间，在教堂里也会有刻有死者名字及生辰卒日的牌子，但是他们不必在某个特定的日子到墓前去祭拜逝去的亲人，为他们烧纸钱。

(三) 工艺美术民俗

新西兰的艺术与文化得自于各个种族，产生了结合毛利人、欧洲人、亚洲人和大洋洲人的特质。新西兰的艺术圈反映了这种融合。新西兰最有价值的绘画中，有些是由查尔斯·高第（Charles Goldie）于19世纪所画的毛利人画像。画家柯林·麦卡宏（Colin McCahon）的作品使用了文字、基督教肖像与毛利语言以及神话，他被许多人认为是新西兰最伟大的艺术家。许多艺廊除了展出这些作品外，还会展出19世纪毛利人雕像。

毛利人传统木雕

毛利人有一个很著名的工艺品就是毛利编织。对毛利人来说，编织品已不仅仅是手工艺品如此简单了，这些编织工艺品被赋予了毛利族的精神内涵。毛利人编织的图案十分精彩，既包含了古典主义，同时又具有现代气息。新西兰玉也是新西兰有名的手工艺品。新西兰玉也是由毛利人首先挖掘使用的，所以新西兰玉也叫作毛利玉，至今已有近千年的历史了。新西兰玉中有一种叫作新西兰碧玉，分绿、深绿、暗绿和黑色，在新西兰本地经常被加工成各类的首饰。不过在碧玉中也有极具收藏价值的珍贵品种，质地极优的碧玉颜色漂亮、质地柔和，十分值得收藏，同时价格也是不菲的。新西兰玉主要是毛利人磨制而成的，毛利人用的是传统的工艺来加工新西兰玉，他们会用坚硬的石头以及贝壳制成雕刻工具，然后借助沙和水一点一点地来雕琢玉的外形，需要花费很多工夫和精力。

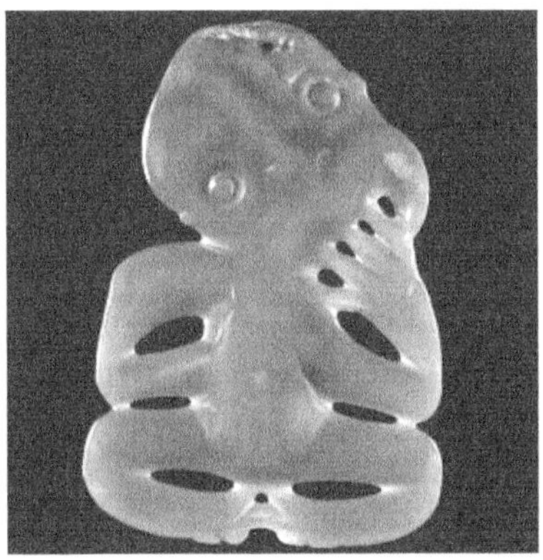

新西兰玉

（四）禁忌

新西兰人大多数信奉基督教新教和天主教。他们把“13”视为凶神，无论做什么事情，都要设法回避“13”。他们在国内忌讳男女同场活动。即使看戏或看电影，通常他们也分为男子场和女子场。他们视当众剔牙和咀嚼口香糖为不文明的举止，视当众闲聊、吃东西、喝水、抓头皮、紧裤带等为失礼的举止。新西兰人中的毛利人，对有人给他们照相是极为反感的。新西兰人不愿谈论有关种族方面的问题，不喜欢吃带黏汁或过辣的菜肴。

知识链接

毛伊——不平凡的人

在波利尼西亚神话中，毛伊是一个智勇双全的半人半神的神奇人物，正是他钓起了新西兰北岛。尽管毛伊不是神，但他却智勇双全，具有可以战胜任何普通人的神奇法力。毛伊思想活跃，不得到问题的答案誓不罢休。他还是一个竞技大师，扔镖时他扔得最远；放风筝时，他放得最高；钓鱼时，他能带回一整筐鱼，而他的哥哥们只能钓得几条鱼。毛伊具有神奇法力，可以行走于天国和人间。他是一个半人半神的神奇人物，虽然有人类的某些缺点，但也有一个控制自然的工具。

在新西兰，有许多地名都与毛伊传说有关，如南岛被命名为毛伊战船，斯图尔特岛被命名为毛伊锚石。毛伊传说中有3个中心，一个是新西兰，另外两个分别为夏威夷和大溪地。汤加、斐济、萨摩亚、托克劳和南太平洋其他岛国的民间传说中也有毛伊这个人物。不管在哪个国家里，故事情节都基本相似。

项目拓展

以农牧业为主的发达国家实在不多见。新西兰出口量最大的是农牧产品，竟然占据了总出口量的一半以上。新西兰得天独厚的地理位置使得这里极适合农牧业的发展，每年的羊肉和奶制品的出口量一直位居世界前列，羊毛产量也位居世界前列。

新西兰农牧业经济的成功，对世界上其他农业国有何借鉴作用?

大洋洲模块训练

1. 1768年，库克船长（Captain Cook）从英国出发前往南太平洋，展开了一次探险行动，他发现了澳大利亚东部，并在1770年占领了澳大利亚东岸一带，开始了澳大利亚的大移民历史。后来，美国宣布独立，迫使英国要另觅地方流放罪犯，于是英国便在澳大利亚开辟了新监狱。流放囚犯的政策至1868年停止，那时罪犯及释囚已占澳大利亚人口的1/9。

时至今日，澳大利亚人享受着有尊严的生活。澳大利亚的胖人很多，一些人的体积是正常人的两倍还多，这种人去世以后，正常人用的棺材是装不下的，这样，政府和社区就会为他制作一个大的棺材给其殡葬。去世的人如此有尊严，活人的尊严就可想而知了。走在公共场所，随处可感受到人性化的关怀：所到之处处处可见供行人休息的椅子，供残疾人行走的绿色通道，自觉让行人的车辆。公共厕所分男、女和残疾人3种专用厕所，残疾人厕所门口有专门的轮椅标记。澳大利亚每个社区都有公园和免费的烧烤设施，无防盗设施，治安状况非常好。澳大利亚民主自由，凡事由居民讨论决定。澳大利亚的民宅及周围的花园、路所占用的土地全部属于个人所有。国家或联邦政府修路要通过时，若主人不同意，就只好在地下打隧道。

从流放罪犯的“监狱”到“以人为本”的民主社会，澳大利亚的发展对其他国家推进民主进程有何启示?

2. 毛利人占新西兰人口的16%。毛利人的社会结构分为3层。基层为个人或家庭，在此基础上由家族（谱系）组成“哈普”（小部落），再由“哈普”组成更大的团体，称为“伊维”（部落）。这种社会结构可以追溯到毛利人祖先的独木舟时代。毛利人约于1000年前由太平洋中部，从传说中的哈瓦基乘木筏迁徙至此，并从此定居。今天，生活于城市的毛利人依然继承了毛利的传统文化。他们对族人聚首的时刻，如葬礼尤为重视，分散各地的家人都珍惜会面的难得时刻，趁机回乡。据说毛利人一旦离开人世，便会与祖先会合，并凭着他们赐给的力量，赋予子孙精神力量与指引。毛利人极重视他们的传家宝物，如权杖、绿玉项链等，深信它们蕴藏着祖先的灵气。

在新西兰，你会时刻感受到毛利文化的存在，一个民族的文化是如何深深地影响了整个国家的生活的?

模块三　亚洲篇

亚洲是亚细亚洲的简称，位于东半球的东北部。东临太平洋，南濒印度洋，北达北冰洋。面积4400万平方千米，占全球陆地总面积的29.4%，是世界上最大的洲。地表起伏大、高山多是亚洲地形的总特征。山地、高原和丘陵约占总面积的75%，平原约占25%。亚洲的大山脉有喜马拉雅山和喀喇昆仑山等。喜马拉雅山平均海拔在6000米以上，是世界上海拔最高的山脉，其中包括世界最高峰珠穆朗玛峰在内的14座8000米以上的山峰。死海是世界上最低的洼地。亚洲的岛屿主要集中在东南海面。约有几万个大小岛屿，总面积为320万平方千米，其中面积超过10万平方千米的大岛有6个。亚洲是世界上大江大河汇集最多的大陆，长度在1000千米以上的河流有58条之多，其中长4000千米以上的有5条。亚洲地跨寒、温、热3带，是世界上气候差别最大的一个洲。亚洲是世界文明古国中国、古巴比伦的所在地，也是世界三大宗教佛教、伊斯兰教和基督教的发源地。

学习索引

1. 民族性格的形成与民族文化的关系。
2. 从韩国料理看现代健康饮食。
3. 国家之间的文化交流对本土文化的影响。
4. 生命价值观之于民族的发展。
5. “禅”对东方文化的意义。
6. 饮食文化与地理位置的关系如何？在哪些方面体现地理因素的制约？
7. 如何看待特殊环境下产生的特殊民俗现象？
8. 波斯文明对伊朗的影响。

项目一　中国

前置作业

1. **了解中国饮食民俗的表现形式和分类体系。**

2. **掌握中国本土宗教——道教的形成及其精神实质。**

3. **中国是一个多民族国家，了解东北、西南、西北少数民族的民族文化。**

主体内容

国家概况

中华人民共和国位于亚洲大陆的东部、太平洋西岸。陆地面积约960万平方千米，仅次于俄罗斯和加拿大，是世界上第三大国。中国领土北起漠河以北的黑龙江江心，南到南沙群岛南端的曾母暗沙，南北相距约5500千米；东起黑龙江与乌苏里江汇合处，西到帕米尔高原，东西相距约5200千米。

中国陆地边界长达2.28万千米，东邻朝鲜，北邻蒙古，东北邻俄罗斯，西北邻哈萨克斯坦、吉尔吉斯斯坦、塔吉克斯坦，西和西南与阿富汗、巴基斯坦、印度、尼泊尔、不丹接壤，南与缅甸、老挝、越南相连，东部和东南部同韩国、日本、菲律宾、文莱、马来西亚、印度尼西亚隔海相望。

中国大陆海岸线长约1.8万千米。海岸地势平坦，多优良港湾，且大部分为终年不冻港。中国大陆的东部与南部濒临渤海、黄海、东海和南海，海域面积473万平方千米。渤海为中国的内海，黄海、东海和南海是太平洋的边缘海。

在中国海域上，分布着5400个岛屿。其中最大的为台湾岛，面积3.6万平方千米；其次是海南岛，面积3.4万平方千米。位于台湾岛东北海面上的钓鱼岛、赤尾屿，是中国最东的岛屿。散布在南海上的岛屿、礁、滩总称南海诸岛，为中国最南的岛屿群，依照位置不同称为东沙群岛、西沙群岛、中沙群岛和南沙群岛。

中国是世界上人口最多的国家。2005 年年底，中国总人口为 130756 万人（未包括香港特别行政区、澳门特别行政区和台湾省人口），约占世界人口的 1/5。中国自古以来就是一个统一的多民族国家。新中国成立后，通过识别并经中央政府确认的民族共有 56 个，中国各民族分布的特点是：大杂居、小聚居、相互交错居住。汉族地区有少数民族聚居，少数民族地区有汉族居住。这种分布格局是长期历史发展过程中各民族间相互交往、流动而形成的。

中国是世界四大文明古国之一，中华亦称华夏文明，是世界上最古老的文明之一，也是世界上持续时间最长的文明。中华文明史源远流长，若从黄帝时代算起，已有 5000 年。有学者指出，中华民族有“30 万年的民族根系、1 万年的文明史、5000 年的国家史”。举世公认，中国是历史最悠久的文明古国之一。一般认为，中华文明的直接源头有两个，即黄河文明、长江文明，中华文明是两种区域文明交流、融合、升华的果实。中国历史自黄帝时代算起则约有 5000 年。据考古资料显示，约在早于距今 6000 年前的裴李岗文化晚期或者仰韶文化早期时代，中原地区从母系民族社会过渡到了父系民族社会。同时，原始社会平等被打破。而据历史记载，夏朝已经开始君王世袭，周朝建立完备的封建社会制度至东周逐渐解构，秦朝统一各国政治和许多民间分歧的文字和丈量制度，并建立中央集权政治。自汉朝起，则以文官主治国家直至清朝。1911 年孙中山领导的辛亥革命，推翻了清王朝 200 多年的统治，同时也结束了延续 2000 多年的封建君主制，建立了“中华民国”，这是中国近代史上最伟大的事件之一。1945 年，国民党发动内战，中国共产党经过 3 年解放战争，于 1949 年推翻了国民党政府。1949 年 10 月 1 日，北京天安门广场举行开国大典，中央人民政府主席毛泽东庄严宣告：中华人民共和国正式成立。

万里长城

一、饮食民俗

中国的传统饮食习俗是以植物性食料为主。主食是五谷，辅食是蔬菜，外加少量肉食。形成这一习俗的主要原因是中原地区以农业生产为主要的经济生产方式。但在不同阶层中，食物的配置比例不尽相同，因此古代有称在位的皇帝为“肉食者”的说法。在食具方面，中国人的饮食习俗的一大特点是使用筷子。筷子，古代叫箸，实际上，东方各国使用筷子其源多出自中国。中国人的祖先发明筷子，确实是对人类文明的一大贡献。中国饮食文化源远流长，现在普遍承认的有八大菜系：鲁、川、苏、粤、闽、浙、湘、徽。

少数民族食俗，是指各有传承或祖训，特别讲究宜忌，分别流传在55个少数民族内部的特殊食俗。其始因有的是民族起源和英雄传说的影响，有的是生产方式和生活方式的限定，有的是信仰膜拜和礼俗品德的熏染，有的是文化艺术和心理感情的积淀，还有的是以上诸方面综合作用的产物。在众多食俗中，这一食俗最为复杂又最精彩。他们巧妙利用飞潜动植，食物组配顺其自然，因时而异变换餐制，就地取材制作炊具，饭菜烹调别有章法，茶酒奶汤各有妙趣，民风食俗水乳交融，宴宾待客情意拳拳：像土家族过“赶年”，高山族爱“围炉”，蒙古族新春“半月不撤席”，哈萨克族“宰羊先问客”，纳西族喜欢举办“街心酒宴”，满族正月要请“食神”，畲族娶亲常由厨师“对歌点灶火”，景颇族婚席后必给来宾赠“礼篮”，鄂伦春族迎客大摆“狍子宴”，侗族大庆又是巧烹“酸鱼席”；再如仫佬族的“吃虫节”，布依族的“撵山礼”，瑶族“吃笑酒”，黎族“射牛腿”，怒族烤“石板粑粑”，藏族做“河曲大饼”，哈萨克族用皮囊酿制“速成酒”，京族男女谈恋爱“以歌代言，托食寄情”等，无不都是淳朴民风的结晶，饮馔美学的升华。

二、服饰民俗

服饰作为一种文化形态，贯穿了中国古代各个时期的历史。从服饰的演变中可以看出历史的变迁、经济的发展和中国文化审美意识的嬗变。无论是商的“威严庄重”，周的“秩序井然”，战国的“清新”，汉的“凝重”，还是六朝的“清瘦”，唐的“丰满华丽”，宋的“理性美”，元的“粗壮豪放”，明的“敦厚繁丽”，清的“纤巧”，无不体现出中国古人的审美设计倾向和思想内涵。但某一时期的审美设计倾向、审美意识也并非凭空产生的，它必然根植于特定的时代，在纷乱复杂的社会现实生活中，只有将这种特定的审美意识放在特定的社会历史背景下加以考察才能见其原貌。

新中国成立后虽然没有对服装做什么特殊限制，但从领导人的穿着就可以看出与民国时期的不同。列宁装通常是灰颜色的，双排扣，有一个腰带，男女都穿，这也成为新中国成立早期人们普遍的穿戴。到后来，中国服装产业越来越发达，逐渐跟上了国际潮流，也渐渐有了民族个性，如唐装。

三、节庆民俗

中华民族以有多种多样的传统节日而闻名，根据《通胜》的载录，一年中最少有9个主要节日、24个节气和140多个节诞，换言之，一年中平均两天就有一个节诞。

节日是人们随着季节、时间和物候的转移，开展的有特定主题的风俗和纪念意义的社会活动日，也无疑是民族因应时地环境代代相传、岁岁相因地累积的智慧和生活情趣，可以说离不开一地人们的生活习惯和文化特色，亦往往反映出人与自然及人与人之间的关系。

中国重大的传统节日有春节、元宵节、清明节、端午节、中秋节等。此外，各少数民族也都保留着自己的传统节日，诸如傣族的泼水节、蒙古族的那达慕大会、彝族的火把节、瑶族的达努节、白族的三月节、壮族的歌圩节、藏族的藏历年和望果节、苗族的跳花节等。

（一）元旦

元旦，据传说起于三皇五帝之一的颛顼，距今已有3000多年的历史。“元旦”一词最早出现于《晋书》“颛帝以孟夏正月为元，其实正朔元旦之春”。

（二）春节

过去，春节被称为“新年”，因为按照中国历史上一直沿用的农历，这天是正月初一，为新一年的开头。据记载，中国人过春节已有4000多年的历史。春节时，家家贴春联、贴年画、装饰居室。春节前一夜叫“除夕”，是家庭团聚的重要时刻，全家人欢聚一起，吃一顿丰盛的“年夜饭”；许多人通宵不眠，称“守岁”。次日，大家便开始到亲朋好友家里“拜年”，相互问候，祝愿在新的一年里万事如意。春节期间，传统的文娱活动以狮子舞、龙灯舞、划旱船、踩高跷最为普遍。

（三）元宵节

农历正月十五为元宵节，又称上元节、元夜、灯节。这是春节后的第一个月圆之夜。相传，汉文帝（公元前179—公元前157年）为庆祝周勃于正月十五戡平诸吕之乱，每逢此夜，必出宫游玩，与民同乐，并将正月十五定为元宵节。过元宵节，有吃元宵和观灯的习俗。元宵以糯米粉为皮，内裹果料糖馅，圆形，是“团圆”的象征。许多城市会举办灯会，展出各种彩灯，造型新奇，千姿百态；在农村，则举行文娱活动，如放焰火、踩高跷、耍龙灯、扭秧歌、荡秋千等。

（四）清明节

清明扫墓祭祖。4 月 5 日前后为清明节。清明节古时也叫三月节，已有 2000 多年历史。公历 4 月 5 日前后为清明节，是二十四节气之一。在二十四个节气中，既是节气又是节日的只有清明。清明节原是祭祀祖先的节日，而如今更多的是在这一天开展祭扫烈士陵墓、悼念先烈的活动。清明时分，天气转暖，草木复萌，人们常常结伴到郊外踏青、放风筝、欣赏春光，所以清明节有时也被称做“踏青节”。

（五）端午节

端午悼念爱国先人。农历五月初五是端午节，一般认为，它是为纪念中国古代诗人屈原而产生的。每逢此节，民间有戴香袋、吃粽子、赛龙舟习俗。香袋表示屈原的品德节操如馨谥艺，万古流芳；粽子原是防止鱼把屈原的尸体吃了的，后成为节日食品；划龙船则表示去营救屈原。

（六）七夕节

农历七月初七夜，称“七夕”，是传说中牛郎织女每年相会的日子。是夕，陈瓜果子于庭中，女孩子结彩缕，穿七孔针，据说先穿完者为巧，故又称“乞巧节”，又由于多是女孩子参加，亦称“少女节”。

（七）中元节

中元节在农历的七月十五举行，是传说中地官的生日，所以又称“鬼节”。佛教徒这天要设“盂兰盆”，施斋供僧，举行诵经法会以及水陆道场、放河灯等宗教活动。中国大约是在梁武帝时（6 世纪上半叶）始设“盂兰盆斋”的。现在，设“盂兰盆”的在民间少见，但放河灯的习俗却仍在一些地区流传下来。

（八）中秋节

中秋阖家团圆。农历八月十五为中秋节，又称“团圆节”。八月十五居秋季之中，故名“中秋”。中秋节最早源于古代帝王秋天祭月的礼制。魏、晋、唐、宋以来，逐渐演变成赏月的风俗。“中秋”一词，最早见于《周礼》一书，而真正形成全国性的节日是在唐代。据传这个中华民族重要节日的形成与“唐明皇梦游月宫”的故事有关。在古代，每逢中秋人们就用精制的糕饼祭奉月神；祭奉之后，全家人分吃，表示合家团圆欢聚。

这种风俗，一直流传到今天。

（九）重阳节

重阳登高敬老。重阳节为农历九月初九，是魏晋以后兴起的节日。“重阳”、“重九”之名，肇于三国时期。主要有5种传统习俗。一是登高，此时秋高气爽、景色宜人，正是游历的好季节，既可以陶冶情趣，又有益于健康。二是插茱萸，可驱秋蚊、灭虫害。三是饮酒赏菊。农历九月正是菊花盛开之时，观赏千姿万态的秋菊，喝几盅菊花酒，也是重阳节的乐事。四是食重阳糕。人们把粮食制成白嫩可口的米糕，谓之重阳糕，而“糕”又与“高”谐音，食之谓可步步高升。五是开展敬老活动，从古至今重阳敬老之风绵延不绝。

（十）腊八节

农历十二月（又称腊月）初八，俗称腊八。早先传说这天是释迦牟尼成道的日子，寺院都要煮粥祭佛，后来成为民间习俗，以示五谷丰登。

四、宗教民俗

中国是个多宗教的国家。中国宗教徒信奉的主要有佛教、道教、伊斯兰教、天主教和基督教。据不完全统计，中国现有各种宗教信徒1亿多人，宗教活动场所8.5万余处，宗教教职人员约30万人，宗教团体3000多个。宗教团体还办有培养宗教教职人员的宗教院校74所。

（一）佛教

佛教在中国已有2000多年历史。现在中国有佛教寺院1.3万余座，出家僧尼约20万人，其中藏语系佛教的喇嘛、尼姑约12万人，活佛1700余人，寺院3000余座；巴利语系佛教的比丘、长老近万人，寺院1600余座。

（二）道教

道教，又称道家、黄老、老氏与玄门等，是中国土生土长的固有宗教，是中国人的根蒂，是东方科学智慧之源，深深扎根于中华传统文化的沃土之中。据《道经》记载，道教起于盘古开天辟地，元始立教说法。传至世间，创始于黄帝崆峒问道、铸鼎炼丹，阐扬于老子柱下传经、西出函谷。故以黄帝为纪元，至今已有道历4700多年的历史。道教核心概念包括无极、太一、两仪、三宝、四象、五行、六合、七星、八卦、九宫、十天干、十二地支。以“道”为最高信仰，以神仙信仰为核心内容，以丹道法术为修炼途径，以得道成仙与道合真为终极目标，追求自然和谐、国家太平、社会安定、家庭和睦，相信修道积德者能够幸福快乐、长生久视，充分反映了中国人的精神生活、宗教意识和信仰心理，是中华民族的精神家园。道教在中国的学术思想、政治经济、军事谋略、文学艺术、科学技术、国民性格、伦理道德、思维方式、民风民俗、民间信仰等方面都产生了深远的影响，鲁迅先生曾深刻指出“中国根柢全在道教”。

五、礼仪民俗

中国古代有五礼之说，祭祀之事为吉礼，冠婚之事为喜礼，宾客之事为宾礼，军旅之事为军礼，丧葬之事为凶礼。民俗界认为礼仪包括生、冠、婚、丧 4 种人生礼仪。实际上礼仪可分为政治与生活两大部类。政治类包括祭天、祭地、宗庙之祭，祭先师先圣、尊师乡饮酒礼、相见礼、军礼等。生活类包括五祀、高禖之祀、傩仪、诞生礼、冠礼、饮食礼仪、馈赠礼仪等。

部分少数民族礼仪

民族	礼仪
维吾尔族	在路上遇到长者或朋友时，习惯把右手掌放在左胸上，身体前倾，并连说“牙克西姆斯孜”（您好）；当行路人无处进餐或住宿时，只要说明来意，虽不相识，主人也会热情招待；走路让长者走在前面，谈话让长者先谈，如坐让长者坐上座，吃饭先端给长者；小辈在长者面前不喝酒、不吸烟；老人骑马出门，年轻人要为老人备鞍，扶老人上马，而且卸鞍、饮马、喂马的事都由年轻人去做
藏族	十分重视馈赠，凡遇喜庆，必互相送礼致贺。哈达是必备的高贵礼物，多为丝织品，白色居多，也有淡黄色和浅蓝色的。在相互交往中，必热情款待，送别亲友，常敬青稞酒，唱酒歌，把哈达挂在亲友的脖子上，然后相互亲切地碰额、亲脸，以示热情、致以良好祝愿
蒙古族	款待行路人（不论认识与否），是蒙古族的传统美德，但到蒙古族人家里做客必须敬重主人。进入蒙古包后，要盘腿围着炉灶坐在地毡上，炉西面是主人的居处，主人不让坐时不得随便坐。主人敬上的奶茶，客人通常是要喝的，不喝则有失礼貌；主人请吃奶制品，客人不要拒绝，否则会伤主人的心，如不便多吃，吃一点也行。献哈达也是蒙古族的一项高贵礼节
回族	客人来访，要先沏茶，还要端上瓜果、点心或自制面点招待，而且所有家庭成员都要来与客人见面、问好。若遇上老年客人，还要烧热炕请老人坐，并敬“五香茶”或“八宝茶”。送客时，全家人都要一一与客人道别、祝福，对远客、贵客还要将其送出村庄或城镇才分手

续 表

民族	礼仪
苗族	客人来访，必杀鸡宰鹅盛情款待，若是远道来的贵客，有的地方还要在寨前摆酒迎候。吃鸡时，鸡头要敬给客人中的长者，鸡腿要赐给年纪最小的客人。有的地方还有分鸡心或鸭心的习俗，即由家里年纪最大的主人用筷子把鸡心或鸭心拈给客人，但客人不能自己吃掉，必须把鸡心平分给在座的老人。有的地方还敬“牛角酒”、“梳子肉”，客人如一一接受，主人最高兴
彝族	招待客人以酒为上品，凡有客人到家，都要热情劝酒，倾心相谈，有“无酒不成敬意”之说。如果主人敬酒不喝，则会被认为是看不起主人。每逢过年过节，彝家的姑娘、妇女就把“杆杆酒”（在酒坛里插入用细竹子做成的吸杆，通过吸杆饮用）放在家门口，热情地劝过往行人吸饮，因而人们常说“甜不过彝家杆杆酒，好不过彝家人的心”
壮族	客人到家，必在力所能及的情况下给客人以最好的食宿，对客人中的长者和新客尤为热情。用餐时，需等最年长的老人入席后才能开饭；长辈未拈动的菜，晚辈不得先吃；给长辈和客人端茶、盛饭，必须双手捧给，而且不能从客人面前递，也不能从背后递；先吃完的要逐个对长辈、客人说“慢吃”再离席，晚辈不能落在全桌人之后吃完饭
布依族	对待客人，无论认识与否，都要递烟端茶，杀鸡杀鸭盛情款待。用餐时，长辈、客人坐上方，晚辈坐下方；给长辈、客人端茶、盛饭都是双手捧给，客人也要双手接过，否则会被认为不懂礼貌。若迎面碰上长者或客人，要主动招呼并让其先过
朝鲜族	晚辈对长辈说话必须用敬语，平辈之间初次相见也用敬语；吃饭要先给老人盛，并为其摆单桌，待老人举匙就餐了，全家才开始吃饭，吃饭时，匙要放在汤碗里，若放在桌上则表示已吃完；与长辈同路时，年轻人需走在后面，若有急事非超前不可，须向长辈说明原委
满族	孝敬长辈，注重礼节，不但晚辈见了长辈要施礼，在同辈人中年轻的见了年长的也要施礼问候。在路上遇见长辈，要侧身微躬，垂手致敬，等长辈走过后再行，亲友相见，除握手互致问候外，有的还行抱腰接面礼。过春节时要拜两次年，年三十晚上拜一次，为辞旧岁，年初一再拜一次，为迎新春
侗族	路上相遇，即使素不相识，也要互相打招呼问候，谦让对方先走；出嫁的新娘若在路上相遇，要解下身上的花带或头帕互赠，以示相互尊重和祝福；赶路人若遇上天黑，可随意进入村寨讨火把照明，若借宿，主人会热情接待，不取分文；寨中不管谁家孩子出门上学，全寨的人都带着礼物前往祝贺；冬天，在鼓楼的火塘里生有柴炭火供人取暖；夏天，在风雨桥、凉亭中备有清泉水供行人饮用

续　表

民族	礼仪
白族	对客人，无论是否认识都热情接待，凡客人光临，必以“三道茶”招待。三道茶是白族最讲究的茶礼，即斟茶三道，第一道为纯烤茶，第二道加入核桃片、乳扇和红糖，第三道加入蜂蜜和几颗花椒，因而三道茶具有一苦、二甜、三回味的特点。进餐时，老人、客人坐上首，晚辈依次坐两旁或下首，并随时要为长辈和客人添饭加汤，热情侍候
土家族	见面要互相问候，家有来客，必盛情款待。若是逢年节到土家人家里做客，主人还会拿出雪白的糍粑去烤，待烤得两面金黄开花时，吹拍干净，往里灌白糖或蜂蜜，双手捧给客人。有的地方给客人吃糍粑还有些讲究，即把烤好的糍粑给客人后，客人不得吹拍火灰，要接过就咬，这时主人会抢回去吹打拍净，蘸上糖再给客人
哈尼族	重礼好客，在路上遇到熟人或陌生人，总是有礼貌地含笑问候并让路，还热情邀请其到家里做客。客人进家后，主人首先邀请客人喝一碗友谊酒，之后再敬上一杯香浓茶，若客人逢节日来访，主人在给所有客人斟完酒后，还要给最先斟过酒的客人再斟一次，表示源源不断、幸福长久。席间，老人还要唱劝酒歌，青年人要向老人和客人敬酒。当客人接酒一饮而尽时，全家人会喝彩。团结互助是哈尼族的传统风尚，如一家建房，全寨的人都要去帮忙；猎手的猎获，见者不论老少均可得一份，表示互相祝福
哈萨克族	重视友谊，热情好客，对来访和投宿的客人都要拿出家里最好的食品殷勤招待，对待贵客，还要宰杀黄头白身的羊款待。进餐时，主人先把羊头用盘盛着献到客人面前，以示尊敬。客人则要用刀先割下一片羊头右颊面上的肉捧给在席的长者，再割下一块羊耳给在座的幼者，然后自己随便割下一片羊头肉吃，再把羊头原盘捧还给主人。路遇熟人、长辈和尊者，均要以右手贴胸欠身问好，以示尊敬，在结对乘骑行进中，年长的在前，年轻的在后。喝茶、吃饭，也总是要先敬老人，把最好的食品让给或留给老人和孩子
傣族	尊敬老人，晚辈从长辈面前经过，要弯腰细步；村中办红白喜事都要专门送饭菜给老人；说话和气，家庭、邻里关系十分和睦，很少发生争执和吵架；热情好客，凡过往客人，都会受到主人的盛情款待，有的家庭还专门备有招待客人的被褥，比自己用得还漂亮
瑶族	家中来客，必盛情款待，一般是男女分桌进餐。进餐时，不能让老人和客人自己盛饭，须由晚辈盛饭；餐毕，要双手举筷说声“慢吃”，以示敬意；凡给老人、客人东西，都要双手捧上，以示尊敬。路不拾遗，非己莫取，是瑶族的传统美德，他们常常把自己一时带不走的东西放在路旁，打下草结作记号，不管放多久，别人也不会取走

项目拓展

《汉书·郦食其传》中记载："王者以民为天，而民以食为天。"民以食为天的观念如此源远流长，反映了中国几千年文明史和农业关系甚为密切，粮食至关重要。人们对于吃的重要性的认识始终贯穿于中国文明发展的历史长河。

如何理解"中华饮食文化博大精深"?

项目二　日本

前置作业

1. **列举史实，说明日本文化有哪些方面受中华文化影响**。
2. **分析日式料理的特点与精髓**。
3. **了解日本茶道的程序、礼仪、茶事、影响**。

主体内容

国家概况

日本是由本州、四国、九州、北海道 4 个大岛及 3900 多个小岛组成的群岛国家。东临太平洋，位于太平洋西北部，西与中国、朝鲜半岛以及俄罗斯隔海相望，首都东京。日本国土约 3/4 是山地与丘陵，气候大体温和，四季变化极为明显，春、秋气候非常宜人。全国有大小火山 200 多座，约有 45 座活火山。地震十分频繁，每年地震均多达 1500 次以上，日平均地震发生率在 4 次以上。由于火山众多形成了大小 2 万余处温泉。

公元 3 世纪中叶，日本境内出现较大的国家"大和国"。645 年，日本向中国唐朝学习，进行大化改新。12 世纪后期进入幕府时代。1868 年，日本向欧美学习，进行明治维新，跻身资本主义列强，对外逐步走上侵略扩张的军国主义道路。1945 年第二次世界大战结束后日本投降。第二次世界大战后颁布的《日本国宪法》是日本的最高法律规范，规定日本为三权分立的国家。国家理念为立宪主义、国民主权、基本人权的尊重、和平主义，以君主天皇作为日本国家与国民的象征。日本属发达国家，国民拥有很高的生活质量，是全球最富裕、经济最发达和生活水平最高的国家之一。

日本富士山

一、饮食民俗

日本的饮食被国际营养学家们认为是当今最富有营养且营养最均衡的食品，因此日本人寿命很长，身体健康。国际营养学家认为，日本人的饮食，既能长寿又能抑制身体肥胖。

日本食物的特点是少油，少盐，少糖，少辣作料，极为清淡。日本饭有3种：和食（日本传统饭菜）；洋餐（西餐，包括美国快餐）；中华料理（中国饭菜）。平时日本人的三餐是这样安排的：早餐——鸡蛋，土豆和咖啡；午餐——中国式菜汤面；晚饭——鱼，肉和米饭，饮料为啤酒或米酒。

日本人喜食海产品、果菜和豆制品，很少食肉。第二次世界大战后，大米匮乏，政府号召国民吃西餐，日本人饮食习惯发生改革，吃西餐的人增多，吃肉及奶的量增多，日本饮食逐渐走向国际化，但日本饮食口味仍保持清淡的传统。

日本传统食品至今盛行不衰，主食有各种各样的面条，菜肴“鸡素烧”是一种牛肉菜，还有“炸虾”，据说是16世纪从葡萄牙人那里学来的。在日本不仅中餐非常流行，西餐也十分流行，法式大菜、麦克唐纳面包、肯德基炸鸡也都受到欢迎。

日本人除了爱吃生鱼外，还把鱼醋渍或腌制或风干后吃。如干松鱼是用金枪鱼制成的，剔去鱼骨，将鱼切成3段，煮熟烘干，挂在阴凉处，湿度不可以太大，经过很长时间的鱼身发酵，制成干松鱼可以保存好几年。

日本人用这种鱼做汤，或就米饭吃。又如墨鱼干，把墨鱼晒干，切成小块，可以出售。章鱼是日本人爱吃的，制作时，把章鱼稍稍煮一下，切成小块，蘸酱吃，其味道独特，但鱼肉很硬。

吃河豚是日本人的特殊习俗，但因为河豚有剧毒，只有专门的厨师才有制作的权力。

二、服饰民俗

和服是对日本传统民族服装的称呼，它在日本也称“着物”。和服是日本的传统服装，其特点是一般由一块布料缝制而成。和服是仿照中国隋唐服式和吴服改制的，所以在日本被称为“吴服”和“唐衣”，公元8—9世纪，日本一度盛行过“唐风”服装，以后经改变形成日本独特的风格，但仍含有中国古代服装的某些特色。妇女和服的款式和花色的差别是区别年龄和结婚与否的标志。

日本人无论是在正式场合还是在非正式场合，都很注重自己的衣着。在正式场合，男子和大多数中青年妇女都着西服。男子穿西服通常系领带。现在男子除一些特殊职业者外，在公共场所很少穿和服。

日本和服

三、节庆民俗

日本节日包括传统的节日（祭日）和现代的纪念日（国民祝日）。

（一）元旦

1月1日民间历来就有庆新年之风俗，但确定为国家节日是在1948

年。按传统习俗，“大晦日”（除夕）进行大扫除。门前摆上松、竹、梅（“松门”）（现多已改为画片代替），以示吉祥如意。除夕晚餐，全家吃过年面（荞麦面条），饭后一边看专为新年播送的电视节目，一边等待新年钟声，称“守岁”。元旦早餐吃杂煮（年糕汤），喝屠苏酒，吃“御节料理”（各种美味及节日菜肴）。

（二）成人节

每年1月的第2个星期一为成年节，1948年定为国家节日。按日本法律规定，20岁为成年。这一天凡年满20岁的青年都身着盛装去参加成人庆祝仪式，并以这一天为人生的新起点，开始具备履行法律的权利和义务。

四、宗教民俗

日本国教是神道教，神道是神明之道，是一种传统宗教，早期是相信万物有灵，是精灵崇拜，但他们对于这个崇教行为并没有确切名称，后来佛教传入，为了区别开来，就将之叫作神道教。

神道的本质是尊崇一切值得尊崇的东西。统治者以此作为统治手段，把天皇神化。所以，神道教的核心崇拜可以说是拜天皇。

日本也有佛教的崇拜，如目莲救母，在日本很受重视，促成了地藏菩萨崇拜。日本也有东密宗，属于高阶秘密宗教。日本人可以同时信仰两种乃至多种宗教。

五、礼仪民俗

日本人的名字一般由4个字组成，前两个字是家族的名字，后两个字是自己的名字。一般情况下，日本人不喜欢作自我介绍。作为介绍人，通常要说出被介绍人与自己的关系，以及他的称谓和所在单位名称等。

日本人见面多以鞠躬为礼。鞠躬弯腰的深浅不同，表示的含义也不同，弯腰最低、最有礼貌的鞠躬称为“最敬礼”。男性鞠躬时，两手自然下垂放在衣裤两侧。对对方表示恭敬时，多以左手搭在右手上，放在身前行鞠躬礼，女性尤其如此。

在国际交往中，日本人也惯施握手礼，尤其是年轻人或和欧美人接触较多的人。

在日本，名片的使用相当广泛，特别是商人，初次见面时有互相交换名片的习惯。名片交换是以地位低或者年轻的一方先给对方，这种做法被认为是一种礼节。递交名片时，要将名片正对着对方。名片在日语中写为“名刺”，女性大多使用比男性名片要小的名片。

一般情况下朋友们一起上餐馆、酒吧，如果事先没有说好谁请客，就都采用AA制的付钱方式，AA制日语叫作“割勘”，“割勘”的意思是按人头数分摊计算，各自分担自己的费用。AA制源于欧美，它的好处是各付各的，自用自付，心安理得，免得欠下别人请客吃饭的人情债。日本人不但上餐馆是这样，就连乘公共汽车也是如此，各付各的车费，相互之间清清楚楚。

日本人比较喜欢送礼物。日本人在送礼时，多采取这样的做法，即送些对主人毫无用途的礼品，因为收礼的人可转送给别人，那个人还可以再转送给第三者。

接送礼物要用双手，不能当面打开礼物，当接受礼物后，再一次见到送礼的人时一定要提及礼物的事并表示感谢。

六、其他民俗

日本传统的婚礼仪式是：婚礼前3天，新娘家里的人把新娘全部用品搬到新房；结婚那天，女理发师要替新娘打扮。现在，日本的婚礼形式多样，有在神社举办的，有在基督教堂举办的。

日本人不喜欢紫色，认为这是悲伤的色调；最忌讳绿色，认为是不祥之色。送礼物时忌送梳子，因为梳子的发音与死相近；他们忌9、4等数字；他们还忌讳3人一起合影，认为中间的人被左右两人夹着，是不幸的预兆。日本人讨厌金银色的猫，认为看到这种猫的人要倒霉；他们也不喜欢狐狸。日本人体对装饰有狐狸、獾图案的东西甚为反感，因为狡猾的狐狸是贪婪的象征。

到日本人家做客，携带的菊花只能有15片花瓣，因为只有皇室帽徽上才有16片花瓣的菊花。

知识链接

柔道

柔道在全世界有广泛声誉。柔道的基本原理不是攻击，而是利用对方的力量。柔道家的级别用腰带的颜色（初级：白，高级：黑）来表示。柔道是中国拳术的发展，源出少林之门。明末，中国的一位武林高手陈元赟将中国的传统武术传到扶桑（今日本），开现代风行世界的柔道之先河。

项目拓展

日本的能剧和狂言的产生可以追溯到8世纪，随后其发展中又融入了多种艺术表现形式，如杂技、歌曲、舞蹈和滑稽戏。今天，它已经成为了日本最主要的传统戏剧。这类剧主要以日本传统文学作品为脚本，在表演形式上辅以面具、服装、道具和舞蹈。

中国京剧，又称评剧、京戏、国剧，是中国影响最大的戏曲剧种，分布地以北京为中心，遍及全国。清代乾隆五十五年（1790 年）起，原在南方演出的三庆、四喜、春台、和春四大徽班陆续进入北京，他们与来自湖北的汉调艺人合作，同时接受了昆曲、秦腔的部分剧目、曲调和表演方法，又吸收了一些地方民间曲调，通过不断地交流、融合，最终形成京剧。京剧流播全国，影响甚广，有“国剧”之称。它成为演绎、传播中国传统文化的重要手段。

能剧与中国京剧的艺术表现有何异同？

项目三　韩国

前置作业

1. 近年来，“韩潮”袭击我国，受到我国追捧，请问韩国文化有什么吸引力？

2. 韩国是怎样做到“建立合作和互相支援”的家庭关系的？

主体内容

国家概况

大韩民国，简称“韩国”，位于亚洲大陆东北朝鲜半岛的南半部。北部以军事分界线与朝鲜民主主义人民共和国相邻。其余 3 面被黄海、朝鲜海峡和日本海所环抱。

公元 1 世纪后，朝鲜半岛形成高句丽、百济、新罗 3 个古国。公元 7 世纪中叶，新罗在半岛占据统治地位。公元 10 世纪初，高丽取代新罗。14 世纪末，李氏王朝取代高丽，定国号为朝鲜。1910 年 8 月沦为日本殖民地，1945 年 8 月 15 日获得解放。同时，苏美两国军队以北纬 38 度线为界分别进驻北半部和南半部。1948 年 8 月 15 日，大韩民国宣告成立。

自 20 世纪 60 年代以来，韩国政府实行了“出口主导型”开发经济战略，推动了本国经济的飞速发展，在短短几十年里，由世界上最贫穷落后的国家之一，一跃成为中等发达国家，缔造了令世界瞩目的“奇迹”。

韩国永福宫

一、饮食民俗

众所周知，韩国料理有益身体健康，根据世界卫生组织的研究结果评价，发酵食品有很好的抗癌作用，而韩国最有名的泡菜就是发酵而成的。另外，而韩国料理还大量使用大蒜，可以增强人体对病菌的抵抗能力，韩国饮食中脂肪含量较少，卡路里较低，人们在享受美味的同时既能充分吸收营养，又可以保持健美的身材，有益身体健康。韩国有各种饮食，由于其过去处于农耕社会，因此从古代开始主食就以米为主。韩国的泡菜（发酵的辣白菜）、海鲜酱（盐渍海产品）、豆酱（发酵的黄豆）等各种发酵保存食品，以其营养价值和特别的味道而闻名。

韩国饮食除包括每天重复的日常饮食，一生中必经的举行仪式时摆的食品，祈求丰年和丰渔时摆的丰年祭与丰渔祭食品，祈祷部落平安而摆的部落祭食品外，还有悼念过世的人而摆的祭祀食品等。同时，也随季节的不同利用当时的食物做季节美食。韩国的季节美食风俗是协调人与自然的智慧而形成的，在营养上也很科学。例如，正月十五吃核桃整年不会生疮，这必定以补充所缺脂肪酸，有效防止皮肤的烂、癣、湿疹的科学说法为依据。而立春吃春天的野菜，既有迎春的感觉，又能补充因过冬而缺的维生素。可以说，乡土饮食是根据当地地理、气候特点而产的地区特产，是由祖传烹调法做出来的正宗民俗饮食。

二、服饰民俗

韩国服饰最初主要是受到了中国唐代服饰的影响。对此，史书中就有记载："服制礼仪，生活起居，奚同中国。"唐代时，新罗与唐朝交往非常密切，韩国服饰特点几乎与唐朝无异。韩服的个性发展开始于李氏朝鲜中期。从那以后，韩服特别是女装，逐渐向高腰、襦裙发展，同中国服饰的区别逐渐增大。但官服、朝服等重要礼服，仍一直延续着较多的中国特色。朝鲜战争期间（1950—1953 年），西式服装进入韩国。到了 20 世纪六七十年代，由于生活和工作节奏加快，人们觉得韩服太过烦琐，穿着不便，因而使用者大为减少。但是，韩服爱好者一直积极推销韩服，并设计出了合乎时代、容易穿着的式样，使韩服重新恢复了活力。

三、节庆民俗

韩国全国各地举办的各类节庆活动与传统仪式格外引人注目，值得观赏。基于农耕生活的韩国传统民俗艺术生动活泼又有朝气。

（一）安东国际假面舞节

10 月 6 日至 10 月 15 日，在安东举办的乡土文化节，有油砂战车、河回假面舞等多彩多姿的民俗艺术活动。

（二）大关岭雪花节

1 月 26 日至 1 月 30 日，举办大型观赏雕塑、雪雕大赛、传统雪橇比赛、黄柄山狩猎活动、滑雪大赛、冬季健身裸体长跑比赛等活动。

四、宗教民俗

宗教自由受韩国宪法保证，因此世界上的许多主要宗教在大韩民国都很活跃。韩国最古老的宗教有萨满教、佛教和儒教。这些宗教在国家早期文化的发展上起过重要的作用，并对人们的思想及行为产生了重大的影响。基督教在大约 200 年前才传入韩国，但发展却很迅速，是拥有信徒最多的宗教之一。此外，还有一些把这些传统宗教的成分融合在一起的形形色色的较次要的宗教。

韩国基础的宗教是萨满教，萨满教的巫师是与神灵世界沟通的媒介，被认为能够驱除厄运，治疗疾病，并能使人们顺利地由这个世界进入另一个世界。萨满教所包含的崇拜对象是据信存在于包括岩石、树木、山川和天体在内的自然万物中的无数精灵神怪。韩国萨满教的重要方面之一是它深信死人有灵魂。萨满教徒期望萨满教巫师解决好人们确信存在于死人与活人之间的冲突和紧张关系。

韩国今天仍存留着这种信仰。今天的萨满教巫师几乎全部是女人，不像过去既可以是男人，又可以是女人。对于守旧的韩国人而言，萨满教是一种恐惧和迷信的宗教，但是对于新一代来说，它却是一种多姿多彩的文化成分。萨满教仪式富于驱妖降魔的内容，融合了音乐和舞蹈。

五、礼仪民俗

韩国素以“礼仪之邦”著称，韩国人在交往中十分重视所应具备的礼仪修养，按照传统，韩国家庭成员之间的关系不仅仅是一种维护自身利益的关系，其涉及的范围很广泛，他们之间的血缘关系应当建立在一种合作和互相支援的传统基础之上，因此家庭成员之间的感情、爱和责任感十分强烈，是无法割断的。家庭里的一家之长被视为权威所在，全家人都应该听从他的命令或遵照他的愿望行事。严格的命令必须服从，不得有违。儿辈或孙辈违抗长辈的愿望被韩国人视为不可想象的事情。

六、其他民俗

在韩国，如有人邀请你到家吃饭或赴宴，你应带小礼品，最好挑选包装好的食品。席间敬酒时，要用右手拿酒瓶，左手托瓶底，然后鞠躬致祝辞，最后再倒酒，且要一连 3 杯。敬酒人应把自己的酒杯举得低一些，用自己杯子的杯沿去碰对方的杯身。敬完酒后再鞠个躬才能离开。做客时，主人不会让你参观房子的全貌，不要自己到处逛。你要离去时，主人会送你到门口，甚至送到门外，然后说再见。

韩国人用双手接礼物，但不会当着客人的面打开。不宜送外国香烟给韩国友人。酒是送韩国男人最好的礼品，但不能送酒给妇女，除非你说清楚这酒是送给她丈夫的。在赠送韩国人礼品时应注意，韩国男性多喜欢名牌纺织品、领带、打火机、电动剃须刀等。女性喜欢化妆品、提包、手套、围巾类物品和厨房里用的调料。孩子则喜欢食品。如果送钱，应放在信封内。

若有拜访必须预先约定。韩国人很重视交往中的接待，宴请一般在饭店或酒吧举行，夫人很少在场。

政府规定，韩国公民对国旗、国歌、国花必须敬重。不但电台定时播出国歌，而且影剧院放映演出前也放国歌，观众须起立。外国人在上述场所如表现过分怠慢，会被认为是对韩国和韩国人的不敬。

韩国人禁忌颇多。逢年过节相互见面时，不能说不吉利的话，更不能生气、吵架。农历正月头三天不能倒垃圾、扫地，更不能杀鸡宰猪。寒食节忌生火。生肖相克者忌结婚，婚期忌单日。渔民吃鱼不许翻面，因忌翻船。忌到别人家里剪指甲，否则两家死后结怨。吃饭时忌戴帽子，否则终生受穷。睡觉时忌枕书，否则读书无成。忌杀正月里生的狗，否则 3 年内必死无疑。

与年长者同坐时，坐姿要端正。由于韩国人的餐桌是矮腿小桌，放在地炕上，用餐时，宾主都应席地盘腿而坐。若是在长辈面前，则应跪坐在自己的脚底板上，无论是谁，绝对不能把双腿伸直或叉开，否则会被认为是不懂礼貌或侮辱人。未征得同意前，不能在上级、长辈面前抽烟，不能向其借火或接火。吃饭时不要随便发出声响，更不许交谈。进入家庭住宅或韩式饭店应脱鞋。在大街上吃东西，在人面前擤鼻涕，都被认为是粗鲁的。

照相在韩国受到严格限制，军事设施、机场、水库、地铁、国立博物馆以及娱乐场所都是禁拍对象，在空中和高层建筑拍照也都在被禁之列。

项目拓展

韩国冷面也叫朝鲜冷面，是韩国传统美食之一。据朝鲜后期的世食风俗记史料《东国世食记》记载，冷面发源于19世纪中叶朝鲜的平壤和咸兴地区。因此，韩国冷面分平壤冷面和咸兴冷面。平壤冷面和咸兴冷面的最显著的区别：平壤冷面是为加汤食用的“水冷面”，而咸兴冷面是用辣椒酱做调料的“拌冷面”。中国山西的饮食也以面食见长。

山西面食与韩国冷面在选料、烹饪方法上有何异同?

项目四 蒙古

前置作业

1. **蒙古国的饮食与亚洲其他国家相比为何存在较大差别?**
2. **蒙古的游艺民俗有哪些?体现了什么精神?**

主体内容

国家概况

蒙古国，通称蒙古，原名蒙古人民共和国，是位于中华人民共和国以北、俄罗斯联邦以南，被中、俄两国包围的一个亚洲内陆国家。蒙古虽然不与哈萨克斯坦边境接壤，但其最西点到哈萨克斯坦的最东端只有38千米，首都及全国最大城市为乌兰巴托，其人口占全国总人口的45%。

蒙古国位于东亚，是一个内陆国，北与俄罗斯接壤，东、西、南皆与中国交界。首都乌兰巴托，是一个具有蒙古民族建筑风格的现代化国际大都市，是蒙古最大的城市和政治、交通中心。乌兰巴托已有300多年的历史，始建于1639年，称“乌尔格”，蒙语为“宫殿”之意，为喀尔喀蒙古“活佛”哲布尊巴一世的驻地。

蒙古民族有长久的历史。公元13世纪初，成吉思汗统一大漠南北各部落，建立统一的蒙古汗国。1271年忽必烈建立元朝，1279年灭南宋统一中国。清朝时，蒙古地区再次纳入中国版图。1911年12月外蒙古王公在沙俄支持下宣布“自治”。1919年放弃“自治”。1921年蒙古人民党取得政权，7月11日成立了君主立宪政府。1924年成立蒙古人民共和国。蒙古族约占全国人口的80%，此外还有哈萨克等少数民族。主要语言为喀尔喀蒙古语。居民主要信奉喇嘛教。

一、饮食民俗

蒙古国居民饮食习惯特点浓郁，食品以牛肉、羊肉为主，经常食用的蔬菜品种包括马铃薯、白菜、圆葱、萝卜等，喜饮酒。

蒙古的肉食主要来自于牛、绵羊，其次是山羊，羊肉的常见传统食用方法是全羊宴、嫩皮整羊宴、烤羊等70多种，最具特色的是烤全羊和手把羊肉。日常饮食中与红食和白食占同样重要位置的是蒙古特有的食品——炒米。蒙古人每天都离不开茶，除饮红茶外，几乎都有饮奶茶的习惯，每天早晨起来第一件事就是煮奶茶，有的蒙古族煮奶茶时还要加点黄油、奶皮，或炒米等，其味芳香，咸爽可口，含有多种营养成分。有人甚至认为，3天不吃饭菜可以，但一天不饮奶茶不行。

蒙古的传统食俗有全羊汤、手把羊肉、蒙族馅饼、喇嘛糕等。所谓的全羊汤，就是将新鲜的羊肉配以羊的心、肝、肺、肚、肠等下水，切成条状，一起放入水中煮熟，然后放上各种佐料食用。味道鲜美可口，颇受人们的喜爱。手把羊肉是蒙古人传统的食品之一。做手把羊肉必须选用膘肥肉嫩的羊，就地宰杀，剥皮入锅，放入佐料，进行蒸煮，其色、香、味俱佳，是蒙古族待客的美味佳肴。因为不用筷子而直接用手，所以叫作手把羊肉。

蒙古羊肉

二、服饰民俗

首饰、长袍、腰带和靴子是蒙古服饰的 4 个主要部分。蒙古袍是蒙古族男女老幼都爱穿的长袍，是在长期的游牧生活中形成的独特衣着装饰。

蒙古妇女头上的装饰品，用宝石、金银等制成，多在节庆宴会上或探亲访友时使用，平时则用彩色长绸缠绕。

蒙古袍两袖长而宽大，下端左右不分衩，领子较高，大襟右钉扣，袖口、衣边常用花边镶饰。男袍多为蓝色、棕色；女袍多为红色、绿色、紫色。穿蒙古袍必备腰带和马靴，这样的装束使男子汉显得强悍、潇洒，女子则显得身材苗条、矫健。

蒙古靴有布靴、皮靴之分。布靴，美观别致、柔软轻便；皮靴，挺括光洁、结实耐穿。骑马时可以保护踝部、御寒；坠马时自然脱靴，可以保证人身安全。不分男女都爱穿高筒皮靴，牧区喜欢穿香牛皮靴和高腰马靴。农业区平时虽已不穿靴子，但在年节穿靴帮和靴腰上绣有各种花纹图案的、布面大绒靴的习惯保留了下来。

蒙古人平时多常穿布料衣服，年节或喜庆日，一般都穿织锦镶边的绸缎衣服。他们喜欢用对比度强烈的、鲜艳夺目的红、绿、蓝等颜色。无论男女，均喜欢扎鲜艳的腰带，因此腰带也是上身重要的装饰物。男子通常在腰带两边佩挂蒙古刀，挂火镰和鼻烟壶褡裢。

三、节庆民俗

蒙古国的主要节日：1 月 1 日——元旦；阴历正月初一——牧民节（与我国春节相仿）；2 月中——藏历新年（喇嘛教的重大节日）；3 月 1 日——

蒙古人民革命党成立日（1921 年）；3 月 8 日——国际劳动妇女节；3 月 18 日——蒙古人民建军节（1921 年）；5 月 1 日——国际劳动节；6 月 1 日——国际儿童节；6 月 25 日——蒙古革命者日（1920 年）；7 月 11 日——人民革命胜利日（即国庆节，1921 年）；8 月 25 日——蒙古青年节；11 月 26 日——蒙古人民共和国成立日（1924 年）；12 月 25 日——蒙古矿工节。

下面详细介绍下蒙古国的春节民俗。

蒙古国也有过春节的习俗，1 月 30 日就是蒙古国的大年初一。因为蒙古国采用独特的历法，每年春节日期都与中国相差几天甚至十几天。不光在日期上有差别，蒙古国春节在过法上也是别有一番风味。

蒙古国是一个畜牧业国家，春节期间讲究吃、穿、行。除夕之夜，蒙古国家家户户都准备好了各种食品，包子、羊肉和糕点是必不可少的。包子是蒙古国人家招待客人最尊贵的食品之一，春节时一户人家通常要做上千个包子，包子个头不大，一般用羊肉馅，放少量蔬菜，用不经发酵的面粉擀皮。蒸熟后，包子里也就充满了油水。吃的时候也需要用地道的蒙古吃法，先用嘴吸出油水，再享用包子的美味。

在蒙古国的人家里，他们还摆放特色的糕点，糕点多为 3、5、7、9 层，通常 9 层最多，中间点缀一些小点心、奶酪和糖果。新婚夫妇的家里一般只摆放 3 层糖果点心，“3”意味着新生活的开始。

一些富裕的家庭会摆放上烤全羊。烤全羊是将羊宰了后掏出内脏，脱毛留皮，加各种调料在特制的炉子里烤制而成。将整羊加工后摆在长方形的大木盘里，像一只卧着的活羊，肉味鲜美，香飘满堂，浓郁扑鼻。

蒙古国的大年初一，蒙古国人都会打扮一新，穿上民族的服饰，在家中吃完包子或者饺子，就外出走亲访友、祭敖包、到寺庙祈福，亲情和友情在这一时刻尽情绽放。拜年是蒙古国人的一项重要习俗，一般是晚辈向长辈拜年，并敬献哈达。拜年时，年少者要把双手托在年长者的胳膊肘下，长辈则吻对方面颊，赠送小礼品，并致以最美好的祝福。

在牧区仍保留着这样一个习俗，在正月初一要在蒙古包上放上 3 块冰。传说蒙古的王丹拉姆女神会在大年初一骑着骏马从远处来看望百姓，蒙古包上的冰就是给女神之马在口渴时饮用的。

正月初一一大早，蒙古国最大的寺庙甘登寺已经到处都是祈福的人们，他们虔诚地围着佛塔转动法轮，向寺里供奉的观世音菩萨膜拜。蒙古国总统、议长和总理也赶早来到甘登寺，为蒙古国人民祈福。此后，他们分别前往首都乌兰巴托的几户耄耋老人家里拜年。

在乌兰巴托市郊公路旁，很多人在祭拜敖包，他们手执白酒，洒向敖包，并为敖包添上几块石头。他们希望敖包越来越大，自己则事业有成、生活幸福。

蒙古国称春节为“白月节”，因为他们崇尚白色，视白色为纯洁、吉祥、神圣的象征，他们把白月节作为春的开始，祈盼大地万物复苏、牛羊肥壮。在蒙古国春节期间，蒙古各地都会举办摔跤、赛马、赛骆驼等传统比赛活动。

四、宗教民俗

蒙古人在很长的历史时期内一直信奉萨满教。13 世纪，成吉思汗统一蒙古毗部时，萨满教仍为主要宗教。据史书记载，蒙古帝国成立之初，在上都举行的各种祭祀活动都是由萨满（即巫师）主持的。吐蕃（西藏）归顺元朝以后，藏传佛教（喇嘛教）萨斯迦教派法王八思巴 1253 年谒见大汗忽必烈，忽必烈即帝位后封其为国师。此后，元朝历代皇帝均继续聘封八思巴的转世人为国师，喇嘛教遂在宫廷逐渐盛行起来。但是，广大蒙古族人民仍信奉萨满教。一直到 16 世纪，格鲁派喇嘛教传入蒙古，蒙古各部首领先后皈依喇嘛教。他们秉承清王朝的旨意，在政治上、经济上大力扶植喇嘛教，并大量兴建寺庙。这样，蒙古从统治阶层到普通百姓，由信仰萨满教纷纷改信喇嘛教。以后的数百年内，喇嘛上层拥有与世俗封建主同等的经济地位和政治统治势力。喇嘛教成为渗入蒙古社会每一角落，支配全蒙古族人民精神世界和世俗生活的唯一宗教。1921 年前后，蒙古有寺庙 1118 座，喇嘛逾 10 万人，占总人口的 1/6（男性的 1/3）。蒙古人民革命后，信教的人逐渐减少，寺庙也不多了。不过，喇嘛教仍在蒙古老百姓的信仰中占有主要位置，牧民凡移营、婚嫁、生老病死，有时还要请喇嘛卜凶问吉。乌兰巴托的甘登庙，仍有喇嘛百名，定时诵经。朝拜者络绎不绝，但多为牧区来的信徒。除喇嘛教以外，蒙古有极少数人信仰伊斯兰教和基督教。萨满教是蒙古族古老的原始宗教。萨满教崇拜多种自然神灵和祖先神灵。成吉思汗信奉萨满教，崇拜“长生天”。直到元朝，萨满教在蒙古社会占统治地位，在蒙古皇族、王公贵族和民间中仍有重要影响。皇室祭祖、祭太庙、皇帝驾幸上都时，都由萨满教主持祭祀。成吉思汗和他的继承者对各种宗教采取了兼容并蓄的政策。流行的宗教有佛教、道教、伊斯兰教、基督教、萨满教等。蒙哥汗时期，蒙哥汗和皇族除信奉萨满教外，也奉养伊斯兰教教徒、基督教教徒、道教弟子和佛教僧侣，并亲自参加各种宗教仪式。

五、礼仪民俗

请安是蒙古男女老幼最普通的一种见面礼。同辈相遇先问好，遇到长辈要请安（单膝跪拜）。不过，随着人们文化修养的提高，在外来影响之下，鞠躬礼、握手礼逐渐代替了传统的跪拜礼。在牧区，亲属之间还保留着亲吻的习惯，晚辈出远门，或从外地回家，长辈则吻晚辈的前额，这是一种极为亲切的祝福。还有一种是亲脸颊，每当孩子去上学时，父母都会吻孩子的右脸颊，放学回来时亲他的左脸颊，表示对孩子的祝愿。

蒙古民族有尊老爱幼的习俗。他们的谚语中说“尊敬德高的人，敬爱年老的人”，“对喂乳汁的母亲要敬爱，对教字母的老师要尊重”，“老人的经验教育人，太阳的光辉温暖人”等。这些都表现了对老人的尊重和爱戴。

需要注意蒙古人的以下礼仪民俗：

（1）向别人递交东西时要用右手，以示尊敬；

（2）蒙古人忌讳别人触摸自己的头部和帽子；

（3）与客人正式会面或共同进餐时要衣着整洁，男士应着西装打领带，女士应化妆并佩戴首饰；

（4）送客人离开时，主人不必出门。

六、其他民俗

蒙古的鼻烟文化颇具特色。鼻烟是一种烟草制品，用富有高级油分和香味的干烟叶加入名贵药材，磨成粉末装入密封容器陈化而成，用时以手指送少量到鼻孔。鼻烟在清朝初期传入中国，并在游牧的蒙古民族中流行开来。如今，在中国北方的近邻蒙古国，吸闻鼻烟一直是当地人不可或缺的习惯，并形成特有的鼻烟文化。在蒙古国参加各种会议，总可以见到一些人拿出鼻烟壶放在桌上，不时取出少量鼻烟吸闻，甚是享受。

蒙古国人的鼻烟壶种类繁多，并成为一种装饰品。他们尊崇凤凰石、玛瑙、珊瑚、玉石、水晶、琥珀等材料制成的鼻烟壶，其中凤凰石、珊瑚、玉石制成的鼻烟壶都极为贵重。有的蒙古国人则相信鼻烟壶可以为主人防病或者祛除顽疾，如白玉鼻烟壶可以保佑主人身体不受外伤，珊瑚鼻烟壶将为主人带来好运，会给孕妇带来健康和平安。

在蒙古国，鼻烟壶一般被装进荷包里，揣在怀里或挂在腰间。荷包做工十分讲究。蒙古国喀尔喀地区的鼻烟壶荷包一般用绸缎做成，上面绣上福寿、花等吉祥图案。荷包有很多种颜色，青色代表长生天，黄色代表爱情和感激，红色代表喜庆，白色代表纯洁。

知识链接

猎鹰

居住于蒙古国西部的哈萨克族居民传承了祖先驯鹰的习俗，至今仍保持着驯鹰和狩猎的文化传统。蒙古国哈萨克族人驯服的猎鹰大致属于隼类，也称海东青。成年猎鹰体重可达6.5千克，通常母鹰比公鹰更凶猛。

项目拓展

蒙古国的蒙古包作为草原游牧人民的传统的家，被使用了几个世纪，小小的家，建筑很简单、很精彩。它是完全可拆的，大约需要45分钟便可安装和拆除，并能很容易地被两三头骆驼或牛运走。它冬暖夏凉，内部有限的空间被游牧人民高效率地使用。它的中心是火炉，主要以动物粪或木头做燃料，由于木头非常缺乏，妇女和儿童经常的工作便是收集牛粪。当您进入蒙古包时，妇女和儿童右手边的区域，有碗柜以及所有烹调器物和碗，以方便为客人提供奶茶和食品，左手边是为客人的位置，正对门方向为一家之主位。有时一个游牧家庭会为所有奶制品单独设置一个蒙古包。阳光从顶部的窗洞射入，在墙壁上移动，形成一个天然的时钟，门被绘成明亮的颜色，与毛毡的单调白色覆盖物形成对比，家具在蒙古包中通常被绘成明亮的橘黄色，形成突出的主题颜色。

为什么蒙古国的居住民俗是蒙古包？它受什么因素影响？

项目五　新加坡

前置作业

1. 了解新加坡“牛车水”的特色、地位、意义。

2. 1970年以前圣淘沙是英军基地，后来是如何开发成为新加坡主要的观光游览区和度假胜地的？

主体内容

国家概况

新加坡共和国通称新加坡，旧称为新嘉坡、星洲或星岛，别称狮城，是东南亚的一个岛国。该国位于马来半岛南端，毗邻马六甲海峡南口，其南面有新加坡海峡与印度尼西亚相望，北面有柔佛海峡与马来西亚紧邻，并以新柔长堤与第二通道等桥梁相连新加坡与马来西亚。新加坡的国土除了本岛之外，还包括周围数岛，如裕廊岛、德光岛、乌敏岛和圣淘沙等。

自1965年独立后，新加坡迅速转变成为亚洲四小龙之一。新加坡是一个多元种族、多元宗教、多元语言和多元文化的移民国家，促进种族和谐是政府治国的核心政策。新加坡也是全球最国际化的国家之一。

新加坡是全球富裕的国家之一，其经济模式被称为“国家资本主义”，并以稳定的政局、廉洁高效的政府而著称。新加坡是亚洲重要的金融、服务和航运中心之一。截至2013年，根据全球金融中心指数的排名，新加坡是继英国伦敦、美国纽约和中国香港之后的第四大国际金融中心。

工业是新加坡经济发展的主导力量，在重工业方面，主要包括了区内最大的炼油中心、化工、造船、电子、生物制药和机械等，拥有著名的裕廊工业区。新加坡在绿化和保洁方面的效果显著，有“花园城市”的美称。

一、饮食民俗

新加坡餐饮汇集了当地的风味和来自世界各地的佳肴，有中国菜、马来菜、泰国菜、印尼菜、印度菜、西餐、快餐等。由于历史的原因，新加坡在饮食方式和习惯方面融合了马来族和华人的烹调特色，其中最具代表性的菜是“娘惹食物”。娘惹是指过去居住在新加坡、马六甲及槟榔屿一带的华人女性。就口味而言，娘惹食品是最特别、最精致的传统佳肴之一。

二、服饰民俗

新加坡地处热带，长年受赤道低压带控制，为赤道多雨气候，长夏无冬，气温年温差和日温差小，年平均温度在24℃～34℃。最冷月为1月，新加坡的平均气温徘徊在23℃～24℃。所以全年只需穿短袖衬衣和短裤。新加坡湿度较高，每日平均相对湿度为84%。降雨充足，也常有雷暴，年均降雨量在2400毫米左右，每年11月到2月为雨季，吹东北季候风。

三、节庆民俗

（一）卫塞节

卫塞节是佛教一年中最重要的一天，世界各地的佛教徒都要在这一天过节。这一天是纪念佛祖诞生、成道和圆寂的节日，而且是一个充满了欢乐、祥和与冥想的日子。在新加坡，人们通常在 5 月份，即中国农历 4 月 15 日那天过卫塞节。在卫塞节上举行的一般礼仪和仪式，包括诵念经文、放生笼鸟和动物、吃素和“沐浴”佛像——这是根据佛陀出生后不久用九条龙的水洗浴的传说而来。佛教寺庙奉行的这些慷慨善事也被称为“施”。

（二）开斋节

开斋节是一个标志着斋月结束的庆典。斋月期间，穆斯林教徒们常常在日落时聚在一起，结束一天的斋戒共同用餐，甘榜格南与芽笼士乃的集市，也会在夜间热闹起来。

（三）农历节庆

中国新年又被称为农历新年或春节，是每年华人最期待的一个传统节日。作为华人社区最盛大、最重要的节日，春节也是各行各业的新加坡人最关注的时节。

每年的春节由农历正月初一开始，至正月十五结束。在此期间，城市街道上一派生机盎然，随处可闻传统音乐的妙音，随处可见大红灯笼高高挂的景象，从遍及新加坡各个社区的夜市摊位上飘出的诱人香味扑鼻而来。而著名的牛车水则会将街道装点得张灯结彩，与灯火辉煌的夜市和流光溢彩的装饰品相映成趣，成为新加坡农历新年庆祝活动的焦点。体验牛车水狂热气氛的最佳时间是在牛车水街市亮灯活动期间。在此期间，舞狮队、吞火表演者和女性舞蹈团竞相以其迷人的表演为牛车水广场增添了无穷的魅力。其中的重头戏自然是妆艺大游行，在这个类似于大型狂欢节的街头游行中，人们可以观赏到花团锦簇的花车以及吞火表演等惊险刺激的活动，以及魔术和火辣的舞蹈。

一年一度的新加坡“春到河畔迎新年”大型游园活动，也是一个深受欢迎的农历新年活动。“春到河畔迎新年”游园活动将于 2 月中旬在滨海湾浮动舞台和滨海宝龙坊举行。2 月，一年一度的华艺节也将在滨海艺术中心附近拉开帷幕。届时，来自世界各地的国际著名华人艺术家将全面展示戏剧、歌剧、音乐和书画等各类中国传统和当代艺术。

（四）屠妖节

屠妖节的字面意思即为“排灯”，它是全世界印度教教徒最为重要的印度教节日。在新加坡，屠妖节也称为“排灯节”。

（五）大宝森节

一年一度的大宝森节极具象征意义，是新加坡泰米尔社区特别推崇的一个印度教节日。它是印度信徒们祈福、还愿与感恩的一次年度盛会。大宝森节旨在纪念战胜邪恶并赋予了印度人以美德、青春与力量的苏布拉马亚神（也称为姆鲁卡神）。这一节日在泰米尔历 10 月（也称为 Thai 月）的满月日，即每年的 1 月中旬举行。

在新加坡，大宝森节的仪式从清晨开始，祈福还愿的信徒们会从斯里尼瓦沙柏鲁马兴都庙出发，行经实龙岗路，最终到达位于坦克路的丹达乌他帕尼兴都庙，全程 4.5 千米。走在前面的信徒通常会携带牛奶罐及木制的卡瓦第。卡瓦第由两个木制或金属笼框组成，且与一个十字架结构相连，用以使信徒的双肩保持平衡。其通常装饰着鲜花、棕榈叶与孔雀羽毛。所携带的牛奶用来祭祀丹达乌他帕尼兴都庙中的苏布拉马亚神。有的信徒还会用细签穿刺自己的舌头，并在肩上背负装饰着花环的拱木。信徒们会将精心装饰的针刺卡瓦第放在寺庙中，从早上一直放到深夜。这并不只是印度人的节日，一些中国信徒和其他种族的人们也会在当天来还愿。

（六）端午节

这是一项起源于中国古代的水上运动，而且像许多古代亚洲运动一样，龙舟比赛还拥有丰富和神秘的文化遗产色彩。

（七）热带圣诞节

热带圣诞节历时一个月，在终年不变的温暖阳光下，新加坡的大街小巷将上演各种庆祝活动。不仅乌节路这个繁华购物区将亮起一年一度的圣诞彩灯，整座城市都将装扮得五光十色、绚烂多姿。街头表演者将各展奇技，为观众奉献紧张刺激的高空跳跃和挑战重力的杂技表演，其中又以乌节路最为集中。

（八）哈芝节

为期 3 天的哈芝节又称宰牲节，是全世界穆斯林的共同节日。

（九）中元节

新加坡华人每年都会依照传统向死去的人致敬，时间通常是在 9 月。中国道家认为，“地狱之门”会在这个月打开，放出来的鬼魂会来到人间闲逛。观看传统仪式的最佳地点是新加坡市中心，信徒们将成群结队地在这里烧香和供奉祭品，有祷文、水果（如蜜橘）、米饭，偶尔还有专门为此制作的中国糕点。在此期间，空旷处常常能见到各式各样的帐篷，因为中国人还喜欢以皮影戏、歌台表演等热闹的现场表演形式为鬼魂提供娱乐，其内容多为讲述神仙的故事，而且还有以各种中国方言并配以当地弹拨乐器、歌舞等元素表演的“说口”滑稽戏，甚至还有由穿着弹力紧身衣的杂技演员表演的惊险杂技舞蹈。

（十）中秋节

中国大陆和海外华人都过中秋节。

（十一）国庆节

便利店和公屋外有无数国旗迎风飘扬，可以看到以新加坡历史为主题的游行、特技表演和电影，并能从中感受新加坡的先进科技。还有一项值得观看和参与的活动，即著名的加冷狮吼。

（十二）丰收节

丰收节（Pongal），或称桑格拉提节，原本是主要以农耕为生的南印度人民庆祝丰收的节日。不过在新加坡，丰收节是为了迎接泰米尔历中 Thai 月的到来，即每年的 1 月中旬。其庆祝方式和感恩节类似，庆祝活动通常会持续 4 天时间。“Pongal”从字面上理解有烹煮之意，因此人们会用一口盛满米粥的锅来象征富足的生活。

四、宗教民俗

新加坡的多民族决定了其宗教也多种多样。新加坡的宗教建筑各式各样，有伊斯兰教清真寺尖塔、哥特式教堂尖顶、带有神秘神像的印度教寺庙以及中国寺庙。新加坡的主要宗教有伊斯兰教、佛教、基督教、印度教、锡克教、犹太教以及拜火教。

新加坡佛教是全国第一大宗教，约占人口的 33%。多年以来，各个佛教团体通过主办各种宗教、文化、社会福利计划等活动，将佛法与公众的距离拉近。新加坡境内寺庙林立，新加坡双林寺既是新加坡第一座寺院，也是最大的丛林之一。

五、礼仪民俗

由于长期受英国的影响，新加坡已经西方化，人们见面和分手时都要握手。首次不要贸然登门拜访主人，应预先约好时间。在介绍时，通常应称呼人家“某先生”、“某太太”、“某小姐”，这适用于新加坡所有的民族。如果你参加社交聚会，人们将把你介绍给每个人，但介绍得很快，当从他们面前走过时，不用和他们握手。

新加坡人接待客人一般是请客人吃午饭或晚饭。和新加坡的印度人或马来人吃饭时，注意不要用左手。到新加坡人家里吃饭，可以带一束鲜花或一盒巧克力作为礼物。谈话时，避免谈论政治和宗教，可以谈谈旅行见闻、你所去过的国家以及新加坡的经济成就。

六、其他民俗

由于新加坡居民中华侨多，人们对色彩的想象力很强，一般红、绿、蓝色很受欢迎，视紫色、黑色为不吉利色，黑、白、黄为禁忌色。在商业上反对使用如来佛的形态和侧面像。在标志上，禁止使用宗教词句和象征性标志，喜欢红双喜、大象、蝙蝠图案。数字禁忌 4、7、8、13、37 和 69。

旅游者在餐厅、酒店消费，须付 10%的服务费与 7%的政府税及 1%的观光税，郊区餐厅或小吃店不收服务费和小费，集市小吃摊也不需另付小费。为了大众健康，所有有空调的餐厅一律禁止吸烟。

新加坡商品丰富，来自世界各地的货品琳琅满目，从古典精致的东方手工艺品、款式新颖的欧洲高档时装和皮革制品到先进的高新技术电子器材等无所不有。新加坡市场上有特色的工艺主要有马来蜡染花布、珠宝、古玩、陶瓷器、玉器、字画等。

项目拓展

新加坡被誉为“美丽的花园城市”。在高层建筑物之间，都留有较大的空地布置绿化，设有花架、花坛，并广植花草。因此，市区地面除了柏油马路和铺砖的便道以外，均以花草木覆盖，可以说做到了“黄土不见天”。城市环境卫生也很出色，空气清新宜人。市内街道非常清洁，马路上根本看不到垃圾，就连建筑物上也极干净，确是一尘不染。街头严禁乱扔烟头及杂物，乱扔纸屑、烟头会被罚款。随地吐痰的现象根本没有。新加坡政府规定，市民中凡是种花较好的，可以享受减免房租的优待。因此，新加坡人人爱花，家家养花，不但地上种花，连屋顶也栽花，真是一片花的海洋，所以，新加坡还有“花园之国”、“花园之都”、“公园国家”的美誉。

新加坡的环保理念及成功之处对我国有何借鉴和指导作用?

项目六　马来西亚

前置作业

1. **马来西亚云顶山庄是世界十大赌城之一，它与其他著名赌城相比有何特色？**

2. **从“娘惹食品”看华人对东南亚文化的影响。**

主体内容

国家概况

马来西亚是东南亚的一个由13个州和3个联邦直辖区组成的联邦体制国家。首都吉隆坡，联邦政府所在地则位于布城。1957年（丁酉年）8月31日独立。马来西亚共分为两大部分：一个是西马来西亚，另一个是东马来西亚。西半部位于马来半岛，常称为“西马”，北接泰国，南部隔着柔佛海峡，与新加坡和印尼廖内群岛相对；东半部常被称为“东马”，南邻印度尼西亚的加里曼丹。

马来西亚是多民族、多宗教国家，清真寺以及佛教、印度教的寺庙随处可见，基督教的教堂也有20多座。15世纪初以马六甲为中心的满剌加王国统一了马来半岛的大部分，并发展成当时东南亚主要国际贸易中心。16世纪起先后遭到葡萄牙、荷兰和英国侵略。1911年沦为英国殖民地。沙拉越、沙巴历史上属文莱，1888年两地沦为英国保护国。第二次世界大战期间，马来西亚、沙拉越、沙巴被日本占领。1957年8月31日，联盟主席东姑阿都拉曼宣布马来西亚独立。1963年，马来西亚联同新加坡、沙巴及沙拉越组成了马来西亚联邦，1965年8月，新加坡退出马来西亚联邦。

马来西亚双子塔

一、饮食民俗

马来人的主食以米饭和桑粑为主，加上蔬菜、洋葱、大蒜、生姜、香料种、小干鱼等，就是比较丰盛的一餐。马来菜主要以牛、鸡及鱼为主材料，加上辣椒及洋葱一起烹调，味道较为辛辣，不同地区的烹调方式亦略有差别。马来西亚著名的家常美食有沙嗲、酸对虾、椰浆饭、罗惹、酸辣鱼等，其独特的口味，也赢得了旅客钟爱。“娘惹”原本是指华人与马来人婚配的后代子裔，尤其是指女性，而后泛指华人与马来人相融的文化，这也包含饮食在内，因此在马来西亚能吃到很多的娘惹菜，如甜酱猪蹄、煎猪肉片、竹笋炖猪肉等。喜食甜品的人也可以在娘惹菜中找到知音，由椰浆、香兰叶、糯米和糖精制而成的娘惹糕甜度适中、嚼劲十足。

二、服饰民俗

马来人习惯穿民族的传统服装。男子的传统打扮是：上穿巴汝，即一种无领、袖子宽大的外衣，下身则围一大块布，叫作沙笼；他们的头上，还非要戴上顶无檐小帽不可。女子的传统打扮是：穿无领、长袖的连衣长裙，头上围上头巾。

三、节庆民俗

马来西亚有许许多多的节日。据不完全统计，全国大大小小的节日和庆典约有上百个，其中政府规定性节日约 10 个。这些节日反映了这个多民族国家的多元宗教、文化和风俗习惯。

(一) 元旦新年 (New Year's Eve)

马来西亚同世界其他国家和地区一样，每年公历 1 月 1 日，在公共广场、酒店、餐厅皆有欢乐的庆祝活动。尤其是吉隆坡的独立广场，所有的狂欢者都聚集在此，参与庆祝新年的活动。

(二) 开斋节 (Hari Raya Aidil Fitri)

马来人的春节，是全国最重要的节日。每逢伊斯兰教历 9 月，全国穆斯林（主要是马来人）都要实行长达一个月的白天禁食（即斋戒月）活动，然后恢复正常的生活习惯。斋月过后的第一天即为开斋节。开斋节的早晨，穆斯林们都前往清真寺，进行隆重的祷告仪式。仪式过后，人们互相热烈祝贺，表示把过去的恩恩怨怨全都忘记，一切从头做起。在亲切和睦的气氛中，人们还要相互登门拜访。这一天，家家户户都准备了丰富的糕点招待来访的客人。好客的马来人还特别喜欢其他民族人士前来拜访，把他们的来访看做是十分荣幸的事情。

(三) 大宝森节 (Thaipusam)

从 1 月下旬到 2 月初，是印度教的大宝森节，是印度教徒对印度神穆卢干王也称为苏巴马廉王举行的奉献礼。每个信徒都戴着枷锁——一种雕工精细的木框，上面有尖刺与钩子、鲜花及水果——向印度神许愿。印度教信徒戴着枷锁，一年一度地踏上 272 层台阶，登上吉隆坡的黑风洞。信徒背着枷锁，并且将其放在神明脚前忏悔求恕。

(四) 农历新年 (Chinese New Year)

华人的春节，是一个热闹非凡的节日。节日的风俗和中国的春节大致相同，到处张灯结彩、敲锣打鼓。人们玩龙舞狮以驱邪逐妖，在除夕的夜晚燃响爆竹烟花，揭开农历新年的序幕。亲朋好友互相登门拜年、茶话叙旧，共享美食佳肴，派发“利是”(红包)，祝贺财运亨通。这一天是全国公共假日，华人会举行团拜，国家总理及其夫人以及政府官司员还将亲自前来祝贺，并给舞狮者和儿童发放利是。

(五) 圣纪节

先知穆罕默德诞辰日，是伊斯兰教徒的节日。每年伊斯兰教历 3 月 12 日，首都数十万伊斯兰教徒在国家元首的率领下，前往清真寺举行隆重的祷告仪式，然后举行盛大的游行庆祝活动。

(六) 卫塞节 (Wesak Day)

农历四月十五，是佛历最重要的日子，象征着佛陀的出生、启蒙及涅槃。佛教信徒们都竞相焚香，顶礼膜拜，并聚集在各地寺庙，将鸽子放生并祈求平安。同时，这天也是僧侣们布施的日子。到夜晚，家家户户都素食，并点起油灯，因此卫塞节又叫“灯节”。

（七）最高元首诞辰

这一天，首都举行各种各样的庆祝活动，包括免费看电影和欣赏文艺节目等，国家王宫向公众开放参观。最高国家元首向对国家和社会作出贡献的人士颁发勋衔和奖章。当天，全国的清真寺还将举行特别的祈祷仪式。

（八）花卉节（Flower Festival）

马来西亚充足的雨水和常年阳光普照的气候环境，为植物提供了极佳的生长环境，也为马来西亚带来了丰富多彩的花卉。每年的 7 月，为了庆祝花朵的盛开，会举办各式各样的以花朵为主题的比赛。为期一周的花卉节庆典，有壮丽的花车游行，花车把整个街道装点得绿意盎然。伴随着花车的还有乐队、马队和舞蹈团，为观众献上精彩的表演。各公园、酒店也会借机推出形形色色的活动，如寻花赛、花展等。整个花卉节期间，举国欢庆，热闹非凡，每年都吸引大批观光客前来参观。

（九）国庆节（Nation Day）

国庆节，又名“独立节”。1957 年 8 月 31 日是马来西亚联邦独立的日子。每年的这一天，全国人民普天同庆，首都举行盛大的庆祝游行活动和文艺演出，学生们可以免费看电影。

（十）马来西亚节（Pesta Malaysia）

每年的 9 月，会有为期两周的盛大庆祝活动。第一届马来西亚节是在 1987 年举行的，目的是对马来西亚传统文化如手工艺品和美食的欣赏及文化意识的复兴。来宾可参加各种活动，如文化表演、手工艺品制作、品尝 13 个州的风味美食以及参观拍卖场等。大街上，旅店和商场用华丽的彩灯装点，宛如一个装饰大赛。

四、宗教民俗

马来西亚是个以农立国的民族，因此维持着许多原始信仰，特别是各民族浓厚的宗教色彩。其宗教融合了伊斯兰教、印度教、佛教，其中以印度教影响尤为深远。由于多民族的长期共同生活，马来西亚形成了一种多元的文化特色。

马来人信仰伊斯兰教，由于马来人在政治上势力很大，因此伊斯兰教也成为马来西亚的国教，马来西亚有近 53%的人信奉伊斯兰教，一般说来马来人一出生便是穆斯林教徒，不允许改宗。在马来西亚，伊斯兰教也不是完完全全纯粹的伊斯兰教。它受万物有神论、印度教、爪哇印度教的影响。除伊斯兰教以外，马来人还保留着原始宗教，其代表性的仪式是被称作昆德利的共食仪式。这种共食仪式起着维持社会连带关系的重要作用。可以说，马来人的社会组织是由伊斯兰教规范和传统习惯二者合一共同维系的。

佛教的信奉者多为马来西亚的华人。马来西亚华人的宗教就像鸡尾酒，混合了他们最初接受的宗教、万物有神论、儒教、道教以及中国佛教。但在大多数情况下，万物有神论和民间道教占统治地位。有代表性的佛教寺院有吉隆坡的观音寺、三宝洞、霹坜洞；马六甲的青云寺；槟榔屿的极乐寺、白云寺等。寺院规模多宏伟壮观，大多成为名胜之地，充分反映了支撑马来西亚经济的华人的社会力量。佛道混合是这些寺院的特征，一个寺院里往往同时供奉着福德正神、玉皇大帝和释迦牟尼、观音菩萨。

住在马来西亚的印度人多为印度南部的泰米尔族，其代表性的宗教当然是印度教，这是印度人特有的宗教。教众约占到马来西亚人口总数的7%。印度教的核心是转世思想，坚信因果报应，一生行善积德，以图转世投胎到高级的种姓。印度教的特点是一无教祖，二无教会组织，三无至高无上的经典，人们崇拜村镇神、家族神和个人神 3 种神氏。印度教有许多外国人很难理解的地方，如作为社会基本制度的种姓制度。印度教终极理想是达到梵我如一，而要达到这种至高的境界需要做瑜伽等种种苦行。供奉的神有维鸠奴神、湿婆神。马来西亚泰米尔人所信奉的并不是印度教中最纯粹的婆罗门教，正统的印度教徒拒绝参加“大宝藏节”。

马来西亚约有 100 万的基督教徒，主要为部分华人、欧亚混血儿以及部分土著居民。另外，还有加里曼丹岛各土著部族信仰万物有神论以及锡克教徒信奉锡克教。

马来西亚的各种宗教都非常活跃，因此，一年之中的宗教节日应接不暇。一般宗教性质的节日都狂热而充满活力，非常有趣。

五、礼仪民俗

在海洋边缘的马来西亚有着奇特的马来西亚礼仪，首先是马来西亚人见面的时候，他们不像西方一样是握手和拥抱亲吻，也不是泰国简单的双手合十问好。他们会先用自己的手心去摸对方的手心，然后双手合十，再把手放在自己的心窝上对对方说“愿真主保佑您”，或者其他祝福词。在路上偶遇熟悉的人，要记得主动上前问好，施行规范的礼仪。还有人为了表现自己的虔诚，会很夸张地做出那些动作，比如在点心窝的时候是先从自己的脸上一直往下到心窝，以表明自己极大的敬意或者自己最真诚的祝愿。传统的马来西亚交往礼仪中也是有男女之间的一些禁忌的，比如男的和女的见面是不会握手的，现在在一些消息闭塞、发展较为落后的乡村还是会这样。

六、其他民俗

马来西亚的工艺民俗很丰富，比较有名的工艺品有如下几种。

（一）锡制品

马来西亚的锡品质相当好，是具有相当价值的纪念物。锡制品也成了马来西亚最出名的手工制品。这里有全世界最大的锡制品工厂，产品全部由手工完成，制胚、打磨、雕花等每一项工序都出自匠手，工艺成本很高，是高档的生活用品，送人或收藏都很不错。

（二）巴迪蜡染布

马来西亚的巴迪布有各式各样吸引人的设计和颜色。制作巴迪布要经过一段非常特殊的过程，先以蜡打底（画草图），然后染色、晾干、设计，再将布料煮沸，一次又一次地反复这个过程。巴迪布可以制成服装、桌布、窗帘、手提袋、图画及帽子等。身材好的女士不妨买一条 Sarong（筒裙），穿起来效果很好，还可一物多用，价格也很便宜。

（三）银制品

马来西亚的银制品做工精美，用料考究，各地的工艺品商店都能购买到质量上乘的手工银器。925 银饰品也很受青睐，设计上很有特色，能体现银的灵气。

（四）风筝

马来西亚的风筝也有悠久的历史，早在马六甲王朝时期，就已经有放风筝的习俗。马来西亚风筝造型奇特、巧夺天工，令人爱不释手，作为室内装饰物可谓别具一格。风筝的形状有鱼、鹰、猫、鹦鹉、孔雀、青蛙等，最受欢迎的是月亮风筝。在正式的官方场合，马来姑娘常常手执图形优美的月亮风筝欢迎贵宾。

（五）手工织品

手工织品是一种以华丽精致的方法刺绣在贵重天鹅绒布上的古老手艺。手工织品可做成家里的装饰品之用，诸如墙上吊饰、坐垫，甚至卧室的拖鞋。

（六）雕刻画

马来西亚有以渔民、农村生活为题材，利用铜或铝版雕刻的雕金画，以及土著民族所雕刻的木雕手工艺品，具有一定的艺术鉴赏价值，是别处难得的旅游纪念品。

（七）蝴蝶标本

马来西亚蝴蝶种类多达几千种，吸引着大批游客。本地人将绚烂多彩的蝴蝶制成栩栩如生的标本和装饰物出售，成为马来西亚一大特产。

项目拓展

马六甲位于马来半岛的东南海滨，是马来西亚最古老的一座城市，扼守马六甲海峡的咽喉，控制着太平洋和印度洋之间的通道，地理位置十分重要。

有人说“马六甲是历史的缩影”，这句话怎么理解？

项目七　越南

前置作业

1. **越南旗袍与中国旗袍有何异同？**

2. **越南的佛教以大乘佛教占优势，受中国大乘佛教影响极深，何以见得？**

主体内容

国家概况

越南，全称越南社会主义共和国，位于东南亚中南半岛东部，北与中国接壤，西与老挝、柬埔寨交界，东面和南面临南海，国土形状狭长，面积约 33 万平方千米，海岸线长 3260 多千米，是以京族为主体的多民族国家。

越南在历史上的称呼几经变更，最早被称为“交趾”。据说，远古越南人的两个脚趾相交，因此被中国人称为“交趾”。公元前 111 年汉武帝平定南越国，在今越南北部设立交趾郡。唐朝时，设立安南都护府，因此越南又被称为“安南”。968 年丁朝独立，建国号“大瞿越”，这是越南历史上第一个正式国号。1804 年，清朝遣使册封阮福映为“越南国王”，从此越南成为这个国家的新国号。1945 年 9 月 2 日越南民主共和国成立。

一、饮食民俗

（一）三大菜系

越南料理通常可以分为三大菜系。

1. 越南北部菜系

越南北部是越南文化的主要发源地，很多著名的菜肴（如越南河粉和越南粉卷）都源自北部地区。越南北部的菜肴更传统，在调料和原料的选择上也更严格。

2. 越南南部菜系

越南南部菜肴在历史上受到中国南方移民和法国殖民者的影响。越南南方人喜欢带甜味的菜肴，作为一个更具多样性的地区，越南南方菜使用更多种类的香草。

3. 越南中部菜系

越南中部的饮食与南部和北部相比差异明显，越南中部料理使用更多的小配菜，也更具辣味。外来的肉类，如蛇肉、软壳龟肉、狗肉和羊肉多在饮酒时才食用，它们并不被视为日常菜肴。

（二）典型的越南家常菜

越南人承自中国饮食阴阳调和的饮食文化，烹调最重清爽、原味，只放少许香料，鱼露、香花菜和青柠檬等是其中必不可少的佐料，以蒸煮、烧烤、熬焖、凉拌为主，热油锅炒者较少。即使是越南菜一些被认为较“上火”的油炸或烧烤菜肴，也多会配上新鲜生菜、薄荷菜、九层塔、小黄瓜等可生吃的菜一同食用，以达到“祛油下火”的功效。

越南菜偏酸辣，吃起来特别令人开胃。越南特色檬、蔗虾、越南春卷是特色菜，越南檬配上薄荷叶和酸辣酱别有一番风味。蔗虾就是用果蔗把虾肉串起来烤，上碟后连同配菜用烘干的米汤皮蘸水包起，再包上生菜蘸着酸辣酱吃，既香口又不腻，再加上自己动手包，别有一番风味。春卷外脆内香，包上生菜更觉得清香可口。

酸辣汤是其中的代表之作，它并不是用酸醋做的，而是用一种当地出产的酸子制作的。酸汤中除酸子外，还放入斑鱼、豆芽、番茄和香菜等，煮出来的汤味道辣中有酸、酸中有鲜。

近年来，越南料理也逐渐受到东亚和东南亚其他国家的欢迎，如韩国、老挝和泰国。越南河粉、生春卷、越南米粉、越式肉面包等，逐渐成为了越南料理的招牌菜。

越南春卷

越南河粉

二、服饰民俗

越南旗袍为越南妇女的传统服装，越语为 ago day，也被译为衫长、袄套等，据说是按中式旗袍所改。质地通常为丝绸，上装胸、袖较紧，前后两襟，两侧开叉最高至乳房下沿平齐高度，下装为较宽松的裤子。

越南女子习惯在正式场合穿着国服“长衫”。长衫是越南女性独特的传统服饰，通常以丝绸类质料轻盈软薄的布料裁剪，款式类似中国旗袍，但衣裤自腰以下开高衩，配上同花式或白色布料的宽松长裤，不论蹲、坐、骑车，都很方便。

越南长衫除了手工精细考究外，还不特别讲究穿着者的身段，因此每个人穿起来都非常合身、好看，个人和衣服都显得婀娜多姿。

和许多民族一样，越南人在重要节日中，也有特别的服装，例如，在传统结婚典礼时，新郎和新娘都必须穿着正式的传统礼服。新郎身穿绢质黑色或深蓝色长袍，头戴同色布帽，新娘身穿白绢质黄色国服，外披白纱长衫，头戴黄色布帽。由于部分越南人信奉天主教，所以结婚时也有着西式白纱举行婚礼的，而也有越来越多的年轻人偏好西式礼服，因此出租西式礼服的商店到处可见。丧礼时，家属需着素色的传统服装，头上绑白布条，而参与祭祀的男性需着黑色服装，女性则着素色服装。

越南人有戴帽子和口罩的习惯。在越南城市的大街小巷，几乎所有的行人都口捂口罩或面遮丝巾、头戴帽子。尤其是妇女和儿童，各个必定全副武装，不少年轻女子手臂上还戴着长及上臂、看起来纤细纤细的手套。越南人尤其是妇女之所以统统以口罩或丝巾遮脸，是为了挡风、挡尘、挡紫外线。这一习惯，从小做起，从早到晚，坚持不懈。

有意思的是，在以前，越南男人戴的都是绿色帽子，女人则无一例外地戴着白帽子，但目前这一情况已有所改变。帽子的颜色和款式都十分丰富，但据观察，越南女子偏爱一种带檐的圆形帽。这种设计可爱的小帽子，给越南的姑娘平添了几分俏皮与妩媚。

三、节庆民俗

越南节庆受中国文化影响，越南农历和中国农历的日期一致，民间传统节日的日期和风俗也基本和中国一样，同时又有很多具有本民族特色的节日。

（一）春节

送灶王、备年货、祭祖先、放烟花、贴春联……中国游客在越南过春节会有回到故乡的错觉。但是越南人不吃饺子和汤圆，而是吃一种圆形的米糕和方形的粽子，各家各户都会摆 3 样东西——一束鲜花、一盆金橘和一个盛着 5 种水果的果盘，以求新年大吉大利。春节期间还有种种禁忌：不能吵架、不能说粗话、不能干农活、不能弄坏东西等。另外，还有许多的风俗讲究和传统民间活动，既能看到中国文化的影子，又非常有当地特色。

（二）端午节

端午节越南人也吃粽子，并且采草药驱虫，据说端午的草药非常灵验。此外，父母在这天一早要为孩子准备几种酸味食品和水果。

（三）哈节

哈节是京族人的传统节日。“哈”在越语中是“唱歌”的意思，所以“哈节”就是唱歌的节日。哈节有的地方农历六月初十过，有的地方八月初十过。京人的村庄都建有一所“哈亭”，平时供人们乘凉、唱歌及青年男女进行社交活动，遇上“哈节”，这里会举行迎祖、祭祖、饮宴、唱歌、跳舞、唱戏等活动。

（四）七月节

七月节是拉志族的节日。七月节从农历七月初一开始，历时 13 天。初一每户派一名男子携带酒肉到父母家，由父母主持“迎祖”仪式。以后按父母指定的日期，每户轮流举行“迎祖尝新”仪式，即向祖先祭献供品。节日期间严禁用非本民族的语言交谈。十三日，人们在父母家举行隆重的“送祖”仪式，节日在这时达到高潮。

（五）中秋节

越南的中秋节实际上是个儿童节，在这天，孩子们提着各种造型的纸灯在月光下玩耍。

（六）盘古节

盘古节是京族的传统节日，时间在农历腊月下旬，家家杀鸡宰猪，祭祀开天辟地的盘古，以求始祖保佑。

在越南的华人保持着祭祀中国神的习俗，各路神仙的生日都算是小小的节日，有一定的仪式和活动。而天后（即妈祖）诞辰纪念日农历二月二十三则是最重要的大祭祀，因为当地华人把天后视为保护神。

四、宗教民俗

越南的佛教以大乘佛教占优势，受中国大乘佛教影响极深，至今一直使用汉字大藏经，诵读中国的佛教著作，受戒仪式也与中国的相同。小乘佛教只在南部高棉族中流行。

越南人把供奉祖先视为重大之事，用以感激祖先的养育之恩。许多家庭尽管宗教信仰不同，但供奉祖先是不可忽略的。春节来临前，必须重新布置祭坛，插上香烛，摆上供品。春节期间，祭坛总是香火缭绕，合家吃团圆饭前，家长和族人都要祷拜。越南人对祖先的崇拜还表现在忌名上。平时，子孙忌提到祖辈、父辈的名字，如果现实生活中一些名词与祖辈、父辈的名字相重，要回避或用同义词代替。孩子小的时候，父母不让其知道先祖的名字，以防孩子乱喊，对先祖不敬。如果被别人指着先祖的名字奚落或辱骂，被奚落或被辱骂者会认为是受了奇耻大辱，会激起深仇大恨。近年来，忌名在城市已少见，但在农村，这一习俗仍保持。除了崇拜祖先，古代越南人普遍迷信城隍、占卜、星相、风水、精灵等。一切自然物和自然现象，如河流、湖泊、高山、大树、野兽、刮风、下雨等，在越南人的心目中都有精灵寄寓其中，应当供奉祭扫，以求祛灾降福。在农村，通常供奉的有土地神、榕树神、蛇神、老虎神以及村里的中心石、中心板等。人们在老虎经常出没的地方祭祀它，而且言谈举止中不能冒犯它，低声称它为“山大王”。如遇上老虎，不但不能打死它，还要供奉上各种祭品。

五、礼仪民俗

越南人注重礼节，见面时习惯打招呼问好，或点头致意，或行握礼手，或按法式礼节相互拥抱，年龄相近者多以兄弟姐妹相称。越南深受汉文化影响，儒教扎根于社会。

越南人禁忌多。不要随意摸别人的头部，包括小孩。当村寨路口悬挂有绿色树枝时，是禁入的标志，外人不得进入。南部高棉人忌用左手行礼、进食、送物和接物。

六、其他民俗

（一）交通民俗

越南人对摩托车情有独钟，几乎每家都拥有一辆以上的摩托车，条件好的家庭几乎人手一辆摩托车，越南人已经习惯骑摩托车外出，即使到其他省，也都是骑摩托车前往，因为这样方便、快捷。与多如牛毛的摩托车形成鲜明对比的是，越南的公共汽车比较少，乘坐的人也不多。

（二）嚼食槟榔的特殊爱好

越南的京人、笛人、泰人、埃迪人都有一种嚼食槟榔的特殊爱好。他们常将槟榔擦上一点石灰膏或碱灰放入嘴中咀嚼，使槟榔产生化学反应，汁不吞咽，顺嘴角流出，嚼到无汁时把渣吐掉。嚼槟榔通常是先苦后甜，可刺激神经，提神醒脑，除积消肿。京人还把槟榔当做信物，无论求婚、请客，均送上一颗槟榔。嚼槟榔、染牙是京族的古风，过去男男女女只要到了十七八岁就开始染牙。按照他们的习俗，开始嚼槟榔、染牙，便象征已经成年可以成亲了。从此，这些青年男女便可以自由参加当地举行的任何娱乐聚会，参加对歌，选择对象。随着时代的发展，这种古风已日渐衰微，但在越南农村，依然可以看见不少老年妇女的牙齿被染得又黑又亮。在他们眼里，保持牙齿洁白如玉是品质不良、作风不正的表现，而将牙齿染得又黑又亮才是最美的。

（三）禁忌

忌讳 3 人合影，忌讳用一根火柴或打火机连续给 3 个人点烟，视为不吉利；上香须 3 根；席地而坐时，忌别人把脚对着自己；入室做客，宜脱鞋，换上主人所备拖鞋。

知识链接

槟榔故事

如果你到越南人家，特别是远离城市的农村地区的农户做客，可能会看到主人食槟榔，你可千万不要吃惊和意外，更不要对主人表现出不理解。

越南人喜欢嚼槟榔，但不能吞咽。槟榔微涩，带有甜味和辣味，有刺激性，可使人兴奋，脸颊潮红。久食牙齿和双唇会变成黑红色，被越南人视为传统美的标志。

关于此风俗的来历，甚广的说法是一个打动人心的故事。从前有两兄弟，一个叫槟，一个叫榔，相貌酷似。父母过世后，两人相依为命。但哥哥成亲后，对弟弟日渐冷淡，于是弟弟出走了。途中有一条河，弟弟因无船摆渡，独坐恸哭而死，化成一棵树。哥哥不见弟弟，外出寻找，见弟弟已死，便吊死在树上，变成一块石头盘在树根上。嫂嫂不见丈夫归来，也追寻至此，见丈夫死了，便抱石而亡，变成一根藤缠绕在树干上。树即槟榔树，藤即蒌藤，石头为石灰质岩石。不久国王寻访到此，闻知此事，即令人取树上果子并采摘藤叶，咬嚼后吐在石头上，结果呈红色，气味芳香，美味可口。于是，国王令人将石头烧成灰，把果子、藤叶拌入，待熟后而食。槟榔的这种食法便流传开来。

越南人食槟榔，除了提神醒脑、增加食欲外，还具有许多社会含义。槟榔果已经成为婚配嫁娶的聘礼。婚礼中人们嚼槟榔，缅怀骨肉之情，祝愿新婚夫妇白头偕老。

项目拓展

越南水上木偶戏是世界木偶戏艺百花园里的奇葩。“水”是水上木偶的艺术生命，水上木偶戏的艺术家们把它发挥到了淋漓尽致的境地。在一阵阵爆竹声、锣鼓声、螺号声中，龙、鱼、龟争先恐后跃出水面，这些神灵的动物角色，是按照越南民间传统绘画艺术进行塑造的，涂上生漆金粉和各种色彩，显得质朴可爱。在水上木偶戏的传统保留节目中，人们可以看到金龟喷水、仙女随着“神曲”起舞等充满幻想色彩的表演。

越南的水上木偶戏和其他国家的木偶戏，各有什么艺术魅力？

项目八　泰国

前置作业

1. 泰国是佛教强国，虔诚的信仰对泰国人的生活有什么影响？
2. 泰国菜享誉全球，泰式菜有何特点？这与其地理位置有何关系？

主体内容

国家概况

泰王国，简称泰国，位于亚洲中南半岛中南部，东南临泰国湾（太平洋），西南濒安达曼海（印度洋），西和西北与缅甸接壤，东北与老挝交界，东南与柬埔寨为邻，疆域沿克拉地峡向南延伸至马来半岛，与马来西亚相接，其狭窄部分居印度洋与太平洋之间。

泰国是一个由30多个民族组成的多民族国家，其中泰族占人口总数的40%，老族占35%，马来族占3.5%，高棉族占2%等。泰语为国语。佛教是泰国的国教，90%以上的居民信仰佛教，马来族信奉伊斯兰教，还有少数信奉基督教新教、天主教、印度教和锡克教的人。几百年来，泰国的风俗习惯、文学、艺术和建筑等几乎都和佛教有着密切关系。到泰国旅游，处处可见身披黄色袈裟的僧侣，以及富丽堂皇的寺院。因此，泰国又有“黄袍佛国”的美名。佛教为泰国人塑造了道德标准，使之形成了崇尚忍让、安宁和爱好和平的精神风范。

泰国是亚洲重要的旅游国家之一，迷人的热带风情以及独具特色的佛教文化是吸引游客的重要因素。泰国是一个历史悠久的佛教国家，这个被称为“白象王国”的美丽国度，拥有独特的文化传统和民族风俗，如丰富多彩的各种节日，水上人家的清新生话，闻名于世的古典舞和民族舞，饶有趣味的哑剧和洛坤剧，别具一格的泰拳、斗鸡、玩鱼和美丽的人妖等，都令人“乐不思蜀”。这里到处是金碧辉煌、尖角高耸的庙宇、佛塔，无处不有精致美观的佛像、石雕和绘画，这些在常年青绿的椰林掩映下的古迹，为泰国妖媚动人的热带风光增添了无限绚丽的色彩。

一、饮食民俗

泰国菜同法国菜、中国菜、意大利菜并列为世界四大美食。其味道遵循了互相融合、互相包容的中庸之道。泰国饮食文化是受东、西方文化影响的结合体，发展到如今形成了极具地方特色的泰式美食。

泰国菜素以辛辣、酸甜著名，食材以天然新鲜之农产品为主，泰式调味复杂独特，多以香茅、南姜、柠檬、红葱头、小辣椒入味，并加入鱼露、虾酱、椰奶等十几种本地特产的香料。泰国著名的菜肴如泰式酸辣海鲜汤（又名冬阴功）、泰式炒河粉、风味木瓜沙拉、绿咖喱椰汁鸡、泰式炸鱼饼等深受游客们的喜爱。只有亲自品尝后才能体会到泰国菜那种独特的酸辣味。

泰国的饮食文化因地形可分为 4 个区域，各区域有不同的菜系特色。

(一) 北部

以清迈为首的北部地区是旧时的古都所在地，因此留下许多当时的文化与艺术。北部地区的传统主食是以米浆制成的米糕，而在菜肴方面，则以具有中国西南部风味的腌生猪肉或咖喱及沙拉为主要特色。

(二) 东北部

邻近高棉的东北部地区偏僻，是泰国环境最原始也较穷困的地区。东北部的菜肴以口味浓郁且辛辣闻名，但有些东北部的菜肴也对泰国菜有很深远的影响，例如，泰北辣肉便是一道极为出名的泰国东北美食。

(三) 中央平原

以泰国首都为首的中央平原，不但正对着印度洋，而且气候湿温，适合耕作，再加上湄公河流经此处，因此这里便成为了泰国饮食文化最丰盛的地区。曼谷本身是一个港口，其在吸收了许多外来的文化后，也发展出一套独特的美食文化。中央平原的传统主食是米食与各类的米制品、炒饭，此外，还有海鲜、肉类以及各种丰美的水果、蔬菜。值得一提的是，泰国有名的调味品“鱼露”与“虾酱”，都是中央平原的特产。

(四) 南部

由于南部以回教徒、印度移民、南洋移民居多，因此菜肴特色除了辣椒之外也运用了大量的咖喱、热带椰子（椰奶、椰糖及椰肉）来烹调，更由于拥有丰富的海鲜来源，因此这一地区的特色菜式多以咖哩烹海鲜为主。

泰式冬阴功汤

二、服饰民俗

泰国人的服装总地来说比较朴素，在乡村多以民族服装为主。泰族男子的传统民族服装叫“绊尾幔”纱笼和“帕农”纱笼。帕农是一种用布缠裹腰和双腿的服装。绊尾幔是用一块长约3米的布包缠双腿，再把布的两端卷在一起，穿过两腿之间，塞到腰背处，穿上以后，很像我国的灯笼裤。由于纱笼下摆较宽，舒适凉爽，因此它是泰国平民中流传最长久的传统服装之一。

女筒裙是泰国女子下装，曼谷王朝拉玛六世时期（1910—1925年）开始流行。筒裙同纱笼一样，布的两端宽边缝合成圆筒状，穿时先把身子套进布筒里，然后用右手把布拉向右侧，左手按住腰右侧的布，右手再把布拉回，折回左边，在左腰处相叠，随手塞进左腰处。穿时也可以用左手以同样动作向相反方向完成。

泰国服饰

三、节庆民俗

（一）中国农历新年

1月23日，一般持续3天。虽然春节不算是泰国的公共节假日，但由于泰国不少人在祖上都有中国血统，因此在泰国庆祝春节的传统也就一直流传了下来，尤其是在清迈、普吉、宋卡等地区以及曼谷的唐人街，春节的庆祝活动还颇为隆重，不仅街道被装饰得极具中国传统特色，还能见到舞龙、舞狮表演甚至功夫秀等。

（二）万佛节

泰国的传统佛教节日，在每年的泰历 3 月 15 日举行，以纪念佛祖信徒对佛祖的信仰和尊敬。节日当天，人们拿着鲜花和香烛到附近的寺庙进行施斋、焚香、拜佛等纪念活动。而国王也将邀请 30 名僧人前往皇宫唱诵经书并进行一系列的纪念活动。

（三）查理克王朝纪念日

4 月 6 日。纪念 1782 年建立并一直延续至今的查克理王朝（或称曼谷王朝）。

（四）泼水节

又称宋干节，同时也是泰历新年，每年 4 月 13 日开始，持续 3 天。泼水节是曼谷全年最热闹的时候，民众多会返回家乡，打扫家内外，焚烧旧衣服，同时相互泼洒浸有花瓣的香水以代表清除所有旧的邪恶和不幸，并怀着美好和纯净开始新的一年。在曼谷，以考山路和是隆路的泼水庆祝最为疯狂。

（五）泰王登基纪念日

5 月 5 日。庆祝现任泰国王加冕登基。

（六）浴佛节

6 月 4 日。又叫佛诞节，传统佛教节日，纪念佛祖诞生、成道和圆寂。

（七）守夏节

又称结夏安居日，泰国最重要的佛教传统节日，每年泰历 8 月 16 日举行。僧人从这天开始聚在寺内坐禅修学 3 个月，3 个月守夏安居期满后僧人才恢复外出。守夏节当天百姓到寺院施斋，奉献各类泰式糕点以及蜡烛、日用品等，傍晚人们手持鲜花香烛，在寺内举行巡烛仪式。

（八）水灯节

11 月 28 日。极具泰国风味的节日。人们在节日夜晚将插着香烛鲜花、造型各异的水灯放到河面或湖边，附上自己的心愿和祝福，祈祷家人伴侣平安幸福。此外，在曼谷等地还有热闹的水灯会，包括水灯小姐选美、歌唱比赛、戏剧表演等活动。

四、宗教民俗

泰国是世界上的佛教强国之一，大多数泰国人信奉作为国教的上座部佛教（部派佛教的一个分支），佛教徒占全国人口 95%以上。

佛教对日常生活产生强烈的影响。长老非常受人们尊敬。因此，无论是在城市还是在乡村，寺庙都是社会生活和宗教生活的中心。禅是佛教最普及的方面之一，有无数泰国人定期坐禅以提升内心的平静和愉快。

泰国南部的陶公府、北大年府和惹拉府以信奉伊斯兰教的穆斯林为主，占全国人口的4%。另外，亦有信奉基督教和印度教的信徒，但较佛教徒的人口有很大的差距，其仅占总人口的1%左右。这些非佛教信仰者完全有信仰自由，得到一定的保障。

五、礼仪民俗

泰国是一个礼仪之邦，被誉为“微笑的国度”。泰国人性情温和，待人热情，有礼貌。泰国人见面时通常双手合十于胸前，互致问候，合十后可不再握手。随着社会的发展，在外交和一些正式场合，泰国人也按国际习惯握手致意。在泰国，进入佛殿要脱鞋，进入当地人家的客厅也要脱鞋。

当地公共汽车虽然拥挤，但车费便宜。当地人习惯给年龄大的人让座。僧侣坐后面，避免与妇女接触。在泰国，小汽车的后座是上座。主人请外宾上车时，总是让客人和接待主人一起坐到汽车后座上，一般工作人员则坐到司机座位旁边。

六、其他民俗

泰国人讨厌在平时生活中拍拍打打的举止习惯，认为这是不礼貌的。当地人向上伸出小指表示和好，大拇指朝下表示失败，伸出弯曲的食指则表示死亡。

泰国人不喝热茶，而习惯在茶里放冰块，称为冰茶。用餐时，泰国人习惯围着小圆桌屈膝而坐，用手抓食，不用筷子，但现在有用叉子和勺子的。

泰国人的婚礼必须邀请德高望重的僧人主持仪式，新郎和新娘还要接受客人的祝福。泰国人的出生和丧葬，也都要按佛教习俗办理。泰国人死后多实行火葬，火葬在寺院中进行，各地寺院大都设有火葬塔，供火化用。

不要用左手交换名片或接递物品，泰国人视左手为不洁净。送礼时勿用褐色纸张包装，泰国人喜爱红、黄色，禁忌褐色。荷花最受泰国人喜爱，以荷花为礼，将备受泰国女士们欢迎。

知识链接

大象故里

泰国是亚洲象的家园。泰国大象保护中心就坐落在泰国北部的南邦府(Lampang)，游客可以在这里学习如何驾驭它们，如何把它们赶到河里洗澡。如果愿意，游客还可以和你的象一起在丛林中小憩。这些聪明的动物的寿命和人类一样，但是它们现在却已经成为濒危物种。象在泰国人心目中是神圣和庄严的象征，暹罗王国的国旗上就有一头优雅的白象。即便是现在，依然会看到一些泰国人模仿古暹罗的武士的样子从大象的肚子下面走过，认为这样可以给他们带来好运和力量。

游客们也可以骑着大象体验一下，晃晃悠悠地翻越群山，趟过小溪，穿越丛林。要想知道大象的力量有多么惊人，看着他们卷着重重的原木却迈着轻松的步子就一目了然了。泰国的很多岛屿上都有骑象的项目，不过，风景最秀美的还要数泰国北部。

SPA和泰式按摩

泰国已经成为东南亚水疗美容业的发祥地，以亚洲传统的治疗方法为基础，重在调理，使身心达到和谐。泰国大部分酒店都有SPA中心，从面部护理到全身保养，从上到下把你呵护得面面俱到。很多SPA间的内部装修十分古朴，且充满艺术气息，这样更有助于焕发所有感官的功能。

现代快节奏的生活使越来越多的人为肥胖、压力和缺乏运动所困扰，身心健康已经成为一个不容忽视的问题。有些游客会在某个热带岛屿上待上一周进行斋戒调理，或者在一天观光之后做一套SPA放松一下，并通过人体的五大感观功能——视觉、嗅觉、听觉、味觉、触觉使自己达到一种身、心、灵皆舒畅的感觉，以保持迷人的身姿和健康的身心。

泰式按摩发源于古印度的西部，创始人是印度王的御医吉瓦科库玛，泰式按摩是古代泰王招待皇家贵宾的最高礼节。泰国传统医药及按摩知识、技法由传教的印度僧人带入泰国，在广泛吸收他们的宝贵经验后发扬光大。

泰式按摩是各种按摩中最激烈的，按摩时无须使用按摩油。按摩师从脚趾开始向上按摩至头顶，其中背部、腰部和关节是按摩重点。按摩师利用两手、两臂、两脚及全身重量滚压、伸展、拉抻体验者的身体，刺激肌肉和结缔组织。按摩过程中会感到疼痛，尤其是第一次体验者，可能会受不了泰式按摩的大动作，按摩师会与体验者沟通按摩力度，并提醒其彻底放松身体。

项目拓展

一提起泰国武术，人们往往会想到那些拳台上的霸主——泰拳手。泰拳赛刺激而紧张。泰拳比赛的场面既壮观又残酷。比赛时拳师解下头上束的“神带”，戴上橡皮手套和保护下部的硬罩，不穿上衣，只穿一条短裤，手腕部要缠上宽一寸的长绷带。每场比赛必须经过 5 个回合才分胜负，每一回合 3 分钟。如果一方被击倒，裁判数到 10，仍未起来就为失败者。比赛时的乐队通常由 3 人组成，乐器有笛子、鼓和钹。当乐手奏乐时，拳师们便以严肃的态度步入比赛场内。

越来越多的人来到泰国参加专门的泰拳培训课程，学习泰拳。有的是为了强身健体，有的是为了自卫，还有的是为了成为一名职业泰拳手。现在，泰国中等以上的学校，很多把泰拳列入体育课，目的是使这一世界上独特的拳术更好地流传下去。

泰拳与中国拳术、日本柔道、韩国跆拳道有何异同?

项目九　柬埔寨

前置作业

1. **柬埔寨的服装“纱笼”颇受旅游者的青睐，请结合当地的气候环境分析该服装特点。**

2. **泰国、越南、柬埔寨是临近的东南亚国家，它们在饮食民俗上有哪些共同之处？各自又有何特色?**

主体内容

国家概况

柬埔寨王国位于中南半岛南部。东部和东南部同越南社会主义共和国接壤，东北部与老挝人民民主共和国交界，西部和西北部与泰王国毗邻，西南濒临暹罗湾。

柬埔寨的地形是三面高，中间低，向东南开口。东、北、西三面被山地、高原环绕，大部分地区被森林覆盖。东部为倾斜平缓的高原，北部边境是东西延伸的扁担山脉，西南边境是豆蔻山脉，中部是宽广平坦的湄公河三角洲平原。柬埔寨地处北回归线以南，属热带季风气候。洞里萨湖是中南半岛上最大的湖泊，湄公河是东南亚最大的河流，发源于中国唐古拉山的东北坡，在中国境内叫澜沧江，流入中南半岛。湄公河自北向南流经缅甸、泰国、老挝、柬埔寨和越南，注入中国南海。

金边是柬埔寨的首都，也是其政治、经济和文化中心。柬埔寨是一个多民族的国家，高棉族是主体民族，93%以上的居民信奉佛教。

柬埔寨历史悠久，其中吴哥王朝为鼎盛时期，国力强盛，文化发达，创造了举世闻名的吴哥文明。柬埔寨1863年沦为法国保护国。1940年被日本占领。1945年日本投降后被法国重新占领。1953年11月9日，柬埔寨王国宣布独立。

一、饮食民俗

柬埔寨人以大米为主食，他们因多信奉佛教，忌杀生，所以不大食动物肉，而喜食素菜，但逢年过节，他们的餐桌上还是有鱼有肉。他们偏爱辣、甜、酸的味道，辣椒、葱、姜、大蒜是不可缺少的调料。他们很欣赏我国的广东菜和云南菜。饮酒较普遍，水果亦可作下酒物。他们饭后有漱口的习惯。在城市里，菜式多样且欧化或华化。但在乡间，民众大都保持自己的民族饮食习惯，用瓦锅煮饭、煲汤，用椰壳做勺。人们习惯用右手抓饭入口，左手他用。送饭的酸汤讲究清香可口。菜式有桑绿菜、哥格菜、薄荷菜和咖喱菜等。

柬埔寨人喜爱的食品——炸蜘蛛

二、服饰民俗

高棉人有自己的传统服装。男子上身着无领直扣开襟衫。妇女着紧身开襟齐腰短上衣。男子下身着的长裙称纱笼，纱笼是一种用布缝合的、很像长裙子的服饰。女子下身着传统黑色“贯头”，称为松不。柬埔寨还有一种古老的服装叫干曼。“干曼”一般百姓用长布，富贵者用锦，不缝合，从腰腹往下缠至小腿，在背后打结。随着社会的发展和外来文化的影响，柬埔寨人的穿着也发生了变化，在金边及其他城市，男人们也穿制服、西装、T恤，妇女们的服饰也艳丽多姿。

三、节庆民俗

柬埔寨历法向来采用佛历，即以公元前543年释迦牟尼诞生年为纪元。柬埔寨一年中有很多节日，3个最为隆重的民族传统节日是新年节、御耕节、送水节。此外，全国性的节日还有国庆节（11月9日）、立宪节（5月6日）、劳动节（5月1日）、人权节（12月10日）等。

（一）新年节

于公历4月举行。新年节庆3天，第一天为守岁，第二天为辞岁，第三天为新岁。新年节庆以浴佛像和建沙塔为主要活动，这两项活动都具有祈求吉祥、幸福和长寿的意义。

（二）御耕节

于公历四五月间举行。御耕节寓意国王重视农耕，鼓励人民从事农业。每逢农耕节日，首都王家田年年隆重举行御耕典礼，国王、王后亲临主持。

（三）送水节

约公历11月举行。柬埔寨每年雨季，洪水高涨，淹没广大田地，水退之后，沉积很多水生物，大片耕地变成肥沃的良田。柬埔寨人民认为这是上天的恩赐，所以水退的时候，举行仪式欢送水神、地神。庆祝活动一连3天，其间最受欢迎的活动是龙舟竞渡。

四、宗教民俗

小乘佛教是柬埔寨的国教，高棉族人绝大部分笃信佛教，占族人则大多数信伊斯兰教，越人、越侨信奉天主教，华人、华侨信多神教。

1世纪，婆罗门教传入柬埔寨。9世纪后，柬埔寨最高统治者把对婆罗门教的信仰和帝王崇拜结合起来，创立了一种“王权神授”的神王思想，婆罗门教进入全盛时期。到14世纪后，婆罗门教走向衰落，但至今它仍在柬埔寨现实生活中留有痕迹。国王登基仪式，由婆罗门高僧（尊称国师）主持；象征王权的王冠、宝剑、罗伞、金鞋等由国师保管。

佛教传入柬埔寨的时间跟婆罗门教相比大致相同或稍后。当时在人民中传播开来的首先是大乘佛教。13世纪以后，小乘佛教逐渐取代大乘佛教的地位。

五、礼仪民俗

柬埔寨既是一个文明古国，又是一个佛教国家，讲究温、良、恭、谦、让，尊老爱幼，长幼有序。

“合十礼”是柬埔寨传统的见面礼。柬埔寨人见面和分别时有礼貌地以双手合在一起，指尖朝上，口说“三拜”。“合十礼”礼仪还有许多规格，行礼时，要根据对象把握好掌尖的高度，如晚辈给长辈行礼时指尖举到眉间；官员对上级行礼时指尖举到胸前；人民向官员行礼时指尖举到鼻尖；在向王室或高僧行礼时，还需跪或蹲下。在农村，人们习惯只行合十礼仪，在城市除主要行合十礼仪外，也有行握手礼的。

柬埔寨人姓在前，名在后。贵族与平民的姓名有所不同：贵族一般承继父姓，平民一般以父名为姓；贵族起名很有讲究，往往寓意深刻，平民名字多数是随便叫起来的，没有什么含义。柬埔寨人通常不称呼姓，只称呼名，并在名字前加一个冠词，以示性别、长幼、尊卑之别。如“召”意为孙儿；“阿”意为小孩；“达”意为爷爷；“宁”意为姑娘；“洛克”意为先生等。

六、其他民俗

柬埔寨地处热带，男女发育较早，一般女子 16 岁左右，男子 20 岁左右结婚。举行婚礼前，男女双方要打扮得漂漂亮亮，在双方父母和两个证婚人陪同下，到政府有关部门进行结婚登记，领取结婚证书。按照当地习俗，全部婚礼都是在女方家举行，婚后丈夫一般随妻定居，类似中国的招赘。传统的婚礼通常要举行 3 天：第一天为“入棚日”，即女方家搭盖新郎棚、迎宾棚和饮事棚，让新郎在婚礼前住进新郎棚；第二天为“正日”，包括祭祖仪式、理发仪式等；第三天为“拜堂日”，仪式通常由一位善择“良辰吉日”的老人主持。现在，婚礼通常从简，城镇居民和知识分子家庭多采用现代婚礼形式，根据自己的意愿举行各式各样的文明婚礼。

柬埔寨人死后葬法有天葬、水葬、火葬、土葬等，现在主要采用火葬。人死后，家人通常在房前插一两面鳄鱼旗，表明家中死人。送葬时亲友一律穿白孝服，火葬时间一般安排在晚上。火葬 3 天后，子孙取回骨灰盒放在家中供奉，或在寺院里建骨灰塔埋葬。

项目拓展

吴哥窟又称吴哥寺，位于柬埔寨西北方。其原始的名字是 Vrah Vishnulok，意思为“毗湿奴的神殿”。中国古籍称为“桑香佛舍”。它是吴哥古迹中保存得最完好的庙宇，以建筑宏伟与浮雕细致闻名于世，也是世界上最大的庙宇。12世纪时，吴哥王朝国王苏耶跋摩二世（Suryavarman Ⅱ）希望在平地兴建一座规模宏伟的石窟寺庙，作为吴哥王朝的国都和国寺，因此举全国之力，并花了大约35年建造成功。吴哥窟是高棉古典建筑艺术的高峰，它结合了高棉寺庙建筑学的两个基本的布局：祭坛和回廊。祭坛由3层长方形有回廊环绕须弥台组成，一层比一层高，象征印度神话中位于世界中心的须弥山。在祭坛顶部矗立着按五点梅花式排列的5座宝塔，象征须弥山的5座山峰。寺庙外围环绕一道护城河，象征环绕须弥山的咸海。柬埔寨吴哥窟与中国的万里长城、印度的泰姬陵和印度尼西亚的千佛坛一起被誉为古代东方的四大奇迹。

这四大奇迹分别“奇”在什么地方？

项目十　印度

前置作业

1. 掌握印度瑜伽文化。
2. 掌握佛教的诞生、发展、教义及其对世界的影响。

主体内容

国家概况

印度，印度共和国的简称，位于亚洲南部，是南亚次大陆最大的国家，大部分位于热带和亚热带。与孟加拉国、缅甸、中国、不丹、尼泊尔和巴基斯坦等国家接壤。与斯里兰卡、马尔代夫隔海相望。印度具有绚丽的多样性和丰富的文化遗产和旅游资源。英语和印度语同为官方语言。约有80.5%的居民信奉印度教，其次为伊斯兰教。

印度是世界四大文明古国之一。公元前1500年至公元前1200年，雅利安人迁入，他们带来了雅利安文化，成为印度教以及印度文学、哲学和艺术的源头，开始了恒河谷地文明。约公元前6世纪，出现了婆罗门、刹帝利、吠舍和首陀罗四大种性，为奴隶制度的萌芽时期。公元前6世纪至公元前5世纪是印度文化史上灿烂的阶段，形形色色的哲学流派和社会理论蓬勃涌现，产生了世界三大宗教之一的佛教。公元前 325 年，印度形成统一的奴隶制国家。公元 8 世纪阿拉伯人入侵，带来了伊斯兰文化。16 世纪欧洲殖民主义开始进入印度。1600 年英国建立东印度公司，对印度进行经济掠夺。1849 年英国占领印度全境，开始了残酷的殖民统治。1947 年 8 月 15 日印度宣布独立，成立自治领。1950 年 1 月 26 日宣布成立印度共和国。

一、饮食民俗

印度的咖喱闻名世界，很多人都以为米饭和咖喱是印度的主要食品和调味料。但总的来说，鸡、鱼和羊肉是最普遍的。肉汁是印度的主要酱料，在整个印度都十分流行。对于游客来说，印度最著名的传统菜色起源于印度王室。炖肉、酱料和米饭分别是 3 种不同烹调风格的基础。在南部城市，地道的脆薄饼和蒸米糕都很出名。至于在沿海的一些地区，除了有螃蟹、龙虾、虎虾和贝类等海鲜餐外，清香的椰子也是最常用的食材。泥炉炭火烹调法是印度特有的烹饪方式，它对时间的掌握非常讲究。当炉温达到 600℃后，烹饪相差一两分钟，甚至一两秒钟，都影响着烹饪的成败。而用这种方法烹饪的肉是不用油的，吃的时候再蘸上酸奶酪。

二、服饰民俗

印度人的衣着打扮具有极其鲜明的民族特色，不同于其他民族。印度人顽强而自信地坚持着自己在服饰上的悠久传统和审美习惯，并不无自豪地向外部世界展示着印度服饰的美丽与雅致。

现今，印度男子平常大多身穿无领或圆领的长衫和宽松的围裤陶迪，头上缠上厚厚的头巾。长衫一般长不过膝，围裤垂至脚面以上，头巾长达几米。头巾的包法各式各样，多达十几种，从头巾的不同包法上一眼就可以看出谁是印度教徒谁是锡克教徒。头巾的颜色不一，有白色、红色等各种颜色，其中以拉贾斯坦人和锡克人的头巾最为艳丽。印度教徒缠头巾是一种传统，也是为了防止阳光的直接照射，纯属个人行为，不愿意缠可以随时摘下来。而锡克教徒缠头是他们民族的特征，也是必须遵循的教规，不能轻易摘下来，如果别人要他们摘下头巾，无疑是对锡克人的侮辱和挑衅。

印度男子在一些比较正式而又要求体现民族特点的场合，多数都穿“尼赫鲁服”。这种服装是印度民族独立运动时期象征印度民族精神的服装，即“民族服装”，有点类似于中国的“中山装”，只不过上身稍长一些，扣子也多出几排。另外，在现代城市，西装革履打领带的人逐渐增多。但乡下的农民则仍以穿围裤陶迪、三角裤和赤脚为主。印度中部和北部地区，冬天天气较冷，在单衣外面披一条线毯或毛毯，即可御寒过冬。

印度妇女的传统服饰是纱丽，纱丽是指一块长达15码以上的布料，穿着时以披裹的方式缠绕在身上。印度妇女擅长利用扎、围、绑、裹、缠、披等技巧，使得纱丽在身上产生不同的变化。拉贾斯坦妇女的纱丽较短，只有披覆在头上，但是彩色缤纷，镶有金银绣边。拉贾斯坦妇女的上衣有点像没有领子的中国凤仙装，下身是一条滚边的及地长裙。印度纱丽的穿着方式变化繁多，不同的种族、区域、信仰会有许多不同的色彩、质感和穿裹方式。印度妇女穿着纱丽时，上衣是一件短袖、露出肚脐的紧身衣（Choli），下身是一条及地的直筒衬裙（Ghagra）。

纱丽最基本的穿着方式，可以分为以下几个步骤：拉住纱丽布左边一端，塞进右侧的衬裙裙头；将纱丽布由右至左环绕下围约三四圈；用纱丽布在右前方折成四折，并且塞入裙头；将剩余布块由左后方绕过右边腋下，披向左边肩膀上；直接将纱丽布披在肩上或披覆在头上。

三、节庆民俗

印度节庆一年一度最大的节日是屠妖节。不分种族、性别、社会贫富地位或宗教，每个印度人都欢乐同庆。虽然只有短短的5天，但印度人最重视这个节日，通常都用半个月的假期好好享受节日带来的美食和休闲娱乐。同中国农历新年相似之处是，人山人海，爆竹烟花随处可见。印度人燃放爆竹烟花的原意在于驱除妖魔鬼怪，家家大扫除穿新衣也同样是为了迎接财神，交换礼物是为了联谊。

四、宗教民俗

（一）印度教

印度教是印度最大的宗教，是19世纪时期的欧洲殖民者创造的。印度人自古以来就以多种名字来称呼自己的宗教，如“永恒的法”、“吠陀信仰”、“毗湿奴信仰”、“湿婆信仰”等。印度教与佛教也颇有渊源，它在约公元前2000年随着雅利安人进入印度而兴起，起源于上古的原始崇拜和巫术。一般认为，印度教源于古印度吠陀教及婆罗门教，大约在8世纪，印度史上著名的改革家商羯罗吸收了佛教和耆那教的某些教义，对婆罗门教进行改革而形成了印度教。另一说法称，印度教是大约在公元前1500年至公元前600年间，逐渐演变成吠陀教，最后发展成婆罗门教，即今天的印度教的。

（二）伊斯兰教

伊斯兰教是印度主要宗教之一，穆斯林人数仅次于印度教教徒人数约1.3亿。

伊斯兰教是在公元11世纪后随着穆斯林入侵印度而传来的。13世纪初至19世纪中叶，伊斯兰势力曾先后在北印度建立了德里苏丹国和莫卧尔帝国，伊斯兰教成为居统治地位的宗教和思想体系之一。但由于印度复杂的社会和历史原因，印度一直未能形成一个穆斯林为主体的国家。

伊斯兰教是一种严格的一神论教，只相信一个真主（安拉），主张该教信仰者亲如手足、一律平等和建立无种姓等级的社会。

印度是世界上穆斯林三大生活和文化中心之一。印度穆斯林与印度其他人种属同一血统，有着相似的文化传统，主要分布于印控克什米尔地区、北方邦、阿萨姆邦、西孟加拉邦、喀拉拉邦和比哈尔邦等地区。

（三）佛教

佛教起源于公元前6—公元前5世纪的古代印度，由乔达摩·悉达多创立。他被佛教徒敬称为释迦牟尼，意为释迦族的“圣人”。由于印度教兴盛，佛教内部派系纷争以及频繁的外族入侵等原因，公元8—公元9世纪以后佛教在印度开始衰微，到13世纪几乎消亡。现在印度的佛教徒很少，仅占印总人口的0.8%。绝大部分集中在马哈拉施特拉邦、比哈尔邦等地区。

（四）锡克教

锡克教是印度教的派生，由拿纳克祖师于15世纪创建。锡克教提倡平等、友爱，强调实干，反对宗教的偶像崇拜和歧视妇女。规定教徒必须蓄胡须，加发梳，衣长至膝，右手腕戴铁镯，佩剑。锡克教徒绝大部分集中在旁遮普邦，其次是德里和哈里亚纳邦。

（五）耆那教

耆那教是印度古老的宗教之一，其创始人为筏驮摩那。该教的信仰是理性高于宗教，认为正确的信仰、正确的知识、正确的操行和贞洁会修成解脱之路，从而达到灵魂的理想境界。耆那教是一种禁欲宗教。当代耆那教徒主要集中在西印度，尤其是古吉拉特邦和卡纳塔克邦。

五、礼仪民俗

晚辈在行礼的时候弯腰摸长者的脚，表示对长辈的尊敬。男子不能和妇女握手。许多家庭妇女忌讳见陌生男子，不轻易和外人接触。但邀请男人参加社交活动时则应请他们偕夫人同来。一般关系的男女不能单独谈话。

印度人是用摇头表示赞同，用点头表示不同意。人们用手抓耳朵表示自责；召唤某人的动作是将手掌向下摆手指，但不能只用一个指头；指人时也要用整个手掌，不能用一两个指头。

到印度庙宇或家庭做客，进门必须脱鞋。迎接贵客时，主人常献上花环，套在客人的颈上。花环的大小长度视客人的身份而定。献给贵宾的花环既粗又长，超过膝盖。给一般客人的花环仅到胸前。妻子送丈夫出远门，最高礼节是摸脚跟和吻脚。到印度家庭做客时，可以带水果和糖果作为礼物，或给主人的孩子们送点礼品。

印度人吃饭不用刀或筷子，而是用右手直接抓取食物进食。食具多用铜制，有一个小铜罐盛水用于洗手指、用膳时饮用，以及饭后洗手指、漱口。在印度人眼中，刀叉、碗筷是“体外之物”，而手是身体的一部分，比“体外之物”更洁净。取食物一定要用右手，绝不许用左手，因为印度人上洗手间是使用左手进行便后冲洗的，因此左手是不干净的。就餐的时候，印度教徒最忌讳在同一个容器里取用食物，也不吃别人接触过的食物，甚至别人清洗过的茶杯也要自己再洗涤一遍后才使用。印度人喜欢分餐进食，注重菜品酥烂，一般口味不喜太咸，偏爱辣味。主食以米饭为主，对面食中的饼类也感兴趣，不吃菇类、笋类、木耳。信奉印度教和锡克教的人，忌讳吃猪肉、牛肉。他们一般不喝酒，因为喝酒是违反宗教习惯的。但有喝茶的习惯，方式是“舔饮”，也就是把奶茶盛在盘子中，用舌头舔着喝。印度人最不喜欢吃大荤，吃素食的人较多，等级越高，吃荤越少。印度人喜欢吃中国的粤菜、苏菜。

印度人忌讳白色，习惯用百合花作悼念品。他们忌讳弯月图案，视13、7为不吉祥数字，和印度人交谈，要回避有关宗教矛盾、和巴基斯坦的关系、工资以及两性关系的话题。印度奉牛为神圣，忌讳吃牛肉，忌讳用牛皮制品。崇拜蛇，视杀蛇为触犯神灵。忌讳用澡盆给孩子洗澡，认为澡盆中的水是“死水”，用澡盆给孩子洗澡是不人道的行为。

知识链接

印度人的婚姻

在印度，婚姻习俗与热门的宗教信仰有很大的关系。正统的印度教徒认为婚姻是一种圣礼，是每个人必须履行的人生职责。印度教徒女子婚前必须保持童贞，任何谣言、丑闻都可能使她成为嫁不出去的姑娘。为了防止女孩在通晓人事后发生婚前性关系，印度教徒从古代起就流行童婚。根据印度习俗，一个24岁的新郎应娶一个8岁的幼女，30岁的男子应娶一个12岁的少女。从1929年起，印度政府即通过了《禁止童婚法》，但因为它与印度教徒早婚的传统习俗相违背，至今仍有不少人阳奉阴违。这些幼小的女孩结婚后仍跟父母回到娘家，到了十一二岁才到夫家去，未来命运全在夫家。印度教徒从古至今十分重视婚嫁，教徒相信生辰八字，所以订婚前要先看星相和八字是否相符。青年男女的婚姻还是“父母之命，媒妁之言”。嫁妆习俗目前在印度还非常盛行。姑娘出嫁，女方要拿出丰厚的嫁妆。如果女方不能满足男方提出的要求，男方就会拒绝结婚。结婚前几天，新娘要用姜黄香科涂擦全身，使皮肤柔嫩，呈金黄色。在举行婚礼的头天晚上，新娘要用茉莉花和玫瑰花泡过的水洗澡。头发要梳成一条长辫子，发辫上插着香气扑鼻的茉莉花和金盏花。婚礼一般是早晨或傍晚在女方家举行，有的在寺庙或俱乐部里举行。婚礼当天，新郎在亲戚朋友的陪同下去新娘家迎亲。当迎亲队伍到达新娘家时，新娘的父亲和其他亲友要急步上前，向新郎献上珠宝、两套丝绸衣服、美酒和用酥油、酸奶、蜂蜜及糖做成的甜食。婚礼开始前，新郎和新娘在各自的亲属陪同下，走上婚礼台。婚礼一般从点燃圣火开始。婚礼仪式有繁有简，但是握手仪式、戴圣线仪式和绕走圣火仪式是必不可少的。握手仪式是新娘的父亲把女儿的手放在新郎的手上，表示他已把女儿交给了新郎。戴圣线仪式标志着新娘已经出嫁，出嫁的妇女要终生戴着它。之后，新娘要紧随着新郎从左边开始绕圣火走 3 圈。所谓圣火，是用 7 种木柴燃起的火堆，代表崇高的宗教。走完 3 圈后，他们向双方的父母和在场的长辈行触足礼，婚礼随即结束。锡克人的婚礼简朴，多为集体婚礼，要求新郎新娘们一齐唱诵锡克教圣经中的圣歌，然后新郎新娘要按照锡克教风俗把彼此的头巾系在一起，围绕锡克教圣经转 4 圈，婚礼即告结束。

项目拓展

曾经有一个在印度的中国企业雇用了一个全日制的保安，这位保安每天就搬个椅子在门口坐着。企业老总看到后说：“你在那里为什么老是待着，没事去把院子打扫一下。”结果这位保安很不满，表示打扫卫生是低等级的人干的活，他做了会被别人看不起，这是对他的“侮辱”。

印度的社会结构是“葫芦型”，这个“葫芦”有 3 层，相互之间完全割裂，互不交叉，不存在中间过渡层，也许会有人从底层社会进入上层社会，但他会立刻切断与原有阶层的联系。处在最顶端的是人数只有数百万的社会精英，他们大多受过良好的高等教育，有着体面的工作和稳定的收入，生活非常奢华，喜欢英国贵族式生活；第二层是中产阶级，人数大约 2 亿多，在大中城市拥有一份工作及住房是其最明显的标志；处于最低端的是 8 亿贫民阶层，他们生活在农村和城市的贫民窟里，每日为生计发愁。

等级观念在印度各个阶层已经深入人心。

有人说：很大程度上，正是对等级观念的认同保证了印度社会的稳定。你同意吗？

项目十一　伊朗

前置作业

1. **伊朗曾受两河流域古文明的影响，哪些民俗带有这些印记？**

2. **伊朗是信奉伊斯兰教的国家，伊斯兰教的教义、经典、建筑主要有哪些？**

主体内容

国家概况

伊朗位于亚洲西南部，是一个多民族的伊斯兰国家。伊朗属中东国家，中北部紧靠里海，南靠波斯湾和阿拉伯海，东邻巴基斯坦和阿富汗，东北部与土库曼斯坦接壤，西北与阿塞拜疆和亚美尼亚为邻，西界土耳其和伊拉克。

伊朗为世界石油天然气大国，地处石油、天然气最丰富的地区之一——中东，靠近世界最大的石油储藏国沙特、伊拉克和石油丰富的卡塔尔、阿联酋、巴林、土库曼斯坦等国，靠近大国俄罗斯的欧洲部分。石油出口是其经济命脉，石油生产能力和石油出口量分别位于世界第 4 位和第 2 位。

伊朗是具有四五千年历史的文明古国，史称波斯，有记载的历史和文化始于公元前 2700 年，我国汉史称其为安息。公元前 2000 年后出现印欧血统的伊朗人。公元前 6 世纪古波斯帝国阿契美尼德王朝曾盛极一时。大流士一世统治时期（公元前 521—公元前 485），帝国版图东至阿姆河和印度河两岸，西到尼罗河中下游，北至黑海、里海一带，南达波斯湾。公元前 330 年古波斯帝国被马其顿·亚历山大所灭，后建立了安息、萨珊王朝。从公元前 2 世纪与中国有友好交往，著名的“丝绸之路”便横贯伊朗北部。公元 7—18 世纪阿拉伯人、突厥人、蒙古人先后入侵。18 世纪末，伊东北部的土库曼人恺加部落统一了伊朗，建立了恺加王朝。19 世纪初沦为英、俄的半殖民地。1921 年礼萨・汗推翻恺加王朝，并于 1925 年建立了巴列维王朝。1935 年 3 月 21 日，改国名为伊朗。

一、饮食民俗

伊朗讲究菜肴量少质精，注重菜肴的色香味形。伊朗人一般口味清淡，偏爱微辣味道。主食以面食为主，也吃米饭。他们爱吃中国的大饼、咖喱三角饺、炸小包等食品。肉食爱吃鸡、鸭、鱼、牛肉、羊肉等；蔬菜喜欢西红柿、黄瓜、洋葱、胡萝卜、辣椒、豌豆等。伊朗人的饮食习俗明显受宗教信仰的影响，带有强烈民族色彩，吃食物很注重吉祥之意。如喜吃苹果蜜饯，表示生活甜甜蜜蜜；吃石榴，表示像石榴粒一样多福；吃鱼，表示像鱼一样活跃。更有趣的是，他们将糕点制作成各种形状，各有寓意：梯形的象征步步高升；鸟形的意味着像鸟翅覆雏一样和乐安康等。宗教节日忌吃异味蒜、葱和苦的食物，认为这是不吉利的，也不食核桃、巴旦杏等坚果，因为“坚果”一词与“罪孽”有关，且多吃会刺激喉咙，影响祈祷。

二、服饰民俗

伊朗人百年前的服装，无论男女都着长袍，差别在于男人大多腰缠宽大的白布带，头戴厚重的头缠或筒帽、尖顶帽，女人着宽大连衣裙和头巾。19 世纪 20 年代，礼萨汗掌权并推行西化，逐步改变了伊朗人的传统服饰，城市里的变化尤为明显，男人以西装为时髦，公职人员上班时，甚至要求穿西装必须系领带。伊斯兰革命后，伊朗实行伊斯兰法，规定妇女的正式服装是“黑夹布”。

伊朗服饰

三、节庆民俗

伊朗的节日主要有国庆日（2 月 11 日）、开斋节（3 月 3 日）、石油国有化日（3 月 20 日）、伊朗新年、伊斯兰共和国日（4 月 1 日）、革命日（4 月 2 日）、宰牲节（5 月 10 日）、阿术拉节（6 月 9 日）、伊玛目阿里殉教日（7 月 14 日）、穆罕默德诞生日（8 月 9 日）、穆罕默德升天日（12 月 20 日）、跳动火节。下面主要介绍下伊朗新年。

每年的 3 月 21 日到 24 日。在除夕夜，伊朗各家的餐桌上都要摆出以波斯语字母“S”开头的 7 种物品，以示吉祥。这 7 种物品分别是沙枣、大蒜、醋、苹果、漆树、青麦苗和用麦芽、面粉制成的甜食。苹果是天堂果，象征诞生；大蒜代表健康；青麦苗象征生命力和新鲜；醋代表忍耐；调味香料和麦芽糖代表甜美的生活；沙枣因为花很香，则是爱情的象征。除了上述这 7 种东西外，桌上也会放彩蛋、镜子、蜡烛和金鱼。彩蛋代表种族，镜子和蜡烛有光明之意。除此之外，桌上还会摆着《古兰经》、玫瑰香水、金币等。这些物品是吉祥和美满的标志。根据古老的传统和信仰，每年辞旧迎新之际所有家庭成员都围坐在摆放 7 个吉祥物的桌子跟前。家庭成员在诵读辞旧迎新的祈祷词之后要诵读《古兰经》，然后家庭中的长者用钱或礼品给家庭成员作礼物。此后一家人在愉快的气氛中共进甜点，就新年的到来相互致以祝福。初一到初三，人们走亲访友，互祝新春快乐。主人拿出各种美味甜点心和干果款待客人。宴主或坐在茶炊旁饮茶，谈天说地，或围着一个大水烟袋轮流吸烟，欢度良辰。

关于伊朗春节的最早历史记载，见于 2500 多年前的古波斯帝国的第一个王朝——阿契美尼德王朝。伊朗新年在旧年最后一个星期三的晚上，往往是在公历的 3 月下旬。要举行跳“祝火”活动，迎接新年的来临。当夜幕刚刚降落时，便能见到大街小巷燃起一堆堆篝火。一家老小围着火堆，在朗朗笑声中开始跳火。小伙子一马当先，奔腾跨过；少年体态轻盈，翩翩起舞，飘然而越；老人在袅袅余烟中缓步穿行……人人口中念念有词“黄色（指面黄肌瘦，身体萎弱）予你；红色（指红光满面，体格健壮）给我”，祈求在新的一年无病无灾，永葆健康。跳“祝火”结束后，少女们披着面纱，三三两两，结伴而行，边击银勺边哼小曲，走邻访舍，索取糖果，名曰“讨吉利”。她们还站在阴影下或街巷拐角处偷听过往行人的谈话，并用听到的第一句话来卜算自己明年的吉凶。

四、宗教民俗

伊斯兰教是世界性的宗教之一，与佛教、基督教并称为世界三大宗教。中国旧称大食法、大食教、天方教、清真教、回回教、回教等。伊朗宗教教育分为三级：初级教育一般在清真寺中招收儿童，学习波斯文经典和普通知识；中等教育在所设的各种专科宗教学校中进行，培养中级宗教职业者；在库姆、马什哈德两圣地和伊斯法罕设有高等伊斯兰经学院，培养高级公职宗教职业者和政府官员。

五、礼仪民俗

在伊朗，人们的言谈举止、体态表情是很有讲究的。在说话或跟对方正面而坐时，应将两手平放而不可双手交叉，如果双手交叉着说话，就会被认为态度傲慢，甚至被视为有意挑衅。在伊朗，微笑和点头实际上只是主人一种礼貌的表示，并不一定是表示同意。

六、其他民俗

由于伊朗人洁身时多用左手，因而认为左手是不干净的，所以在接触、取物、递东西时不能用左手。伊朗人对婴儿的眼睛特别敏感，最忌讳别人议论婴儿的眼睛。禁食猪肉，不食自死、病死或未经阿訇、毛拉念经宰杀的牲口，也不吃外形可憎或不端正的动物的肉，忌吃无鳍无鳞的鱼。

项目拓展

公元前 6—公元前 4 世纪，波斯帝国国势强盛。波斯建筑继承了两河流域的传统，汲取了希腊、埃及等地区的建筑成就而又有所发展。

请从新都波斯波利斯的建筑风格看波斯的建筑风格对现在伊朗的建筑有何影响？

亚洲模块训练

1. 中国茶文化是中国制茶、饮茶的文化。中华茶文化源远流长，博大精深，不但包含物质文化层面，还包含深厚的精神文明层次。唐代茶圣陆羽的茶经在历史上吹响了中华茶文化的号角，从此茶的精神渗透了宫廷和社会，深入中国的诗词、绘画、书法、宗教、医学。几千年来，中国不但积累了大量关于茶叶种植、生产的物质文化，更积累了丰富的有关茶的精神文化。

日本茶道是在“日常茶饭事”的基础上发展起来的，它将日常生活与宗教、哲学、伦理和美学联系起来，成为一门综合性的文化艺术活动。正如桑田中亲说的：“茶道已从单纯的趣味、娱乐，前进为表现日本人日常生活文化的规范和理想。”16 世纪末，千利休继承历代茶道精神，创立了日本正宗茶道。他提出的“和敬清寂”，用字简洁而内涵丰富。“清寂”是指冷峻、恬淡、闲寂的审美观；“和敬”表示对来宾的尊重。

中国的茶文化来自平民大众的日常习俗，而日本则恰恰相反，饮茶文化走的是自上而下的道路，就如同明治年间的资本主义改革。茶在刚刚传到日本的时候完全属于奢侈品，只有皇族、贵族和少数高级僧侣才可以享受，茶道被当做一种高雅的先进文化而局限在皇室的周围，内容与形式都极力模仿大唐。自镰仓时代开始，在思想上受到《吃茶养生记》的影响，将茶尊奉为灵丹妙药的情况越来越普遍。而茶叶种植业的高速发展，也为茶走入平民家创造了有利条件，这段时间，饮茶活动以寺院为中心开始逐渐普及到民间。

中日茶文化发展历程虽有不同，但都与民族的审美相关。其间，“禅”对茶文化有何影响？这两个国家的茶文化体现了两个民族怎样的精神追求？

2. 蒙古族的民俗中有隆重的婴儿礼仪。据方志《青海》载：“蒙、藏对婴儿之性别无轻重贵贱之分界，各族士职常赠与哈达及礼物于多生子女之父母，以示奖励人口之激增，而多加民族及生产之力量，同族人更视为吉祥，莫不尊重之。”因此，庆贺婴儿诞生的礼仪格外丰富。第一，洗三。按照蒙古民族古代习俗，婴儿诞生3日方用水洗，名曰“洗三”，洗时只近亲在旁。洗，喜也，有向亲族报喜之意。蒙、藏均有此习俗。据方志《青海》载：“生子三日，用酥油涂儿身曝于日光中，谓可减疾病，且多吉祥也。”第二，满月。“满月”举行小型的仪式。规模大小不一，有的只请近亲，有的则加之邻居甚至请歌手。满月既是对孩子出生的庆贺，更是对未来成长的祝福，因此较为隆重。第三，过生日。过生日的仪式热烈、祥和。孩子由父母抱着给每个参加者都叩头行礼，参加者亦都有馈赠。此外，还有两项重要内容：其一，“抓岁”；其二，“打绊脚线”。内蒙古东部地区有“打绊脚线”的习俗，即用单根的棉线把孩子的双腿绊住，然后再用帽子打断。第四，过百日。新生儿满一百天，即为孩子举行“过百日”亦称“过百日关”的庆贺仪式。过百日关也要请家族舅族的亲友参加，来客都来送贺礼，主人则要摆宴席。其宗旨是祝福婴儿身健茁壮、长命百岁。

而在斯巴达，婴儿一出世，就受到严格挑选，只有被认为体质合乎健壮标准的才准许留下来，身体虚弱的，便弃之荒野，任其死去。男孩从7岁到18岁，住在国家教育场所，过兵营生活。在这10年中，要使他们接受单调的军事体育训练、强制的政治道德灌输和严酷的身心磨炼，以求形成勇敢、坚忍、顺从和爱国的品格。军事体育训练的基本项目为“五项竞技”——赛跑、跳跃、角力、掷铁饼、投标枪。此外，骑马、游泳、作战游戏、击剑和唱战歌也是未来军人必须学习的。军事训练非常严格，各个项目都必须达到一定要求才能终止。

不同的民族对生命的价值观有所不同，这是建立在什么基础之上的？对民族的发展有何影响？

3. 关于泰国人妖的产生，有各种不同的说法。其中有一种说法是从印度的“阉人”演变而来。这可以追溯到16世纪初在印度北方形成的莫卧儿伊斯兰教国家。在漫长的征讨岁月里，军中的某些穆斯林首领专门收集了一批“阴阳人”（先天性的两性人）负责服侍他们留在家中的女眷，不少生计艰难的男人便看准了这个行情，用极其原始的外科手段弄残下身，类似中国的太监。部分阉人谋不到看护女眷差事的阉人转而学歌学艺，并以献艺舞歌、奉媚讨好的手段谋生，以致成市，形成“阉人圈”。由于这种阉人的流动性极大，慢慢就流到了泰国，在泰国这一特殊的国度里繁衍兴旺。

还有就是从泰国本身的历史来解释这一现象。泰国是一个性文化悠久泛滥的国度，泰国女子对待性生活的态度与中国大相径庭。泰国是个典型笑贫不笑娼的国度，因此凡女子从事色情服务业，一般是不会受到多大指责的，尤其是在芭堤雅、清迈、曼谷等城市。色情的泛滥，同性恋现象剧增，同性恋导致的后果，便是使得一部分男人渐渐朝女性化发展，日积月深，人妖这种特殊产物便滋生起来。

从泰国的“人妖文化”阐述应如何看待特殊环境下产生的特殊文化社会现象？

4. 韩国的传统饮食比较简单，主食为米饭，爱吃泡菜，泡菜的出口量据说是世界第一。他们餐桌上的素菜也比较多，因为靠海的缘故，海产素菜也相当多。另外，酱制品也比较多。他们有专门用来掺和着菜拌饭的一种酱。这可能是构成韩国人饮食中的低糖、低脂肪、符合营养学要求的合理因素。

走在韩国街头，肥胖者并不多，一般中老年人都能保持身材且有健康的气色，这是不是同良好的饮食习惯有关呢？现代健康饮食观念可以从韩国的饮食民俗中汲取哪些素养？

5. 鲁思·本尼迪克特所写的《菊与刀》发表后，日本著名评论家川岛武宜指出：“尽管本尼迪克特本人一次也没有到过日本，但却收集到了那么多的重要事实，令日本人都感到非常惊讶。本尼迪克特依据这些事实栩栩如生地描绘了日本人的社会生活、行为方式和文化的全貌，推导出了日本文化的具有决定意义的诸特征。”菊是日本皇室家徽，刀是武士道文化的象征。《菊与刀》揭示了日本人的本质性格，亦即日本文化的双重性。

试从日本民族的发展史阐述日本民族性格的形成，以及民族性格对民族文化的影响。

6. 伊朗高原上曾崛起了一个民族——波斯。在居鲁士、冈比西斯、大流士3代领导人带领下，波斯人南征北战，建立了崭新的波斯帝国。这个帝国凭借强大的武力一举终结了三大文明古国——古代两河流域文明、古代埃及文明、古代印度文明。这些绵延了三五千年的古代文明，竟然随着波斯的入侵而完全熄灭了。

波斯一方面摧毁了三大古文明，另一方面又创造了波斯文明，这种文明对后来的伊朗产生了什么影响?

模块四　非洲篇

非洲位于亚洲的西南面。东濒印度洋，西临大西洋，北隔地中海与欧洲相望，东北角习惯上以苏伊士运河为非洲和亚洲的分界。面积3020万平方千米，约占世界陆地总面积的20.2%，次于亚洲，为世界第二大洲。

因赤道横贯非洲的中部，有3/4的土地受到太阳的垂直照射，所以，其中有一半以上地区终年炎热，故称为“阿非利加”，简称非洲。“阿非利加”是希腊文阳光灼热的意思。

非洲的沙漠面积约占全洲面积的1/3，为沙漠面积最大的洲。其中，撒哈拉沙漠是世界上最大的沙漠。非洲东部还有世界上最大的裂谷带。当然，除了沙漠，非洲也有郁郁葱葱的森林和一望无际的大草原。

非洲的尼罗河流域是世界古代文明的摇篮之一。尼罗河下游的埃及是世界四大文明古国之一。古埃及在建筑、雕刻和绘画等艺术方面也取得了巨大成就。至今巍然屹立在尼罗河畔开罗附近的宏伟金字塔和狮身人面像是公元前27世纪前后古埃及人的杰作，它们是人类建筑史上的奇迹，也是古代埃及劳动人民卓越智慧和辛勤劳动的不朽丰碑。

非洲2009年人口达10亿，居世界第二位，占世界总人口的14.3%，其中黑人约占总人口的2/3。非洲人口自然增长率居世界第一，每年增加2400万人，但婴儿死亡率也最高。非洲人口分布极不平衡，尼罗河沿岸及三角洲地区，每平方千米约1000人，撒哈拉沙漠及草原、半沙漠地带每平方千米不到1人，还有大片的无人区。

非洲大部分居民属于黑种人，其余属白种人和黄种人。非洲是世界上种族成分最复杂的洲，有700多个民族和部族，所以种族冲突严重。

非洲语言十分复杂，将方言土语计算在内约有1500多种。

非洲人多信奉原始宗教和伊斯兰教，少数人信奉天主教和基督教。

学习索引

1. 从文明古国的兴衰看文化继承与历史的关系。
2. 种族矛盾冲突是人类社会健康发展必须扫除的障碍。
3. 人和自然和谐相处。

项目一　埃及

前置作业

1. 比较中国的造纸术与古埃及的造纸术——纸莎草纸。
2. 比较四大文明古国的兴衰，探寻历史原因。

主体内容

国家概况

埃及，全称阿拉伯埃及共和国，地跨亚、非两洲，大部分位于非洲东北部，只有苏伊士运河以东的西奈半岛位于亚洲西南角。北濒地中海，东临红海，地处亚、非、欧三洲交通要冲，海岸线长约2700千米。该国主要为阿拉伯人，信奉伊斯兰教，官方语言为阿拉伯语，首都开罗。埃及人口和农业主要分布在尼罗河沿岸和河口三角洲地区，是人类文明的发源地之一。埃及旅游资源丰富，文化古迹众多。经济方面主要依赖于农业、石油出口、旅游业，以及劳务出口。另外，有300万埃及人在沙特阿拉伯、海湾国家和欧洲等地工作。埃及是世界重要的棉花产地和出口国。

埃及是个具有悠久历史和文化的古国，和古巴比伦、古印度、中国并称“四大文明古国”。公元前3200年出现奴隶制的统一国家，当时国王称法老。公元前525年为波斯人征服，成为波斯帝国的一个行省。公元前332年左右，希腊马其顿国王亚历山大打败波斯人，建立了希腊—马其顿人的统治。公元前30年罗马执政者屋大维出兵侵入埃及，从此罗马统治埃及达600余年，这使埃及成为当时主要的基督教国家之一。公元640年左右，阿拉伯人进入埃及，建立阿拉伯国家，至9世纪中叶，埃及人的阿拉伯化大体完成。1517年沦为奥斯曼帝国的一个行省。1798年被拿破仑法军占领。1882年英国殖民军占领埃及。1914年埃及沦为英国的“保护国”。1922年2月28日英国被迫承认埃及为独立国家，但仍保留许多特权，如国防、外交、少数民族等问题的处置权。1952年7月23日，以纳赛尔为首的“自由军官组织”推翻了法鲁克王朝，成立“革命指导委员会”，掌握国家政权。1953年6月18日废除君主制，建立共和国，穆罕默德·纳吉布出任第一任总统兼总理。

尼罗河是埃及的生命线，是“埃及的母亲”。它自南向北注入地中海，是非洲第一长河，也是世界上最长的河流，全长6670余千米。它由发源于乌干达维多利亚湖的白尼罗河、发源于埃塞俄比亚高原的青尼罗河在苏丹首都喀土穆汇合之后流入埃及。尼罗河从南到北纵贯埃及东部，在埃及境内一段长达1530千米，确是具有舟楫、灌溉之利的重要的水利资源。埃及在尼罗河的哺育下，发展了其光辉灿烂的古文化。

一、饮食民俗

埃及是世界著名的文明古国，在饮食上严格遵守伊斯兰教的教规，斋月里白天禁食，不吃一切忌物，也不吃红烩带汁和未熟透的菜，吃饭时不与人谈话，喝热汤及饮料时禁止发出声响，食物入口后不可吐出，而且忌讳用左手触摸食具和食品。

埃及人办喜事时喜欢大摆筵席，除了邀请贵宾亲友之外，有些平时与主人无甚交往者也可光临，同样也会受到热情款待。习惯上是先摆出巧克力和水果，然后诵《古兰经》，吃肉汤泡馍、米饭与煮肉，最后上点心和小吃。埃及人请客，坐席也讲究身份及等级，主人还习惯用发誓的方式劝客人多吃，自始至终非常热情。菜肴越多越好，哪怕是原封未动地端上来又端下去，宾主都十分高兴，因为这是慷慨好客的标志之一。

（一）Fuul和Ta′amiyya

Fuul和Ta′amiyya可说是非正式的埃及国菜。Fuul是把蚕豆浸泡去皮加配料及香料用小火炖烂制成的糊状菜，根据不同喜好，配料有黄油或橄榄油与番茄，有时还会加上柠檬、蛋以及洋葱调味。可以把大饼撕成块来蘸着Fuul吃。Ta′amiyya是用蚕豆粉包馅调味炸成的小丸子。在Fuul和Ta′amiyya中加上一点番茄，用大饼夹着吃味道也非常不错。

（二）Kushari

Kushari是埃及的特色美食之一，它由米饭、空心粉、洋葱、黑扁豆及番茄酱等做成，材料要先分开烹调，要吃时再和在一起。可根据个人喜好加入适量的调料醋、蒜、辣酱，还可加一些炸圆葱和豌豆等。在埃及的大街小巷都能看到卖Kushari的专卖店。开罗的Kushari因为店不同而有所不同，有全部用米制成的，也有一半米一半空心粉制成的；亚历山大则不加米，全部用通心粉制成。在Kushari上放上许多佐料带出店吃也不错。

埃及食品 Kushari

（三）Eish

Eish 是一种外脆内软的烤面饼，刚做好时像一只吹起的气球，冷了之后就成了中空的薄饼。Eish 原意为生命，其制作源于希腊饮食文化中的 Pita 饼。Eish 是埃及人的主食，其用料、形状、大小不一，基本有两种类型：一种是机制的，形状为齐整的圆形；另一种是手工擀制的，形状为椭圆形。大饼的吃法有很多，可以用手撕下一片蘸上由芝麻和花生等做成的酱来吃，也可把肉、蔬菜等夹在饼里或者是什么也不夹直接吃。埃及最便宜的食品就是大饼，大多数大饼价格享受津贴。埃及人对 Eish 很敬重，绝对不浪费，因为浪费是对真主的不敬。

埃及食品 Eish

（四）Melokheya

Melokheya 是一道用锦葵做的绿色浓汤。埃及尼罗河两岸经常会见到一种绿色植物——锦葵。这种花非常美丽，既可供观赏，也是一种很好的食用植物。埃及人对锦葵汤津津乐道，十分喜爱。做法是把锦葵的叶子洗净晒干，然后把叶子粉碎，与羊肉、鸡、黄油、大蒜等一起煮汤。煮好的锦葵汤，浓绿黏糊，味道鲜美，可与大饼或米饭一块吃。

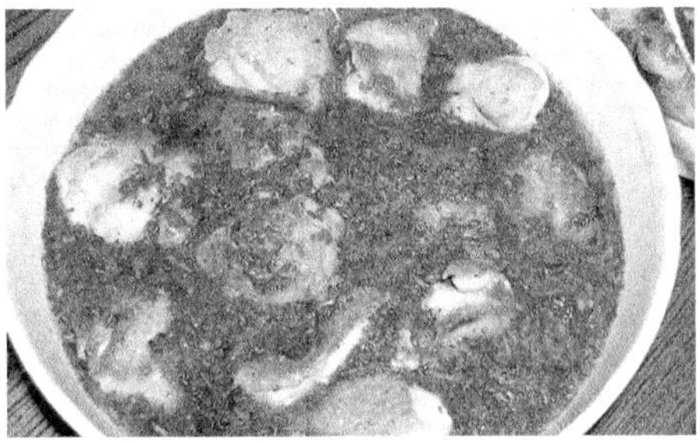

埃及食品 Melokheya

（五）Tahian

Tahian 也就是芝麻酱，稍微加点柠檬、大蒜、盐、胡椒粉，可以作为大饼、鱼肉、烤肉的蘸料吃，或作为开胃品放在浓汤里，如和 Fuul 就可以拌在一起吃。

埃及食品 Tahian

（六）Hamaam

Hamaam 是开罗名菜烤鸽子。一种做法是先塞麦子、大米、香料甚至还有碎羊肝于鸽体内，再以炭火烧烤。另一种做法是把鸽肉和洋葱、番茄以及米或麦放在陶罐里做成炖菜。Hamaam 肥瘦适度，酥脆可口，味道甚为特别。

埃及食品 Hamaam

二、服饰民俗

古埃及服装的最主要面料是亚麻织，不管是国王、僧侣还是奴隶，所穿衣服的面料都是亚麻。到了埃及王朝后期，还出现过羊毛制品，但是上层阶级的人是不穿羊毛制衣的，只有底层阶级才穿。除了亚麻，优质毛皮也是古埃及服饰的面料之一，这种衣物象征着身份和地位，僧侣穿得比较多。直到公元前 1 世纪，丝绸和棉布通过丝绸之路传进埃及，埃及服饰的面料才开始趋于多样化。

埃及服饰

古埃及服装在颜色方面也十分精致，古埃及人通常用白色衣服与浅色织物相配，显得十分优雅大方，但在衣服的边缘和装饰品上面却大胆使用各种鲜艳的颜色，让人眼前一亮。服装的纹样也十分复杂精美，通常采用印花和刺绣的方法做出对称和反复的纹样，表达了古埃及浓重的宗教色彩。纹样的种类主要有抽象的几何图案、动物或者植物的形状以及具有特殊象征意义的图样，如太阳和双翼。

男子服饰与女子服饰的分类与形态基本相同，但是女子服饰的颜色和纹样更加富有多样性。现代埃及服饰除了保留有古埃及服饰的部分特点外，更多的还是现代化时尚元素。

三、节庆民俗

埃及的节日主要有科普特圣诞、圣纪节、科普特复活节、西奈的解放、国际劳动节、革命纪念日、开斋节、军人节、古尔邦节、伊斯兰新年。下面简要介绍其中几个节日。

（一）科普特圣诞

圣诞节是基督徒庆祝耶稣基督诞生的庆祝日。在圣诞节，大部分的基督公教（惯称为天主教）教堂都会先在 12 月 24 日的平安夜，亦即 12 月 25 日凌晨举行子夜弥撒，而部分基督新教（惯称为基督教）派别也会举行子夜崇拜，此两大基督教分支均在平安夜有报佳音活动，然后在 12 月 25 日庆祝圣诞节。

（二）圣纪节

圣纪节是伊斯兰教的重要节日，是纪念先知穆罕默德的诞辰日的一个节日，但逊尼派和什叶派纪念圣纪节的日期不同，逊尼派的圣纪节是伊斯兰历 3 月 12 日，什叶派是 3 月 17 日。据说当年穆罕默德经常在自己出生的日子（星期一）进行斋戒，但现在穆斯林过圣纪节并不把斋，而是准备食品庆祝，讲述穆罕默德生前的事迹等。

（三）开斋节

也叫肉孜节，是全球穆斯林庆祝斋月结束的节日，在伊斯兰历闪瓦鲁月的第一天。开斋节这天，穆斯林一般很早起床，早祈祷后就可以吃一些东西，象征斋月结束。然后出去团拜，互相拥抱问候，恢复朋友和亲友之间的联系。穆斯林在这一天都穿节日衣服，喜气洋洋。开斋节不仅意味着斋月结束，而且是感谢安拉（真神阿拉）使他们信仰更加坚定的节日，是和平欢乐的节日。从有伊斯兰历就有开斋节，第一次肉孜节是先知穆罕默德和他的家人朋友亲自庆祝的。

（四）古尔邦节

古尔邦节又称大节，是伊斯兰教的重要节日。在伊斯兰历每年的 12 月 10 日，麦加朝圣过后。该节日是为了纪念先知易卜拉欣（基督教翻译为亚伯拉罕）忠实执行真主命令，向安拉献祭自己的儿子伊希梅尔（基督教翻译成以实玛利），而后又用羊羔代替的这一事件。据《古兰经》记载，安拉为了考验阿拉伯人和以色列人的祖先易卜拉欣，命令他把儿子杀死献祭，他完全服从，将儿子带到耶路撒冷现在岩石清真寺内的一块目前作为圣物的石头上，准备将儿子杀死烧掉献祭给安拉。安拉达到考验他的目的，命令天使及时地送来一只黑羊代替易卜拉欣献给安拉。基督教圣经记载的略有不同，认为以实玛利是亚伯拉罕庶生儿子，和他母亲一起回到埃及，亚伯拉罕要杀的是自己 90 岁时生的嫡生子艾萨克（伊斯兰教译为易司哈格），但情节一样。在古尔邦节这一天，穆斯林们要穿新衣，屠宰牲口，将肉食不仅留给自己家，而且要分送给穷人，要确保所有的穆斯林都要有一份肉食。欢乐情景如同中国过年一样。

节日场景

四、宗教民俗

埃及全国 90％的人口信仰伊斯兰教。除穆斯林外，埃及还有大约 900 万科普特人，即古埃及人后裔。科普特教有 7 个圣礼：洗礼、入教礼、圣餐、忏悔、牧师职礼、婚礼、临终涂油礼。科普特教堂做礼拜的仪式有 3 种：君士坦丁堡主教圣——格利高利创制的仪式、24 世科普特大主教圣——西雷尔创制的仪式和圣·巴舍尔创制的仪式。科普特教的斋月比任何其他基督教会都多。一年 365 天中，科普特人有 210 天把斋，在把斋期间，禁食任何动物产品，包括鸡蛋、牛奶和黄油，在日出日落期间不能喝水、吃东西。

五、礼仪民俗

埃及人称亲吻为“布斯”。嘴对嘴的接吻局限于情人和夫妇之间，而且在公开场合是禁止的。夫妻一方出远门，在车站或机场送别和迎接时，丈夫只能吻妻子的脸颊。有一种吻可译为“吹吻”，方法是将右手掌张开，用嘴向手掌吹一口气，把“吻”吹给远处的人。此外，有表示喜悦感情的吻，如儿女考试成绩优异或获奖，父母会搂抱儿女，边说“谢谢”边亲吻他们的脸颊。表示尊敬的吻则是吻手背，儿女对父母、弟弟对兄长、年轻人对长者、地位低的人对地位高的或有权势威望的人实行吻手背。

埃及人见面时异常热情，一般情况下，见到不太熟悉的人，先致问候的人说全世界穆斯林通行的问候语——“安塞俩目尔来库姆”（直译为“和平降于你”，意译为“你好”）。如果是老朋友，特别是久别重逢，则拥抱行贴面礼，即用右手扶住对方的左肩，左手搂抱对方腰部，先左后右，各贴一次或多次，而且还会连珠炮似的发出一串问候语。

埃及人认为“右比左好”，右是吉祥的，做事要从右手和右脚开始，握手、用餐、递送东西必须用右手，穿衣先穿右袖，穿鞋先穿右脚，进入家门和清真寺先迈右脚。究其原因，穆斯林“方便”和做脏活时都用左手，因此左手被认为是不干净的，用左手与他人握手或递东西是极不礼貌的，甚至被视为侮辱性的。

六、其他民俗

（一）婚嫁民俗

每一位埃及成年男子到了婚配年龄，都首先要向意中人的父亲提亲或者在母系亲属及邻居中择偶。提亲后，男女双方开始商讨女方的陪嫁数额，一般是男方把陪嫁款项的 2/3 作为聘礼送给女方。然后，在村长的主持下订立婚约。埃及农村的婚礼场面热闹奢侈。迎亲前，男方大摆宴席，并有歌舞相伴，有时宴庆数日。迎亲时，新郎的母亲带领多辆装点漂亮的马车到女方家接新娘，新娘要坐在其中一辆用昂贵克什米尔毛绸、玫瑰花等装饰的花车上。晚餐后，新郎要由乐队引路去清真寺行跪拜礼，最后回到新房，与新娘共饮一杯清泉水，以示同享甘甜幸福。这样的婚礼大约要持续 30 天，耗资千余埃镑。在埃及西部沙漠的锡瓦绿洲，有独特的婚俗。姑娘 8 岁定亲，14 岁完婚。其间，小伙子要不断地向女方家赠送礼物。新娘头上要编结很多发辫，其一半由娘家梳编，另一半需婆家人来完成。姑娘的嫁妆是 100 件袍裙。所以，锡瓦人家一有女儿出生，母亲就要开始忙着为其缝制陪嫁的袍裙。

（二）丧葬民俗

在开罗市的东南部有一座数百年历史的墓地，它本是安葬爱资哈尔大学毕业生及显赫人物的地方，后来渐渐成为周围地区的公共墓地。人们生前来这里为自己建造死后的住所，于是一栋栋排列整齐的平房纷纷筑起，俨然一座“死者之城”。每逢伊斯兰教的重大节日，死者的亲友都来此聚集，怀念死者，这就是埃及人的独特葬俗。

（三）工艺美术民俗

埃及艺术，一般指公元前332年前的埃及美术。其特点是：建筑体量巨大，宏伟壮观，具有强烈的崇高感；雕刻朴素写实，整体性强，有观念化、概念化和程式化的倾向；绘画线条流畅优美，色彩丰富。现遗存一些金字塔、雕刻和墓室壁画。埃及艺术是人类最早的文化遗产之一，具有重要的历史价值和艺术价值。

埃及绘画

1. 埃及国际象棋

这套埃及众神棋可全是一个个活生生的人物像。排在前列的自然是小兵小卒，仿照的是古埃及奴隶们的形象，后排则囊括了埃及的众多神灵。执子落子，游走在古埃及的故事中，仿佛战争与厮杀都一一重现。

埃及众神棋

2. 埃及烛台

豺头人身，被认为是死者王国的主神，传说他也是木乃伊的制作者。安努比斯趴像是图坦卡蒙陵墓中重要的殉葬品，他在图坦卡蒙陵墓中的一个金柜上守护了3000多年，防止尸体腐烂并保护死者。

埃及烛台

3. 十二位埃及神花瓶

古埃及神话重现人间，让我们得以认识敬畏天地的古埃及人所创造的一系列信息与符号占卜，12位守护神灵守护着不同出生日期的人们，通过古埃及神祇具象化的呈现，我们得以了解古埃及人意图回归宇宙的自然观点和其崭新的生命境界。

埃及神花瓶

4. 拉美西斯二世坐战车射箭

古埃及新王国第 19 王朝法老，塞提一世之子，统治埃及 67 年，是古埃及史上统治时间最长、影响最大的法老，标志着埃及帝国的权力达到顶峰。坐在战车上的他英姿飒爽，也寓意着他统治生涯的血雨腥风。

坐战车射箭的拉美西斯二世

5. 塞特拿权杖

手握权杖的塞特威武雄壮，令人顿生敬意，但在现代人的生活中，他已然成为一种守护与文化的象征。

手拿权杖的塞特

6. 法老、艳后、狗神、狮头神

金色的人物塑像个个栩栩如生，如果真有兴趣，不妨将所有埃及传说中的人物收藏齐，那时再将他们摆放在一起，一定会盛况空前。

埃及人物塑像

7. 镀金法老面具

镀金法老面具似乎已经成为了埃及的象征，只要看到法老面具就会让人想到埃及，想到埃及的沙漠、埃及的金字塔、埃及的种种……

镀金法老面具

8. 埃及国王椅

埃及国王的椅子做工极为精细，镀金的材质，埃及传说中的各位神的雕刻，还有椅背上的彩绘，一切的设计就像真正的国王椅一样，只不过是将比例缩小了而已。

埃及国王椅

（四）禁忌

1. 衣着禁忌

按伊斯兰教义，妇女的“迷人之处”是不能让丈夫以外的人窥见的。即使是同性之间，也不应相互观看对方的私处，因此，短、薄、透、露的服装是禁止的。哪怕是婴儿的身体也不应无掩无盖，街上也不见公共澡堂。在埃及，看不见袒胸露背或穿短裙的妇女，也遇不到穿背心和短裤的男人。虽然埃及人对外国人是宽容的，不像某些伊斯兰国家那么严厉，但仍要注意的是，在埃及穿背心、短裤和超短裙是严禁到清真寺去的。

2. 不要打哈欠

在埃及人面前尽量不要打哈欠或打喷嚏，如果实在控制不住，应转脸捂嘴，并说声“对不起”。埃及人讨厌打哈欠，认为哈欠是魔鬼在作祟。一个人打哈欠，如同犯罪似的急忙说：“请真主宽恕。”打喷嚏则被认为不一定是坏事，一个人如果在众人前打喷嚏，则说：“我作证，一切非主，唯有真主。”而旁边的人会说：“真主怜爱你。”打喷嚏者则接着说：“真主宽恕我和大家。”

3. 颜色

关于颜色，一般来说，埃及人喜欢绿色和白色，讨厌黑色和蓝色。他们在表示美好的一天时，称“白色的一天”，而不幸的一天，则称“黑色的一天”或“蓝色的一天”。对真诚坦率的人称为“白心”，而称充满仇恨、嫉妒、奸诈的人为“黑心”。埃及的丧服为黑色。有地位或年老者喜好黑色或深色服装，以表示庄重和显示其威望。

项目拓展

古埃及的宗教建筑多以石块砌筑，分带有柱廊的内院、大柱厅和神堂。大门前有方尖碑或法老雕像。正面墙上刻有着色浅浮雕。大柱厅内柱直径大于柱间间距，使人深感压抑，借以强化圣庙的气氛。建筑实例有古埃及卢克索的阿蒙神庙。

这种宗教建筑在审美上与其他文明古国的建筑有何异同？体现了怎样的文化内涵？

项目二　南非

前置作业

1. 南非目前是世界上六大有名的葡萄产区之一，这里的葡萄酒既富有旧世界葡萄酒的优雅和高贵，又带有新世界葡萄酒的野性与果香，了解南非葡萄酒文化。

2. 了解南非不同种族构成的丰富的饮食民俗。

主体内容

国家概况

南非共和国位于非洲大陆最南端，北邻纳米比亚、博茨瓦纳、津巴布韦、莫桑比克和斯威士兰，东、南、西 3 面濒印度洋和大西洋。全国大部分地区属热带草原气候。

南非最早的土著居民是桑人、科伊人及后来南迁的班图人。17 世纪后，荷兰人、英国人相继入侵并不断将殖民地向内地推进。19 世纪中叶，白人统治者建立起4个政治实体：两个英国殖民地是开普和纳塔尔；两个布尔人共和国是德兰士瓦南非共和国和奥兰治自由邦。1899—1902年英布战争以英国人艰难取胜告终。1910年4个政权合并为“南非联邦”，成为英国的自治领地，后于1961年5月31日退出英联邦，成立南非共和国。南非当局长期在国内以立法和行政手段推行种族歧视和种族隔离政策。1948年国民党执政后，全面推行种族隔离制度，镇压南非人民的反抗斗争，遭到国际社会的谴责和制裁。1989年，德克勒克出任国民党领袖和总统后，推行政治改革，取消对黑人解放组织的禁令并释放曼德拉等人。1991年，非国大、南非政府、国民党等19方就政治解决南非问题举行多党谈判，并于1993年就政治过渡安排达成协议。1994年4月至5月，南非举行首次不分种族大选，非国大与南非共产党、南非工会大会组成3方联盟并以62.65%的多数获胜，曼德拉出任南非首任黑人总统。非国大、国民党、因卡塔自由党组成民族团结政府。这标志着种族隔离制度的结束和民主、平等新南非的诞生。1994年6月23日，联合国大会通过决议恢复南非在联大的席位。1996年12月，南非总统曼德拉签署新宪法，这为今后建立种族平等的新型国家体制奠定了法律基础。

一、饮食民俗

南非当地白人平日以吃西餐为主，经常吃牛肉、鸡肉、鸡蛋和面包，爱喝咖啡与红茶。黑人喜欢吃牛肉、羊肉，主食是玉米、薯类、豆类。不喜生食，爱吃熟食。

南非著名的饮料是如宝茶。在南非黑人家做客，主人一般送上刚挤出的牛奶或羊奶，有时是自制的啤酒。客人一定要多喝，最好一饮而尽。

南非有具有浓郁风情的非洲美食。南非的美食重镇是开普敦，开普敦是南非美食的发源地，长久以来其深受东西方以及非洲饮食文化的影响，形成了自己独特的美食文化。许多来南非的游客都为这里美味菜肴的繁多所折服。这里既有各色各样的本地风味佳肴，也有融合了世界各地口味的美食。开普葡萄酒物美价廉，极其受欢迎。还有海鲜，如贻贝、牡蛎、鲍鱼、螃蟹和小龙虾。此外，还有五花牛肉和美味的卡鲁羊。山珍野味，如非洲野猪、鳄鱼、鸵鸟、山羊、珍珠鸡以及羊百叶（由绵羊胃的内层制成）。这些都使南非饮食在整个非洲大陆范围内占有重要的一席之地。

1. 玉米食品

玉米一直是非洲人的饮食基础。非洲人或把它们用火烤，或碾成细粉来烹制他们所喜爱的玉米粥。在早餐时喝玉米粥，佐以酸奶、糖或蘸有西红柿和洋葱汁的肉，那真是天下的美味。

玉米粥

2. 海鲜

对于注重健康的海鲜爱好者来说，清澈的水质和交汇于此的两大洋为他们提供了众多的选择。从鲍鱼、龙虾、对虾到各种贝类，在这里能品尝到鲜美的海味。

3. 咖喱角

这种三角形的开胃饼是印度南非人对世界饮食的贡献。馅既可以是辣椒末儿，也可以是多种蔬菜的混合物。这是一种适合边走边吃的食品，刚出锅的时候，真是香气扑鼻。

咖喱角

4. 南非鲍鱼

在南非可以买到上等的鲍鱼，且价格便宜、个头很大。

5. 岬羽鼬

世界上没有哪个国家像南非这样消费如此多的岬羽鼬（又被称为冈

鳗，在南半球的其他地区也被称为鳕鱼或石鳕鱼)。这种鱼肉质结实，有着漂亮的鳞，能很好地吸收香味，是一道佐酒的好菜。

6. 卡鲁小羔羊肉

南非的卡鲁小羔羊以香草和灌木为食，所以它们的肉有一种特殊的香味。无论是煎、炒、烹、炸，都给人一种不一样的味道。

二、服饰民俗

在城市之中，南非人的穿着打扮基本西化了。大凡正式一些的场合，他们都讲究着装端庄、严谨。因此，与南非人进行官方交往或商务交往时，最好要穿样式保守、色彩偏深的套装或裙装，不然就会被对方视作失礼。在日常生活中，南非人大多爱穿休闲装。白衬衣、牛仔装、西短裤，均受其喜爱。

此外，南非人，尤其是南非黑人通常还有穿着本民族服装的习惯。不同部族的黑人，在着装上往往会有自己不同的特色。

有的部族的黑人喜欢用兽皮做成斗篷，将自己从头到脚遮在里面。有一些部族的黑人则喜欢上身赤裸，仅在腰间围上一块腰布。

南非服饰

特色装扮

三、节庆民俗

(一) 国际性的非洲诗歌节

节庆特色：来自世界各地的诗人云集在伊丽莎白斯内登剧院。

节庆时间：5 月底，为期 7 天。

(二) 现代舞节

节庆特色：在纳塔耳大学的伊丽莎白斯内登剧院举行。

节庆时间：9 月份。

(三) 非洲音乐节

节庆特色：歌手们从世界各地云集到德班。

节庆时间：9 月份。

(四) 德班庆祝周

节庆特色：庆祝德班市商业、运动、艺术和文化的繁荣。

节庆时间：9 月份。

(五) 芦苇节

节庆特色：祖鲁族社会中一个重要的节日。按照当地传统，只有处女才能参加庆祝活动，少女们结成壮观的长队从河里采摘芦苇献给国王。

节庆时间：9 月份。

四、宗教民俗

白人、大多数有色人和 60%的黑人信奉基督教新教或天主教；亚洲人约 60%信奉印度教，20%信奉伊斯兰教；部分黑人信奉原始宗教。

一般入天主教，需要先上一段时间的教理班，学习天主教的基本教义与教理。学习一般会安排在周末弥撒结束后，由堂口的神甫主持。完成学习后，如果有强烈的入教愿望，神甫会安排一名老教友担任教父或教母，并安排在一个重大瞻礼后施行洗礼。

五、礼仪民俗

南非社交礼仪可以概括为“黑白分明”、“英式为主”，也就是受到种族、宗教、习俗的制约。南非的黑人和白人所遵从的社交礼仪不同，白人的社交礼仪特别是英国式社交礼仪广泛地流行于南非社会。

以目前而论，在社交场合，南非人所采用的普遍见面礼节是握手礼，他们对交往对象的称呼则主要是“先生”、“小姐”或“夫人”。在黑人部族中，尤其是广大农村，南非黑人往往会表现出和社会主流不同的风格。例如，他们习惯以鸵鸟毛或孔雀毛赠给贵宾，客人得体的做法就是把这些珍贵的羽毛插在自己的帽子上或头发上。

六、其他民俗

(一) 工艺美术民俗

南非有很多精致的手工艺品。非洲传统特色的恩德贝勒（Ndebele）族的设计以明亮的色彩与线条、几何学为特征。这样的图画经常可在恩德贝勒家庭的外墙上看到，并且，这种设计已经融入到穿珠、服饰图案、各类装饰品中，逐渐成为一种国际流行色，甚至在飞机的机身上都可以看到它们的踪影：EstherMahlangu 的作品被刻在了英国航空公司的飞机上面！它不仅仅是漂亮的装饰品，更是一种绚烂的文化。

南非工艺美术民俗

（二）其他民俗

信仰基督教的南非人，忌讳数字“13”和“星期五”。南非黑人非常敬仰自己的祖先，他们特别忌讳外人对自己的祖先言行失敬。跟南非人交谈，要注意以下 4 个方面：不要为白人评功摆好；不要评论不同黑人部族或派别之间的关系及矛盾；不要非议黑人的古老习惯；不要为对方生了男孩表示祝贺。

项目拓展

南非与一般国家不同，它有 3 个首都：行政首都是比勒陀利亚，立法首都是开普敦，司法首都是布隆方丹。为何会出现这种现象？这反映了殖民时期的什么问题？

项目三 肯尼亚

前置作业

1. **肯尼亚的自然环境使肯尼亚文化注定与动物相连，了解其饮食民俗中的百兽宴。**

2. **了解生活在草原上的肯尼亚民族的宗教民俗——对大自然的敬畏与崇拜。**

主体内容

国家概况

肯尼亚全称肯尼亚共和国。位于非洲中部东海岸，地跨赤道。东与索马里为邻，北与埃塞俄比亚、苏丹接壤，西与乌干达交界，南与坦桑尼亚相连，东南濒印度洋。东非大裂谷东支纵切高原南北，将高地分成东、西两部分。大裂谷谷底在高原以下450～1000米，宽50～100千米，分布着深浅不等的湖泊，并屹立着许多火山。中部高地的肯尼亚山海拔5199米，是全国最高峰、非洲第二高峰，峰顶终年积雪；瓦加加伊死火山海拔4321米，以巨大的火山口（直径达15千米）而驰名。

肯尼亚大部属热带草原气候，气候温和，各月平均温度都在14℃～19℃。东部沿海平原区炎热湿润，年平均温度24℃。

人口约3861万（2009年），有吉库尤、乔卢奥、卢希亚等48个部族。此外，还有少数印巴人、阿拉伯人和欧洲人。斯瓦希里语为国语，英语为官方语言。

肯尼亚的旅游资源相当丰富，有多种多样的野生动物资源和美丽的海滨胜地，因而其有“鸟兽的乐园”之称。野生动物主要有以快速奔跑为特征的斑马、长颈鹿、羚羊等食草动物，还有狮、豹等大型食肉动物和珍贵的双角犀牛。肯尼亚的海滨胜地分布于东南部的印度洋沿岸，它们都在赤道以南地区。

一、饮食民俗

(一) 烤肉

在肯尼亚这个国家，烤肉可以算得上是最有特色的一种美食了。它和我们国内吃的烤肉材料是不同的。这个国家中的烤肉多数是野生动物的肉。肯尼亚是一个野生动物资源丰富的国家，也正是这些资源被当地利用后为其带来了高额的经济收入。

肯尼亚烤肉以明火烧烤居多，而且烤好的肉类炭火香味很浓，但是它们用来涂抹烤肉的酱料与我们国内是不同的。他们的酱料一般采用多种香料及沙司混合而成，风味十分独特。肯尼亚烤肉是用的野生动物肉，比家养的动物肉蛋白质要高许多。

南非烤肉

(二) 爱情果

爱情果是肯尼亚境内特产的一种水果。它的味道是酸中带甜，十分可口。而且，它的外观十分可爱，颜色鲜艳。爱情果让人不论是吃起来还是看起来都会有种恋爱的感觉，这也是它名字的由来。

在肯尼亚，人们除了喜欢直接食用这种果子之外，还喜欢把它加工成新鲜的果汁。

(三) 烤鱼

肯尼亚烤鱼十分美味。这道菜品主要出现于东非大裂谷地带。由于裂谷地带拥有众多的湖泊，而这些湖泊又是各种鱼类的高产区，于是当地人就创造了这种特色的佳肴。

肯尼亚的烤鱼多数是以当地出产的新鲜鲈鱼和非洲鲫鱼制作。这两种鱼类的肉质不但鲜美，而且有入口即化的特点。烤鱼的做法很简单，只是把鱼放在烤架上烤熟，然后抹上酱料、配上新鲜的蔬菜。不过，这种新鲜蔬菜和酱料的配制是十分有讲究的，一般外地人是学不到的。

肯尼亚烤鱼

二、服饰民俗

肯尼亚最有特色的是马赛人的民俗服饰，他们的服饰色彩艳丽。男子身穿“束卡”，一般以红色为主，由两块布料组成，一块包裹身体遮羞，另一块斜披在肩膀上。女性穿“坎噶”，色彩更加丰富多样，图案以彩色条纹为主。马赛人还喜欢佩戴首饰，这些首饰由马赛妇女以不同颜色的小圆珠穿连编织而成，不同颜色包含有不同含义，如白色象征和平，蓝色象征水，红色象征血和勇敢。如今在肯尼亚，马赛人独特的服饰与民族习惯已成为一大旅游看点，吸引了来自世界各地的游客前来参观。

马赛族服饰

三、节庆民俗

肯尼亚节庆有元旦、基督受难日、复活节、国际劳动节、自治日、开斋节、肯尼亚达的日子、古尔邦节、独立日、圣诞节等，下面简要介绍一下。

（一）元旦

元旦（1月1日），也被称为“新历年”，习俗方面，“元旦”主要以各种方式互相祝福，贺年卡是其中主要形式。

（二）基督受难日

基督受难日（4月6日），又称为耶稣受难节，是基督教信徒纪念耶稣基督被钉在十字架上受难的日子。

（三）复活节

复活节（主复活日，4月9日）是一个西方的重要节日，在每年春分月圆之后第一个星期日举行。基督徒认为，复活节象征着重生与希望，为纪念耶稣基督被钉死在十字架之后第3天复活的日子。如该地区有复活节假期的话，通常与耶稣受难日一起放假。

（四）国际劳动节

国际劳动节（5月1日），又称“五一国际劳动节”、“国际示威游行日”，是世界上大多数国家的劳动节。

四、宗教民俗

在肯尼亚，居民多信奉基督教新教，也有信奉原始宗教和伊斯兰教的。

肯尼亚传统的原始部族信仰为万神论，他们认为万物都是神的化身，神即是万物。神通过太阳、月亮、星星、闪电、雷鸣、大树等各种自然物显现其灵魂。颜色与神也有直接关系。如黑色为冷色，与凉爽相关，因此代表吉祥。

说起宗教，就不能不说肯尼亚山，这座山是肯尼亚最大部族——基库尤族的祖山，也是众多部族在举行祭祀活动时朝拜的神山，肯尼亚山还是肯尼亚国名的来源，在肯尼亚国民心目中拥有至高无上的神圣地位。

五、礼仪民俗

肯尼亚人很讲礼貌，朋友见面必须打招呼、点头致意或行握手礼，还要加上一连串的问候语。肯尼亚有尊敬老人的良好社会风气。他们见到年长的外国人，要鞠躬致意，用敬语问候，然后毕恭毕敬地为客人让路。女性见到外国人，一般行半跪腿礼。肯尼亚人在社会交往中，十分讲究称谓，他们认为得体的称谓是一个人的修养体现。对肯尼亚人可称“先生”、

“女士”、“小姐”等。肯尼亚等级观念明显，他们对那些有身份、有地位者会将其职衔、官衔、学衔等与“先生”、“小姐”连起来称呼。在他们认为，直呼其名是极不礼貌的行为。

肯尼亚马萨伊族人的迎客习俗十分罕见——吐唾沫。每当有客人来访时，主人便领着一家大小立在村口迎客，个个面露笑容，十分高兴。家庭中年长者走到客人面前，出其不意地准确地向客人脸上连吐三口唾沫，以示欢迎和祝福。

肯尼亚人非常好客，亲朋好友到家，主人总是热情招待，拿出最好的东西让客人吃。如果客人对主人的食物一点也不吃，则被认为是一种失礼的行为。临别时主人还要送一份礼物给客人，这时客人一定要收下，并要表示感谢。外国人到肯尼亚朋友家中拜访，需事先联系，准时抵达。迟到或违约都是失礼的，主人对此很难谅解。去做客访问时应带一样小礼物，例如，曲奇饼干或糖果等。除了表示慰问之外，一般不要送鲜花。

六、其他民俗

（一）咬鼻求爱

咬鼻子是生活在肯尼亚安群岛的青年们的求爱方式。这里的男婚女嫁，一切都是女方主动。

（二）基锡女人合法娶妻

在基锡地区，女人娶妻和正常婚姻一样，要举行结婚仪式。婚后，两个女人就在一个家庭生活，以夫妻相称。

（三）放血订婚

肯尼亚的吉库尤族，男青年爱上某个姑娘后，是不能亲自对她表达爱慕之情的，只能请两个关系亲密的伙伴去拜访她，放血订婚。

（四）女家招婿

在非洲肯尼亚的蒙巴萨一带，婚姻习俗是女家招婿。为此，人们还隆重地举行别致的“送新郎”仪式。“送新郎”通常在夜晚进行。

项目拓展

马赛马拉河一年一度上演着地球自然史上的万古绝唱——野生哺乳动物大迁移，这可以用“惊心动魄”来形容。这种原始生命力的升腾，正是非洲文化中特有的魅力。赤道横贯中部的非洲大草原孕育了其怎样的民俗文化？

项目四　马达加斯加

前置作业

1. **马达加斯加人的居住民俗与东南亚国家有何相似之处？其成因是什么？**

2. **马达加斯加是非洲国家，为何其民俗与非洲其他国家大相径庭？**

主体内容

国家概况

马达加斯加全称马达加斯加共和国，属非洲岛国，位于印度洋西部，隔莫桑比克海峡与非洲大陆相望，全岛由火山岩构成。它是非洲第一、世界第四大的岛屿。

公元1—公元10世纪，印度尼西亚人和阿拉伯人陆续迁入移居马达加斯加岛，并同当地人通婚，形成马尔加什人。14世纪在中部和东南沿海出现了国家组织。16世纪，麦利那人在中部建立伊麦利那王国。1794年发展成中央集权的封建国家。19世纪初拉达马一世统一全岛，建立了马达加斯加王国。1862年拉达马二世同法国签订所谓友好通商条约，批准设立“马达加斯加地产、工业和商业公司”，把自然资源的开发交给了以朗贝尔为首的法国资本家。1863年5月9日马达加斯加人民发动起义，包围王宫，要求废除不平等条约。5月12日国王被勒死，王后腊佐赫里纳继承王位，宣布废除同法国缔结的条约。1864年赖尼来亚里沃尼担任马达加斯加首相，成为实际的统治者。他利用英法争夺马达加斯加的矛盾，于1865年同英国签订贸易协定，企图以此抵消法国的势力。1868年又同法国达成了一个新协定，法国声称“永久地”承认马达加斯加的独立。赖尼来亚里沃尼政府利用这一喘息时机，加紧进行内政改革。他颁布了一系列法律，在中央设立外交、国防、财政、内政、教育各部，取缔债务奴隶制，禁止从事“奴隶贸易”。19世纪80年代，法国殖民者再次准备吞并马达加斯加。法国借口侨民遗产继承问题，要求对该岛西北部萨卡拉瓦人实行保护，这种无理要求被赖尼来亚里沃尼政府坚决拒绝。1883年法军炮轰马任加港，并在塔马塔夫港登陆。马达加斯加人民奋起抗战，多次打败了侵略者，战争持续了 2 年多。1885 年法马两国签订和约，法国再一次承认马达加斯加的独立和主权，但外交事务由法国统监领导，法国人有权在马达加斯加长期租借土地。事实上，马达加斯加变成了法国的保护国。1896 年马达加斯加沦为法国殖民地。1947 年 3 月 29 日马达加斯加人民举行大规模武装起义，反对法国对马达加斯加长达 50 多年的殖民统治，许多人在起义中牺牲。1958 年马达加斯加成为法兰西共同体内的自治共和国。1960 年 6 月 26 日宣布独立，成立马达加斯加共和国。1975 年 12 月 21 日改国名为马达加斯加民主共和国。1991 年政局剧烈动荡。1992 年 8 月，全国公民投票通过第三共和国新宪法，恢复原国名。

马达加斯加著名景点迪戈迪雅兹城有世界上最美丽的海岸线，也是世界第二大的海湾。有猴面包树，柔软洁白的沙滩，世界最小的灵长类动物——指猴。这个城市富有异域风情，有“乌托邦之国”之称。当时的海盗首领建立了自己的城隅并创立了不分国籍、凡是来投奔居住一律欢迎和接纳的制度，以至于当时颇有名气，“乌托邦之国”之名亦由此而来，至今还有当时的遗迹留存。因此，该城是殖民时代建筑和各种风格保留最为全面的城市。

东南沿海由于处于东南信风的迎风坡，从印度洋上带来大量的水气，因此，东部属热带雨林气候，雨量较多，终年湿热，季节变化不明显；中部为低矮的山脉，属热带高原气候，温和凉爽，气候宜人；西部处于背风坡，水气难以到达，属热带草原气候，干旱少雨。

一、饮食民俗

传统文化和生活方式虽然受到班图人、阿拉伯人、印度人、波斯人和欧洲人的影响，但马来人迁来时保持的东南亚特点仍居优势。大米是马达加斯加人的主要食粮，煮好米饭一般就着用蔬菜、鱼、羊、家禽或野禽肉块做的卤吃，而且还撒许多辣椒和五味香料。马达加斯加人一天三顿都吃大米，且吃饭时没有饭前食用的食物或饮料，像开胃菜、鸡尾酒、特殊的饮料等，这些东西在开饭前是看不到的。他们所有的食物都盛放在一样的盘子里面，传统上的马达加斯加人吃饭时只用勺子，没有餐刀和餐叉，但现今受到法国文化的影响，原有的那种古老传统已经不存在了。他们还喜欢吃白薯和木薯，爱喝酸奶。当地生产的华尼拉成品是一种绝佳的食品香料，可用于制作糕点、饮料等食品。这种香料已成为马达加斯加出口换汇的重要产品。

Koban-dravina 是马达加斯加的特色小吃，把研磨的花生、红糖和甜米粉糊混合制成一块1英尺长、5英寸厚的面团，然后把面团用香蕉叶包好，在锅里煮几天，直到红糖融化变为焦糖，米粉凝固且花生油渗透到米粉里面的时候，就可以吃了。吃时一般切成薄片，也有用报纸包起来以便携带的。

二、服饰民俗

马达加斯加人与人们心中的非洲人形象相去甚远。从外貌上看，大多数当地人并没有多少非洲特征。马达加斯加人大都肤色浅棕，身材娇小，长着小巧的鼻子和较薄的嘴唇，头发卷曲，颇似东南亚人。服饰也与东南亚有许多相似之处。

这里的妇女身着一种名为兰巴的民族服装，形同印度、孟加拉妇女身披的沙丽，用棉麻等混织而成。

马达加斯加人服饰

三、节庆民俗

马达加斯加的节庆主要有新年、复活节后星期一、纪念反法斗争日、劳动节、耶稣升天节、独立日、诸圣瞻礼节（天主教）、圣诞节、马达加斯加民主共和国纪念日、庆祝旗杆的典礼、童王节、翻尸节等，下面简要介绍下翻尸节。

翻尸节，日期根据马达加斯加的历法计算，所以日期不定。在马达加斯加，当地人有个特别的节日用来怀念逝者，这就是翻尸节。“翻尸”顾名思义，就是将死者的尸体从墓穴中挖出来，给尸体翻翻身。这种做法跟中国人“入土为安”的观念有所不同，是马达加斯加人特有的一种表示对逝者缅怀的做法。

四、宗教民俗

马达加斯加人在自己民族发展的历史上形成了自己的宗教信仰，尽管各地区部族具体的风俗会有差异，但是马尔加什人一个共同的特点就是保留着把祖先当做神灵一样来祭祀和崇拜的风俗。

在马尔加什人眼里，死去的祖先们是能量的持有者，是他们在冥冥中保护着自己的子孙，也是后代们躯体与精神力量的源泉。几乎每个部族都会有属于自己的祖先，逢重大节日或庆祝活动，都要举行隆重的祭祀和祈福仪式，摆上鸡、鸭、牛等供品，还要奉上自酿的甘蔗酒和蜂蜜等。这些实际上与我们中华民族祭祖的风俗很相似，只不过马尔加什民族在对自己先祖的祭拜和怀念上更多了一层对神灵般的敬畏和崇拜。通过这样的祭祀活动，族人们有时会得到来自先祖的“神谕”，从而帮助他们抉择或是渡过难关。如果有族人突遭不测、怪病缠身等也会被视作先祖对该人对祖先欠奉敬畏的惩罚。

这种对先祖的近乎信仰上的崇拜和尊敬使得马尔加什民族在对待死者的安置处理上有些特别，除了必不可少的隆重仪式外，传统的马尔加什人在为死者出殡时其族人亲戚会一路吹吹打打，男男女女会跳一种传统的舞，女的击掌，男的挥舞标枪，而棺材则还会被抬着的人猛烈地晃动。这样的仪式直到墓地为止。

五、礼仪民俗

马达加斯加青年举止大方。为了培养自己的勇气，他们不吃牛膝，据说吃了就会膝盖变软。马达加斯加人待人彬彬有礼，尊重长辈。每当村里举行活动时，总让老年人居突出位置。

马达加斯加人的名字一般都较长。由于马达加斯加许多人信奉基督教，他们的名字往往由一个马达加斯加名字加一个宗教名字组成。马达加斯加还有随意改名的习俗，人生不同阶段有不同的名字。例如，生了孩子，做父母的除了给孩子取名外，有的还会给自己改名。

由于马达加斯加人尊重长辈，因此旅游者不论坐车、行路、参观等，均应注意当地习俗，处处礼让年长者。到马达加斯加旅行的人可带上一些一美元的纸币作小费，送给为自己提供直接服务的人员。

六、其他民俗

（一）居住民俗

马达加斯加人的房屋与非洲大陆的房屋截然不同，却与东南亚各族人民的房屋极其相似。现代城市的建筑在许多方面继承了传统的建筑形式，地基很高，房顶又高又尖。而且，当地人都喜欢把自己的房子涂上各种颜色鲜艳的涂料，比如，有的房子上半部是粉红色的，下半部是天蓝色的，也有些房屋干脆整个都是大红或大绿的，和南非著名旅游城市开普敦的马来人聚居区的房屋外观几乎如出一辙。

（二）对“牛”的特殊感情

在马达加斯加，人们对牛有着一种特殊的、近乎狂热的崇拜。在这里，牛为财富的标志，牛头为国家的象征。牛像孩子一样要接受洗礼，一个星期中的某一天不能强迫牛去干活。在马达加斯加，男婚女嫁、老人殉葬时，都要杀牛摆宴招待宾客。有人死了，家人会在死者坟前立一个牛头模型，表示死者生前的荣耀和保佑其死后灵魂的超度。

（三）工艺美术民俗

塔那的手工艺品市场就像一个浓缩版的马达加斯加，各种宝石、珍贵的鹦鹉螺化石、草编篮子、草编狐猴、面包树、木雕，还有纺织品，当地的特产一网打尽，这些琳琅满目的马达加斯加工艺品不仅满足了本岛外国游客，甚至打入了周边岛国的旅游市场。

马达加斯加工艺品

（四）禁忌

在马达加斯加，星期二、星期四为禁忌日。新年前一周不准吃肉，除夕晚餐只准吃一些禽类。马达加斯加人忌讳代表着死亡和灾祸的黑色。

知识链接

蛇的传说

恩德拉那特沃族和扎菲拉福西族紧紧相连。扎菲拉福西族土地肥沃，物产丰富，恩德拉那特沃族的皇帝对自己的邻国早存吞并之心，想把它占为己有。他暗中训练士兵，打造武器，准备候巫师武比亚斯卜一吉日，对邻国发动一次突然袭击。

巫师武比亚斯就住在宫中，每天都在为皇帝的出征日期占卜，士兵们集结在广场上待命。广场中央竖着一截高大光滑的树桩，树桩上面支着一个黄牛头，牛角大得出奇。

这天清晨，巫师又开始了占卜。皇帝陪坐在旁边，等着占卜的结果。

巫师的面前放着占卜用的东西：一只公鸡爪，一块火鸡骨头，一块光滑的红石头，一截木头，各种颜色的种子。巫师一边口中念念有词，一边把红、黑、白3种颜色的种子扔来扔去，边扔边抖动着手指头。过了一会儿，巫师抓起一把种子在鼻子上闻闻，又仔细地看着种子的形状。巫师就是靠种子的气味和形状来决定吉凶的。

占卜完了，只见巫师面露喜悦之色，向着皇帝道："今天就是大吉之日。"

皇帝一听，转身出宫，飞身骑上马向着广场上的士兵一声吆喝："出发!"

当恩德拉那特沃皇帝领着士兵悄悄向邻国进发的时候，扎菲拉福西人却一点儿也不知道。他们像往常一样忙着干活。

一位老人坐在树前的广场上搓着绳子，突然，他听到一阵奇怪的游动声和哨声，抬头一看，只见一条碗口粗、几丈长的蛇向他飞快地游来，蛇身上布满了黄色的斑纹。老人大吃一惊，正想逃开，只见那大蛇开口说话："不要走，我是莫那拉那蛇!"蛇的眼睛里射出了一股神秘的、冷冷的、尖利的绿光："快去把所有的人都叫来，我有一个非常紧急重要的消息要告诉你们。"口气就像是一个命运之神。

老人又害怕又惊异，马上大声喊叫起来。不一会儿，全部落的人都集中到了广场上。蛇爬到一个高坡上，把身子盘曲起来，翘起了头庄严地向四周扫视了一圈后开了腔："扎菲拉福西族的人们，我之所以来到你们这儿，是为了告诉你们，一场灾难就要降临到你们的头上了。你们的邻国恩德拉那特沃族的士兵正在向你们的部落开来，马蹄声震动了土地，长矛大旗遮蔽了日影。要是你们来不及准备，没有力量抵抗的话，我劝你们立刻逃走吧。与其叫这些坏蛋杀了你们，还不如让他们抢走你们的东西，烧毁你们的房屋。赶快逃命吧！这个消息是千真万确的，我在一棵树上听到坏皇帝和巫师的话，我又在大道上看见了坏皇帝和他那些正在急速行动的士兵。快逃吧！逃到森林里去，逃得越远越好。”说完，蛇就不见了。

人们相信了莫那拉那蛇的话，纷纷扔下手中正在干的活逃跑了。打鱼的渔网和渔船一齐飘落在河水里，插秧的秧苗和农具丢弃在田埂上，脱下来的谷粒还留在臼窝里……老人们和孩子也都跑出来，你呼我喊地一齐向森林里跑去。

但是，也有几个人没有跑，他们不相信蛇的话，认为那只不过是蛇在妖言惑众罢了。当部落中的人都跑光了的时候，他们就聚集在一起闲聊起来。

天快正午的时候，恩德拉那特沃皇帝带领着士兵到达扎菲拉福西人的村庄，他们见村子静悄悄的，一点声音也没有，感到非常奇怪，以为村里的人正在睡懒觉呢。皇帝一声令下，万箭齐放，射得屋顶啪啪直响。射完了箭，皇帝又命令士兵端着大刀长矛冲向屋里，屋子里空无一人。皇帝一看事情不妙，他想，莫不是扎菲拉福西族人知道了我们的袭击计划，现在正埋伏在哪里，等着反攻我们呢？想到这里，他立刻命令士兵快撤，临走前他让士兵点燃了熊熊大火，烧毁了所有的房屋。

留在村里的那几个倒霉鬼正躲在一所房子里。当房屋椽梁被烧得毕剥作响的时候，他们直呼救命，想从屋子里冲出来，但大火已封住了所有门窗，这时他们才后悔未听蛇的话。但后悔也没有用了，顷刻间他们就被烧死在大火中了。

绝大多数扎菲拉福西族人躲过了这场灾难。当他们返回村中见到被毁坏的家园时，他们对天发誓：是莫那拉那蛇救了我们。我们的命是它给的，从今以后，谁要是敢伤害蛇，谁就会受到全部落人的诅咒！

至今，扎菲拉福西族人见到蛇都不去伤害它。如果蛇盘曲在路当中休息睡觉，他们会绕着过去，绝不碰它一碰。

项目拓展

美国好莱坞拍摄的动画片《马达加斯加》，使原来鲜为人知的非洲国家马达加斯加一夜成名。地处非洲印度洋中的世界第四大岛马达加斯加是个别具特色的岛屿，虽然它被联合国认定为世界上最不发达的国家之一，但它有丰富的资源，尤其是宝石，几乎所有的彩色宝石种类都有发现，市场上可见到的品种至少有30多种，包括祖母绿、红宝石、蓝宝石、海蓝宝石等高等级的宝石。马达加斯加旅游资源也十分丰富多彩，因为远离非洲大陆，独特的自然环境孕育了多样而独特的动植物，岛上有80%的动植物种类是地球其他地方看不到的。马达加斯加最有特色的是猴面包树、狐猴和变色龙。

该岛的民俗文化与其他岛屿的有何不同？受什么因素影响？

项目五　摩洛哥

前置作业

1. 摩洛哥文化受阿拉伯与西方文化的共同影响，这在民俗文化中是如何体现的？

2. 体会摩洛哥节庆民俗的特色。

主体内容

国家概况

摩洛哥王国简称摩洛哥，位于非洲西北端，东接阿尔及利亚，南部为撒哈拉沙漠，西濒浩瀚的大西洋，北隔直布罗陀海峡与西班牙相望，扼地中海入大西洋的门户。人口3300万，信奉伊斯兰教，阿拉伯语为国语，通用法语。首都是拉巴特。由于斜贯全境的阿特拉斯山阻挡了南部撒哈拉沙漠热浪的侵袭，摩洛哥常年气候宜人，花木繁茂，赢得了“烈日下的清凉国土”的美誉。摩洛哥是个风景如画的国家，还享有“北非花园”的美称。

一、饮食民俗

在摩洛哥，一般第一道菜都是先上一盘沙律或者水果作为开胃菜，之后便是一道含有土豆和肉类的主菜。摩洛哥人很注重饮食的保养，诸如不饮酒、不吃很油腻的东西等，而包含土豆在内的第一道主菜可以用来在胃中“打底”，避免对肠胃的刺激和伤害，这也是一种很好的饮食习惯。

羊肉炖土豆是在一种特殊的摩洛哥陶制厨具之中烹调出来的，用的是穆斯林羊肉，通常要炖几个小时直到羊肉酥烂为止，它是用原始的做法，利用原汁原味的羊肉做出来的。

“酷司酷司”是摩洛哥的一种主食，这是根据摩洛哥大厨的发音写下来的，其实就是“中东米”，在一个深口大盘里装上北非的米食——粗粒小麦粉，用鸡汁蒸熟后轻敷陈年奶油再蒸，反复3次，鸡汁的甜、奶油的香郁都入渗后才将各式肉类、蔬果、汤汁淋上，米饭最后看起来黄澄澄的，像小米饭一般。“酷司酷司”吃到口里感觉松松软软的，没有特殊的味道和感觉。虽然摩洛哥仍旧保持传统的“手抓饭”说法，但是现在人们早就已经使用碗碟和刀叉来吃了。

摩洛哥式泡芙饼——飞塔是种中放鸡、牛（或牛、羊），三角形的面饼，淋上香浓鸡汁与葡萄汁鸡肉佐食，由于添加了无糖奶水，散发出淡淡的奶香，越嚼越有味。

巴司蒂亚馅派是摩洛哥庆典名肴，制作手续麻烦且需要4～5个小时，其做法是先以香料、奶油炖煮鸡肉至熟，再将鸡肉去骨切碎；杏仁煮水去皮后将其炒熟后捣碎，加入洋葱与蛋以小火焖煮；最后，一层层地铺上鸡肉、杏仁与碎蛋等馅料，放入烤箱烘烤。

二、服饰民俗

摩洛哥男子穿袍服，戴厚头巾，女子穿长及脚踝的白色服，将全身包裹，脸上蒙着层层面纱，只露眼睛。

三、节庆民俗

摩洛哥的主要节庆有献羊节、新娘节、国庆节、独立日、独立宣言日、劳动节、回归日、国王与人民革命日、绿色进军节等，下面简要介绍其中几个。

（一）献羊节

在摩洛哥众多的传统节日中，每年1月22日的献羊节是历史最长、最具特色的一个。节日最隆重的活动是献羊典礼。典礼开始前先举行祈祷，接着由一名经过比赛挑选出来的壮汉当场用一尖刀插入羊颈，然后背起流血的羊飞快地奔向清真寺。一大批身强力壮的汉子，手舞棍棒，前呼后拥地呐喊着追赶那位壮汉。因为清真寺不远，刺伤的羊被送到寺里时，往往还在拼命挣扎。这时，壮士们即向静待在广场上的人们鸣炮报喜：丰收的喜讯即将来到了！随即人们就相互庆贺，家家大摆羊宴。

（二）新娘节

摩洛哥艾特-哈迪柏柏尔部族具有特色的新娘节，也叫穆塞姆节，在每年9月份举行，持续3天。节日期间，待嫁少女身着白衣，外披绣有部族标志的花格羊毛披衣，在亲人的陪伴下，一排排地坐在集市的祠堂前面，等待意中人的到来。求婚的小伙子们则头缠整洁的白毛巾，在知己朋友的陪同下，穿梭于待嫁姑娘群中，当找到了意中人时，便伸出右手求爱。姑娘如果拒不握手，即表示拒绝，如果同意，则说“你掳走了我的肝”（柏柏尔人认为健康的肝脏能给家庭带来幸福和美满），然后便商定婚期。

四、宗教民俗

摩洛哥王国是非洲西北部的一个国家，信奉伊斯兰教。

伊斯兰教是摩洛哥的官方宗教，摩洛哥人每天要做5次祈祷，不管在什么地方，到祈祷的时间就会面向东方做祷告，非常虔诚。摩洛哥最多的是清真寺，到处都有。在所有的清真寺塔顶上都有一个高音喇叭，每天定时宣布祈祷时间，高音喇叭定时会发出一种具有阿拉伯特殊风格的叫喊声。在清真寺做祈祷是男女分开的，不在同一祈祷室，门也是分开的。同时，摩洛哥的宪法也保证其他宗教自由存在。

在斋月期间，教徒在白天（太阳下山之前）不准吃任何东西，包括喝茶、饮料、咖啡，抽烟，吃饭（病人、儿童、孕妇、产妇、边境军人除外）等。斋月的第一天在下午5：30会拉警报，警报声一响，摩洛哥所有的马路和街头上空空荡荡，在各个角落的所有摩洛哥人都向自己家里走去，各自在自己的家里吃饭。在整个夜里也分3顿饭，一直吃到第2天凌晨4：30左右，警报声一响就不能再吃了。每天吃饭时间向后推延1分钟，以此类推，斋月为期30天。

五、礼仪民俗

摩洛哥人与客人相见和告别时，惯施拥抱礼，握手礼也较为普及。摩洛哥女人与宾客见面时往往施屈膝礼。在进入摩洛哥人家里前，应主动提出脱鞋，在进入清真寺时则必须脱鞋。握手是习惯，不过朋友之间通常以亲吻相迎。

六、其他民俗

（一）婚庆习俗

摩洛哥人的新婚喜庆，最讲究的是吃喝。双方家长为儿女完婚，都要大摆富有特色的酒席，广邀亲朋好友同来欢庆。

在喜宴上，有乐队演奏着摩洛哥的民间乐曲，唱着优美动听的民歌。一张张圆桌上，摆满了丰盛的食品。酒宴上三大盘食品是不可缺少的，它们是“布期蒂勒”的千层饼，一大盘鸡或者牛羊肉，一大盘“卡斯克斯”（一种摩洛哥有名的民间食品）。酒饭吃完后，客人们还围坐在圆桌边，一边欣赏音乐一边吃糖果。待到大家吃喝结束，妇女们喊起了“呼噜噜”的愉快呼声时，双方的亲戚好友就簇拥着新郎新娘，穿过大街小巷，送入洞房。

摩洛哥人的结婚礼庆要连续好几天，酒宴也要举行多次。婚礼一般在星期四开始。新娘要用一种特制染料染红手掌和脚底。第二天，新娘为招待女亲友还要举办盛大的聚会；第三天，新郎则要为男亲友再举办大型的欢宴。

摩洛哥人婚礼的费用是巨大的，男方送给新娘的订婚礼物也很贵重。有一种叫“马德赫”的饰物，是一条价格昂贵、做工精细的系在传统服装或结婚礼服上的金质腰带。新娘的结婚礼服也极为华丽，通常是一种色彩艳丽、用金银线绣成的长袖长袍，一件柔软光洁的真丝罩衫，再配上高贵的腰带和漂亮的头巾，外加一双也是用金银线绣成的闪闪发光的鞋。

（二）禁忌

摩洛哥全国绝大多数人信奉伊斯兰教，其余人则信奉摩洛哥和犹太教。摩洛哥人受宗教的约束，一般都不饮酒，也很少有人吸烟；进屋有脱鞋之俗，未经主人许可，不脱鞋是不能进入其宅屋的；进清真寺必须脱鞋。他们宴请宾客前后要上茶 3 次，以示礼貌，客人到这里则应“入乡随俗”，否则便会被认为不礼貌。他们对“13”很反感，认为“13”是个消极的数字。他们忌讳白色，认为白色象征着贫穷，白色衣服最令人厌弃。摩洛哥的妇女只能偷偷地吃鸡蛋。如果当着丈夫的面吃鸡蛋，会被认为干了一件败坏风俗的丑事而遭到谴责。摩洛哥人禁食猪肉，也忌讳使用猪制品。此外，他们一般不爱吃红烩和带汁的菜肴。

知识链接

摩洛哥三宝——阿甘、椰枣和仙人掌

一、阿甘

阿甘的果实看起来像橄榄，但比橄榄小。阿甘树是摩洛哥特有的树种，耐干旱，耐高温，多生长于摩洛哥南部，寿命大约为150～200 年。阿甘果实压榨出的阿甘油，是非常珍贵的油脂。阿甘油富含维生素 E、omega3 和 omega6 脂肪酸，所含的维生素 E 是橄榄油的两倍，亚油酸的含量也比橄榄油丰富得多。

从前，用阿甘果和阿甘油制作化妆品一直是只有柏柏尔妇女知道的秘密。阿甘油作为美容产品可以用来按摩脸部、指甲、头发和身体。据说，由于维生素 E 和皂甙（可软化皮肤）的高含量，阿甘油抗皱功效非常显著。很多去摩洛哥的欧洲人，都会到老城区的摩洛哥人店铺去寻找这种“神油”作为纪念品和礼物，送给亲朋好友，或自己留用。

二、椰枣

在摩洛哥，椰枣树比阿甘树更常见、更平民。花园里，街道旁，院子里，到处可见高矮胖瘦各不相同的椰枣树。据说每年的11月，椰枣成熟的季节，摩洛哥举国都是打枣的热闹场面。

三、仙人掌

在中医的用途上，仙人掌可作为中药，其可以全株入药。据《本草纲目》中记载：其味甘性平，补脾健胃，益脚力，除久泻。其肉质茎含各种营养素，更可取其汁作健康饮料。

项目拓展

人们把摩洛哥称为“北非花园”。摩洛哥位于非洲的最北端，地理位置也非常特殊，靠近地中海，北边隔直布罗陀海峡与西班牙遥遥相望，摩洛哥是最靠近欧洲的非洲国家。由于自身的地理位置和历史原因，在摩洛哥，阿拉伯文化与新潮的西方文化并存，造就了风格迥异的摩洛哥风格。

分析摩洛哥民居的特点，说说其是如何体现阿拉伯文化与西方文化的。

非洲模块训练

1. 古埃及文字创于公元前3500年，是一种被称为圣书体的象形文字。古埃及人在“大金字塔”附近建造了一座“狮身人面像”。至今仍然没有人知道建造这座由“狮身”与“人面”组成的巨大石雕的原因，它代表着法老的智慧与勇猛。一些人相信“狮身人面像”可能是金字塔的守护神，另一些人则认为它是古埃及伟大文明的象征。古埃及的数学家、几何学家已经能够计算等腰三角形、长方形、梯形和圆形的面积。他们还推算出圆周率为3.16。古埃及人具有相当水准的天文学知识，他们使用太阳历的做法是世界上最早的。中国与古埃及同样是起源于大型河流的文明，同样产生了文字，同样是农耕文明。二者最大的不同点就是古埃及文明灭亡没有得到传承，埃及已经被伊斯兰化而且成为过殖民地；中国没有成为真正的殖民地，文化也得到了传承。

试从古埃及文明的兴衰看人类文明继承与历史的关系。

2. 南非被称为“彩虹之国”，这里的“彩虹”并不是真正意义上的彩虹，而是由南非大主教 desmondtutu 在种族隔离后成立南非共和国时提出的一个建议，因为南非有各种人种和民族文化，所以彩虹之国的寓意就是不同种族的人们和平地生活在这个美丽的国家里。黑人、白人、印度人、黄种人、阿拉伯人等，会聚成彩虹，是一个很美的设想并是南非所努力的目标——排除种族隔离思想。

这个美称背后是种族间错综复杂的关系。参见世界各国的发展史，尝试提出解决种族问题的一些思路。

3. 马赛族是东非民族，主要分布在肯尼亚南部和坦桑尼亚北部的草原地带。他们骁勇善猎（一度依靠武力统治东非相当大的面积达几个世纪之久），按照逻辑，马赛人生活在草原、丛林中，与野兽为伍，善于捕猎理所当然。但事实上，马赛人不仅不狩猎，甚至只是在庆典的时候才吃肉，而且从来不吃包括鱼类在内的野生动物。对自然的崇拜使他们远离了狩猎。马赛人的日常需要是由牲畜的奶和血提供的，他们口干了就拔出腰间的尖刀，朝牛脖子上一扎，拿根小草管就去吸，就像我们喝饮料。马赛人认为牛群是神的赐予，他们鄙视农耕生活，认为耕作使大地变得肮脏。马赛人把牛群看成生命，在夜间，牛群关在村落里，甚至和主人共居一个茅舍。白天由小孩子照看牛犊，大孩子则赶着牛群去较远的牧场。正是由于马赛人不狩猎、不吃野味的习俗，才使这片土地成为了野生动物的乐园。现在的马赛人大都定居了，唯其独特的民风民俗还得以保留。但是，在马赛人保护区的四周，农场主联合起来向他们兜售自己的“现代观念”，促使他们改变生活方式，出售或出租自己的土地。这已经使马赛人和大自然之间的原始的生活方式受到威胁。也许不久的将来，当我们再次提及他们的时候，马赛人已经走出原始部落，融入了现代社会。

在我们追求现代文明的过程中，自然和本性的东西正在日渐迷失。在发展的十字路口，人类应该如何面对大自然？是应该保留，改变，还是革新？

模块五　美洲篇

北美洲是北亚美利加洲的简称，位于西半球北部，东面是大西洋，西面是太平洋，北面是北冰洋，南端以巴拿马运河为界与南美洲相分。北美洲总面积 2422.8 万平方千米（不含附近岛屿），约占陆地总面积的 16.2%，为世界第三大洲。人口 46200 万，约占世界总人口的 8%。大陆地形的基本特征是山脉南北走向，与海岸平行，分布于东西两侧，西部为科迪勒拉山脉的北段，从阿拉斯加一直延伸到墨西哥。它包括 3 条平行的山地：东为落基山脉；中为阿拉斯加山脉、加拿大海岸山脉、美国内华达山脉等，其中阿拉斯加山脉中的麦金利山最高，海拔 6194 米，为北美洲第一高峰；西从美国沿海山岭起，向北入海，形成加拿大西部沿海岛屿。这样，北美洲的地形明显形成 3 个区：西部山地和高原区；东部山地和高原区；中部平原区。北美洲的河流大都是外流河，以落基山脉为分水岭：东面的河流流入大西洋和北冰洋，西面的河流流入太平洋。密西西比河是北美最长的河流，次为马更些河、育空河、圣劳伦斯河和格兰德河等。河流多瀑布。尼亚加拉瀑布是北美洲最大的瀑布。北美洲是多湖泊的大陆，著名的五大湖——苏必利尔湖、休伦湖、密歇根湖、伊利湖和安大略湖——有“北美地中海”之称，是世界最大的淡水湖群。北美洲地跨热带、温带、寒带，气候复杂多样，但大陆中部广大地区处于北温带，宜于作物生长和人类生存。北美洲的自然资源十分丰富。可耕地多，草原广阔，矿产资源丰富多样，森林覆盖率高，水力资源蕴藏量占世界总蕴藏量的 8.9%，渔场面积占世界渔场总面积的 20%。北美洲是世界经济发达地区之一。美国和加拿大工业基础雄厚，生产能力巨大，科技先进。墨西哥的经济也很发达。北美洲也是世界上交通最发达的大陆。

南美洲是南亚美利加洲的简称，位于西半球西部，东面是大西洋，陆地以巴拿马运河为界与北美洲相分，南面隔海与南极洲相望。南美洲总面积 1797 万平方千米（含附近岛屿），占世界陆地总面积的 12%。人口 32500 万，约占世界总人口的 5.6%。南美洲海岸线长 28700 千米。海岸较为平直，少岛屿和海湾。

南美洲大陆的地形可分为 3 个南北方向的纵列带：西部为狭长的安第

斯山；东部为波状起伏的高原；中部为广阔平坦的平原低地。安第斯山脉长 9000 千米，是世界最长的山脉，阿空加瓜山海拔 6960 米，是南美洲最高峰。东部为巴西高原、圭亚那高原和巴塔哥尼亚高原，其中巴西高原面积达 500 万平方千米，是世界最大的高原；中部为奥里诺科平原、亚马孙平原和拉普拉塔平原，是世界最大的冲积平原。

南美洲大部分地区属热带雨林和热带高原气候，温暖湿润。

南美洲水系以安第斯山为分水岭：西面的河流大多源短流急，独流注入太平洋；东面的河流大多源远流长，支流众多、水量丰富、流域广阔，其中的亚马孙河支流超过 1000 千米的有 20 多条，这使亚马孙河成为世界上水量最大、流域面积最广的河流。河流多瀑布，有世界落差最大的安赫尔瀑布和世界最大的伊瓜苏瀑布。

南美地区原为印第安人的居住地。印第安人创造了灿烂的古代文明，在南美洲大地上建立过不少王国。南美各国在 19 世纪 20 年代纷纷独立。独立后的南美洲走过了艰难曲折的道路。直到第二次世界大战之后，南美洲的经济才得到较快的发展。其中，巴西和阿根廷发展最快。巴西和阿根廷两国国内生产总值占到南美洲的 2/3。

学习索引

1. 美国精神造就了美利坚民族的奋勇进取，同时，也附带产生了一些社会问题。学会正确分析、对待民族精神的正面与负面效应。
2. 玛雅文化对人类发展的影响。
3. 宗教建筑与宗教崇拜之间的关系。
4. 民族艺术的形成和发展与所依附的社会历史环境之间的必然联系。
5. 一个国家的文化有时是不同文化圈共同作用的结果。
6. “死亡”是不是“终结”？对比理解世界主要宗教对“死亡”的解读。
7. 南美与欧洲的葡萄酒在不同文化背景、地理环境影响下，形成了风格迥异的葡萄酒文化。

项目一　美国

前置作业

1. 美国有“民族熔炉”之称，解读美国多元文化。

2. 美国人不甚讲究衣着打扮，穿衣宽松、随便，不拘一格，但美国却拥有众多名牌，了解美国在服饰民俗方面的价值取向。

主体内容

国家概况

美国位于北美洲中部，全称为美利坚合众国。人口2.88亿，84%为白人，也有黑人、拉美移民、印第安人等。因为这里几乎容纳了全世界各民族的人，所以有“民族熔炉”的美誉。居民主要信奉基督教新教、天主教。英语为官方语言，货币为美元，首都华盛顿。

美国原为印第安人聚居地。15世纪末西班牙、荷兰、法国、英国等开始向北美移民。到1773年英国已在此建立135个殖民地。1775年爆发独立战争。1776年7月4日通过《独立宣言》，正式宣布建立美利坚合众国。

美国是世界上最发达的资本主义国家，其在经济、文化、工业等领域都处于全世界的领先地位。

自由女神像

一、饮食民俗

早餐以面包、牛奶、鸡蛋、果汁、麦片、咖啡、香肠等为主。午餐一般在工作地点用快餐（快餐是典型的美国饮食文化，十分普及），一般有三明治、水果、咖啡、汉堡包、热狗等。晚餐是正餐，比较丰盛，有一两道菜，如牛排、猪排、烤肉、炸鸡等，配面包、黄油、青菜、水果、点心等。也有不少人去餐馆用晚餐。美国餐馆很多，一般供应自助餐、快餐、特餐（固定份饭）、全餐等各种形式的餐饮，价格一般比较低廉，也可点菜，点菜价格最高。早餐一般在 8 时左右，午餐一般在 12～14 时，晚餐一般在 18 时左右。他们在临睡前有吃点心的习惯，成人以水果、糖果为主，孩子则食用牛奶和小甜饼。

美国人的口味比较清淡，喜欢吃生、冷食品，如凉拌菜、嫩肉排等，热汤也不烫。菜肴的味道一般是咸中带点甜。煎、炸、炒、烤为主要烹调方式，不用红烧、蒸等方式。以肉、鱼、蔬菜为主食，面包、面条、米饭是副食。甜食有蛋糕、家常小馅饼、冰激凌等。他们喜欢吃青豆、菜心、豆苗、刀豆、蘑菇等蔬菜。所用肉类都先剔除骨头，鱼去头尾和骨刺，虾蟹去壳。

美国人不太喜欢喝茶，而爱喝冰水和矿泉水，平时爱将威士忌、白兰地等充当饮料。

冰激凌

果塔饼干

二、服饰民俗

1. 美国人的穿衣风格因地制宜

美国人不甚讲究衣着打扮，穿衣宽松、随便，不拘一格，有时给人一种不太利索的印象。虽然美国人平时穿衣马马虎虎，但是正式场合还是颇为讲究的。在政府部门和公司工作的上班族每天均衣冠楚楚：男士西服革履；女士则是各式裙装配以淡妆。若举行舞会，人们穿着庄重典雅：男士着黑色晚礼服，女士则穿深色袒胸露背的曳地长裙。

少数年轻人喜欢奇装异服。如有时能看到一些年轻人把好好的牛仔裤撕破，露出膝盖。但是老年妇女仍重传统，穿裙装的多于穿长裤的，冬季喜欢穿长长的呢大衣。在炎热的夏季，有的人身上只穿汗衫、短裤，但脚上都喜欢穿一双旅游鞋，外加一双厚棉袜。

2. 美国服饰市场高中低三档齐全

美国市面上，专营服装的商场特别多，也有些百年老店，其规模与气派都是很大的，并且分工有序，如有的专营妇女与儿童服装，有的专营中老年服装，有的专营 T 恤衫等。在美国买服装和一些日用百货，有条不成文的规定，即只要你所买的商品没使用过，无污染无损坏，并保存有发票，几个月甚至更长时间以后都可以退货退款。在服装商店许多中低档服装与鞋类都有“Made in China”的字样，如各类夹克、牛仔裤、衬衫，还有各式 T 恤衫、羽绒服等，这些大都是根据美国商人的设计与要求制造的。高档的服装与鞋类大多是欧洲品牌，其中意大利的居多。亚洲品牌则是中国台湾、中国香港与韩国等地生产的。

3. 美国人对衣服“喜新厌旧”严重

美国人喜欢购置新衣，也常扔旧衣，所以街上设有商店，专门销售旧衣，有些跳蚤市场、教会或医院也有不少旧衣出卖。光顾这些地方的多是些低收入者。

美国著名服装品牌

三、节庆民俗

（一）元旦节

每年 1 月 1 日庆祝新的一年开始。人们举办各种各样的新年晚会，到处可以听到辞旧迎新的钟声，为美国的联邦假日。

（二）林肯诞辰

每年 2 月 12 日，庆祝林肯诞辰，为大多数州的节日。

（三）圣瓦伦丁节

每年 2 月 14 日，是 3 世纪殉教的圣徒圣瓦伦丁逝世纪念日。情人们在这一天互赠礼物，故又称情人节。

（四）华盛顿诞辰

每年 2 月 22 日，庆祝华盛顿诞辰，为美国的联邦假日。

(五) 圣帕特里克节

每年 3 月 17 日，是悼念爱尔兰的守护神圣帕特里克的节日。

(六) 复活节

一般在每年春分后月圆第一个星期天，约在 3 月 7 日左右。该节是庆祝基督耶稣的复活，过节人们吃复活节彩蛋，为美国的联邦假日。

(七) 愚人节

每年 4 月 1 日，该节出自于庆祝“春分点”的来临，在 4 月 1 日受到恶作剧愚弄的人称为“四月愚人”。

(八) 母亲节

每年 5 月份的第 2 个星期日，政府部门和各家门口悬挂国旗，表示对母亲的尊敬。在家里，儿女们和父亲给母亲买些礼物或做些家务。

(九) 阵亡烈士纪念日

每年 5 月份的最后一个星期一，纪念为美国献身的阵亡烈士，为美国的联邦假日。

(十) 国旗日

每年 6 月 14 日，庆祝国旗的升起。

(十一) 父亲节

每年 6 月份的第 3 个星期日，表示对父亲的尊敬。在家里，儿女们和母亲给父亲买些礼物。

(十二) 国庆节

每年 7 月 4 日，庆祝美国建国，为美国的联邦假日。

(十三) 劳动节

每年 9 月份的第一个星期一，表示对劳工的敬意，为美国的联邦假日。

(十四) 哥伦布日

每年 10 月 12 日，纪念哥伦布在北美登陆，为美国的联邦假日。

(十五) 万圣节

每年 10 月 31 日，孩子们多化装成鬼，打着灯笼或点燃篝火尽情地玩耍。

(十六) 万灵节

每年 11 月 2 日，祭奠所有死者灵魂之日。

（十七）退伍军人节

每年 11 月 11 日，表示对退伍军人的敬意。

（十八）感恩节

每年 11 月最后一个星期四，感恩上帝所赐予的秋收，为美国的联邦假日。

（十九）大选日

每年 11 月份的第一个星期一后的星期二，选举美国总统。

（二十）清教徒登陆纪念日

每年 12 月 21 日，纪念清教徒在美洲登陆。

（二十一）圣诞节

每年 12 月 25 日，基督徒庆祝基督诞生的日子，是美国最隆重的节日。

圣诞装饰

四、宗教民俗

（一）新教

在美国所有的宗教派别中，新教教徒最多，约有 7200 万教徒，几乎占基督教会员的 58%。美国新教又分为上百个名目繁多的小派别，其中许多派别小到除了它们自己的成员外简直不为任何人所知的程度。新教的教派主要分布在美国南部和中西部，比较大的新教派别有浸礼会、卫理公会、长老会、加尔文教派和路德教派等，它们的成员都在 100 万人以上。各大教派下面往往又有许多宗教组织，例如，浸礼会下有美国浸礼派教会

(1907 年建立)、全美浸礼派大会（1880 年建立)、美国全国浸礼派大会（1880 年建立）等，卫理公会下有联合卫理公会、非洲卫理公会主教派教会等。

(二) 天主教

罗马天主教的教会组织是美国最大的，也比较统一，约有 5000 万教徒。这些教徒主要是爱尔兰人、意大利人和波兰人的后裔。他们主要集中在美国东部大城市，占全国人口的 24%。天主教在美国有 32 个大主教区，130 个主教区。其中，超过 300 万人的教区有芝加哥、洛杉矶、波士顿，超过 100 万人的有纽约、底特律、费城等。天主教在美国教育中起着举足轻重的作用。信仰天主教的大专院校共有 25 所，中学 1600 多所，小学 8500 多所，神学院 373 所。

(三) 犹太教

美国是世界上犹太人最多的国家，约有犹太人 600 万。犹太教信奉者亦多为犹太人。犹太教是美国第三大宗教，约有教堂 5000 座，大专院校 20 所。最初的犹太教徒多是来自东欧和俄国的移民。犹太教内也存在不同派别。有些派别还保留着不少传统习惯，如每逢安息日，即从星期五太阳落山起到星期六太阳落山止，他们不骑车也不经营企业。有些派别还禁止教徒吃猪肉和某些海味，并要求他们限制食量。

(四) 摩门教

摩门主义和后期圣徒运动有别，摩门主义只适用于后期圣徒运动中的一部分分支。摩门主义也常单独用于耶稣基督后期圣徒教会的神学和次文化，该教会是许多宣称是摩门主义的教会群中最大的一个。从同一运动出来的一些其他的主要的宗派（包括基督社区）有时则和摩门主义一词保持距离。摩门主义也包括了许多在后期圣徒运动中非宗教派别的概念，并包括许多文化上而非信仰上的摩门教徒以及在后期圣徒运动外的教会的信徒。

知识链接

神秘的美国 51 区

51 区（Area 51)，又昵称为水城（Watertown)、梦境（Dreamland)、天堂牧场（Paradise Ranch)、农场（The Farm)、盒子（The Box)、马夫湖（Groom Lake)、发展计划董事会区（The Directorate for Development Plans Area)，是位于美国内华达州南部林肯郡的一个区域，东南方距拉斯维加斯市中心 130 千米，有一个空军基地在此，此区被认为是美国用来秘密进行新的空军飞行器的开发和测试的地方，这个地方也因为许多人相信它与众多的不明飞行物阴谋论有关而闻名。在这个基地周围可以经常发现一些球形、三角形以及类似飞盘形状的不明飞行物，有相片和一些视频证据可以证明这些观察到的现象。51 区的权限由内华达州州军方管理，现在的基地归五角大楼和美国军方直接管辖。值得注意的是，民用飞机曾被禁止穿越基地上空。

“绿屋”被相信就处于这个军事基地。所谓的“绿屋”，据说是国家首脑观看外星人冰冻尸体的地方，每一位新当选的美国总统都会前去参观。

“绿屋”内可能不仅仅包括外星人的残骸，可能还有外星人乘坐的飞船碎片。

陌生人从来不被允许访问这个基地，即使是军人，也被严格禁止泄露任何有关 51 区内部生活的秘密。

五、礼仪民俗

（一）见面介绍、交谈

一般而言，美国人以不拘礼节、自由自在著称。只在正式场合行握手礼，一般场合见面时相视一笑，说声“嗨”或“哈罗”即为见面礼节。

初次见面，相互介绍也很简单。一般原则为将卑介绍予尊，将客人介绍给主人，将年轻人介绍给年长者，将下级介绍给上级，将女士介绍给男士。介绍后握手需简短有力，美国人认为有力的握手代表诚恳坦率。在公务场合，美国女子会主动伸手（其他场合则不一定），女性先伸手，男性才能握女性的手（女性之间一般不互相握手）。若女士无意握手，则男士点头或鞠躬致意。与女士握手不可太紧。握手前应脱手套，来不及脱应致歉。关系密切的亲朋之间，可行亲吻礼，女子之间互吻面颊，男女之间由男子吻女子面颊。对于别人的握手、拥抱、吻手、注目、点头等礼节，美国人也以同样方式回礼。告别时也不必握手，挥挥手说声“再见”即可。

美国相互称呼时直呼姓名，一般不用“先生”、“太太”、“小姐”等称呼，一般也不加正式头衔。只对法官、医生、高级官员、教授、高级神职人员称呼头衔。一般不用职务作为称呼。称呼长者忌用“老”字。

交谈时忌问年龄、家庭状况、婚姻状况、宗教信仰、经济收入以及其他私生活情况。见面打招呼也不问去什么地方、干什么事。公共场合重视礼貌用语，家庭里也常用“请”、“谢谢”、“对不起”等。交谈距离必须保持 50 厘米以上。不得不靠拢他人就座时，要征得对方同意。交谈时声音不可太大，不可大笑，更不可大声争吵。惊讶时不可伸舌头（伸舌头是侮辱他人之举)。美国交谈、示意喜欢用手势。请人接电话，用听电话的手势；请侍者结账，用写字的手势。习惯于打过招呼即谈正事，不送茶、寒暄。美国人不把互赠名片视为礼节，只为便于日后联系时才送名片。送名片给他人时并不期待他人回送名片。

在交谈时要注意以下几点。常面带微笑，碰到认识的朋友时，主动地问候对方，别人问候自己，自己也要反问候对方，以示关心。说话时语气诚恳、态度大方，当别人问候时，回答应尽量简洁。多赞美对方。要注意自己的仪容整洁，千万不要邋遢，身体或口腔的异味、头皮屑等都是令人很不愉快的。

(二) 约会

美国人性格开朗，举止大方，乐于交际。他们平时晚睡晚起，但时间观念强；美国人会常说“随时来找我”，有些邀约是相当诚恳的，但拜访前仍应事先电话联系，确定时间，以免给别人带来不便。约会要事先预订时间，一般不迟到。若接到正式的邀约，请柬上倘印有“R. S. V. P.”，去与不去必须电话通知。大型活动请柬通常印有“Regretsonly”，此时只有不参加时才需通知。非正式私人邀请，可用电话或信函，明确告诉时间、地点。接到邀请，要回柬致谢；若没有赴约把握不要轻易应允；若不能应邀要说明理由，并致歉意。若临时不可赴约，务请电话通知。

男女交往在美国是比较开放的，约会也是非常普遍，男女双方均可主动邀约，通常男性较主动。可以各自拆账或一方请客。美国朋友倘若说“Let’s go get a beer”或“Want a cup of coffee”，可别误会他要请客，这种情形通常是各自付费。如果应邀地点在餐厅，餐后可提议付小费，倘主人坚持不允，也可不必勉强。约会有时并不具其他含义，也不表示必将成为特殊性的伴侣。所以，如果你想和某人见面谈谈或看个电影或一起吃个饭，以增进双方的友谊，共度一段愉悦的时光，尽可主动大方地去邀约。如果你不想赴对方约会或对方有令你不舒服的举动，可以客气但肯定地说“No”，彼此尊重是基本的交往原则，也是权力。

(三) 上门做客

上门做客不可早到，如果早主人先到反而失礼。可迟到5～10分钟，迟到15分钟以上应打电话给主人通报。去亲朋家做客，进门时要擦去鞋上泥土、脱帽，湿的雨衣、雨伞放在室外。进门应先问候女主人，再问候男主人。宾客较多时，可以只与主人和熟人握手，对其他人只需点头示意即可。要多谈众人感兴趣的话题，不要只讲自己感兴趣的事。做客时不可随意翻动主人的东西、抚弄摆设，也不能打听摆设的价格。在主人家打长途电话，要征得主人同意，并留下电话钱，说是给主人的孩子买糖果用。做客时不宜久留。主人没有留客用餐，客人就应在用餐时间之前告辞。会抽烟的客人应接受主人敬的烟，而不能抽自己带的烟。美国人重视生日，尤其是孩子的生日，应邀出席生日聚会的客人应送礼以示祝贺。

（四）赴宴礼仪

如果应邀参加家庭聚会，可问主人需要什么礼物，即使主人婉谢，届时仍可带瓶酒或一束鲜花，或酌带一些小礼物。有任何饮食禁忌可先告知，特殊的文化风俗和饮食禁忌可得谅解和尊重。除非事先言明，一般聚会活动以不带小孩参加为宜。

在家宴请客人比在餐馆宴请更受美国人欢迎，因为家里气氛更加亲切友好。家宴分两种。第一种是家庭用餐式，主宾在长方形饭桌旁就座，主人为客人盛食物，或将食物盛在盘中，依次传递取用。第二种是自助餐式，食物置于餐厅另一桌上，主宾各自去取用。

应邀到他人家里用餐，主宾双方都很讲究礼仪。主人会提供各种专门用途的餐具，如冷盘、鱼刀叉、肉刀叉、主菜刀叉、水果刀叉、菜匙、汤匙、咖啡匙等，客人如不认识餐具的专门用途，可仿效女主人。餐巾铺在膝上，不能用餐巾擦餐具。坐姿要端正，手臂不能横放在桌上。只有当女主人动手后，其他人才开始进餐；女主人离座，其他人才能离席，不可中途离席。美国人只用一只手轮换用餐具，另一手则放在膝上。注意使用刀叉顺序，以及叉匙性质。刀叉斜放盘缘，表示尚在用餐之中；若完全放在盘中，则表示已使用完毕。面包要掰成小块食用。喝汤、咀嚼时不能出声，更不能打喷嚏、擤鼻子、咳嗽、打嗝、剔牙。渣滓不能直接吐在盘中，要用叉接住后放入盘中。餐巾用来拭嘴，切忌用来擦手或餐具。盐、胡椒瓶倘离座远，不可伸手去取，而需请隔座代劳递送。上甜点或咖啡时，主人可开始致辞，主宾亦可利用此时答谢。席间，应当称赞女主人准备的菜肴，并尽量吃完盘里的饭菜。

餐后要与主人交谈片刻，之后告辞，但不可久留，告辞时应感谢主人款待。与主人不太熟悉者，事后还应尽早打电话或寄短柬表示谢意。如果客人比较多，应等年长职位高的客人告辞后，方能告辞。宴后三四天内别忘记寄一张感谢卡或谢函给主人，若在主人家过夜通常寄感谢卡给女主人。

（五）赠送礼物

上门做客不一定带礼品，也不可在其他客人不送礼时单独送礼。礼物可以是一瓶酒，给女主人的一束鲜花等。公务送礼的礼品可以是日历、钢笔、精装日记本等文具。一般不在公开场合送礼。会议礼品在会议结束后送，如在告别宴会上送。美国人喜欢充满友情的礼物，礼物讲究包装，即使是选给亲友的礼品也要附上礼品卡；送礼目的要明确，否则会令人莫名其妙。蛋糕、点心、巧克力、乡土工艺品、书籍等，均可作为礼品（用单数）；探望病人一般应送鲜花；在公务中不可送重礼品，以避贿赂之嫌；礼品上不能有送礼单位的标识，否则有广告之嫌；男子不可随便送香水、化妆品和白玫瑰给女子（这些是送给恋人的礼品）。受礼时要当场打开礼物，致谢和赞美礼物；受礼后不必马上回赠。应邀赴宴时，情真意切的祝酒词是最好的礼品。平时最好的送礼方式是请人吃饭、喝酒或去别墅共度周末。收到礼物、应邀赴宴、受人帮助之后，都要写信致谢。

六、其他民俗

美国人很少在用餐时使用牙签，因为牙齿是口腔中的一个重要部位，美国人相当爱护自己的牙齿，当异物残留在牙缝时，他们通常用牙线剔牙。再者就是美国人在进餐时忌讳打嗝，当然这是很难控制的，在不小心打嗝以后要说一声“Excuse me”。

在餐桌上，美国人一般忌食肥肉和各种动物的内脏，也不喜欢吃蒸和红烧的菜肴。

美国人很喜欢用香水，原因就是：在美国，体臭在社交上是不被接受的。因此，美国人认为使用除臭剂或止汗剂是必需的。女士通常会再抹点香水以增加清香，男士则拍一些刮胡水或是男性古龙水在脸上。

在美国文化里还有一项禁忌就是口臭。美国人不喜欢闻别人午餐后留在口中的味道——尤其是洋葱或大蒜味。他们会漱口、吃薄荷糖，甚至饭后刷牙。

在狭窄的场所，如在电影院，从别人身前走过时，必须道一声“Excuse (me)”。这时候，美国人习惯的姿势是背对坐着的人，低头弯身而过。

在宴会上喝酒要适量，始终保持斯文的举止，这是欧美人士共同遵守的礼节。在美国人的宴会上，很少看到烂醉如泥的人。即使喝多了，也要坚持到宴会结束，回到自己的房间后才可倒头不起。如果当场酩酊大醉，惹是生非，会招来众人的鄙视。

美国人一起外出，总是各付各的费用，车费、饭费、小费无不如此。

美国人把过谦视为虚伪的代名词。如果一个能讲流利英语的人自谦说英语讲得不好，接着又说出一口流畅的英语，美国人便会认为他撒了谎，是个口是心非、装腔作势的人。所以，同美国人交往，应该大胆说出自己的能力，有一说一，有十说十。不必谦虚客气，否则事与愿违。

美国人忌“13”、“3”、“星期五”和“老”字，因为美国是一个竞争激烈的社会，年老往往有“落伍”之意，所以怕老、讳老、不服老是其独特的人生观；忌用蝙蝠作图案的商品、包装品，认为这是凶神的象征；忌穿睡衣迎接客人；忌一般情况下送厚礼；在美国人面前抽烟，需事先征得对方的同意。

项目拓展

有一次，中国留学生在美国的一个城市举行盛大聚会，宾客如云。当地一位名牌大学的校长与其母亲也光临盛会。留学生在欢迎辞中说：“××老夫人的光临使我们全体同学感到荣幸。”不料这却触痛了这位老夫人，当时她脸色骤变，尴尬不堪。美国人对年龄的看法与我们中国大不相同。在我国，老年人受到尊敬，“老”字是尊称，而在美国，老年人绝不喜欢别人恭维他们的年龄。

这种民俗反映了两国背后怎样的文化差异？

项目二　加拿大

前置作业

1. **加拿大有“枫叶之国”的美称，与“枫叶”有关的民俗有哪些？**
2. **加拿大为何会形成“三不”饮食文化？**

主体内容

国家概况

加拿大（Canada）为北美洲最北的国家，西抵太平洋，东迄大西洋，北至北冰洋，东北部和丹麦领地格陵兰岛相望，东部和法属圣皮埃尔和密克隆群岛相望，南方与美国国土接壤，西北方与美国阿拉斯加州为邻。领土面积达 998 万平方千米，为全世界面积第二大的国家。加拿大素有“枫叶之国”的美誉，首都是渥太华。加拿大是世界上海岸线最长的国家，约 24 万多千米。“加拿大”一词源于美洲原住民语言休伦—易洛魁语中的“Kanata”，意为“村庄”。加拿大的森林覆盖面积占全国总面积的 44%，居世界第二位。加拿大还是世界上第三的产矿国。

加拿大在14000年前即有加拿大原住民生活。15世纪，英国和法国殖民者开始在东海岸定居。1867年，英属北美的4个殖民地以联邦形式结合在一起，构成了现代加拿大的基础。随后，其他英属北美殖民地陆续加入联邦，形成了如今加拿大的领土范围。

一、饮食民俗

在历史并不悠久的加拿大，并没有像中国菜或法国菜那样的传统加拿大菜。但正由于加拿大是个移民国家，因此在不同地区可品尝到使用了新鲜材料的各国饭菜。不仅如此，加拿大的“三不”饮食文化也令人耳目一新，这就是加拿大的饮食习惯。

（一）不排桌席

在加拿大，宴请是不安排桌席的。通常是客人们手拿一次性使用的塑料餐盆和叉子，一个个排在摆满饭菜的台前，然后自己动手随意选取自己喜爱吃的食物和菜肴，最后自找地方用餐。因为不排桌席，所以客人们取好饭菜后各奔东西，有坐有站，随随便便，无拘无束。如自感腹中没有吃饱，还可以再去取食。食毕，将一次性餐具扔到存放废物的大塑料口袋中。

（二）不吃热食

加拿大人喜欢吃冷食，但冷盘菜肴又很少见到。一般是主家先将各式菜肴烧好，用碗、盘、碟等器皿盛好，依次摆在厨房内的餐桌台上，待客人到齐后，供客人们享用。因为菜肴烧得比较早，时间一长，也就成了凉菜，加拿大人称之为“冷餐宴会”。

（三）不设烟酒

在加拿大有禁烟规定，并且必须年满16岁以上者方可购买香烟。在联邦政府大楼、电梯、银行、商店、学校及多数公共场所吸烟都是违法的。如发现有人在酒楼、餐馆吸烟不加制止或者是纵容其吸烟，那么经法院判决成立，最高可处以5000加元罚款。同时，对于酒也是如此。如阿尔伯塔省规定，19岁以上的人方可买酒，而烈性白酒则被禁止出卖。另外，餐厅、酒吧只可以在早上11时到凌晨1时卖酒，饮酒者只能在领有酒牌的地方或住宅内喝酒。在这些地方以外饮酒都是违法的。

在加拿大购食品不用上税，但在各种餐馆用餐，均需付总共为15％的省销售税和货物与服务税。

加拿大人在餐桌上吃不完的饭食，通常请服务员打包带走。

加拿大人在餐馆吃午餐，一般只喝啤酒或葡萄酒，很多人喜欢喝冰水，或以茶代酒，喝烈性酒的人很少。

约人共进午餐时，如你要做东，应该向对方说清楚，否则这位加拿大朋友可能会坚持付他自己那一份钱而使你扫兴。同样，当有人约你一起用餐时，只要对方没有说他请客，你就要做好自己付账的准备。

在加拿大，牛肉是人们在餐厅里吃午餐和晚餐的首选食品。加拿大人吃牛肉方法花样繁多，但最经典的当属牛排。

加拿大顶级牛柳扒

二、服饰民俗

在加拿大，不同的场合有不同的装束。在教堂，男性着深色西装，打领结，女士则穿样式庄重的衣裙。在参加婚礼时，男子或着西装，或穿便装，穿便装时不打领带。妇女则不宜打扮得过于耀眼，以免喧宾夺主，更不宜穿白色或米色系列的服装，因为象征纯洁的白颜色是属于新娘的。在教堂举行的婚礼，男子要着深色西装，打领带，女士则穿较庄重的衣裙。到朋友家做客或参加宴会，男子要穿整套深色西装，妇女则应穿样式庄重的衣裙，可稍事化妆，不宜太浓。如是非正式的宴会，或彼此很熟识，男子可穿不同颜色的上装和长裤，女士着整套衣裙或衫裙，服装颜色不宜太显眼，款式不能过于奇异。在加拿大参加葬礼，男子要着整套西装，打素色或黑色领带，妇女则穿素色衣裙，款式要保守，不宜穿金戴银和过分化妆，以表现出自己对死者的哀悼。加拿大青年人喜爱那种体现现代生活的节奏感，使着装者显得潇洒、干练的服装，如牛仔系列服装。

加拿大人的服饰

三、节庆民俗

（一）枫糖节

3月底至4月初。加拿大盛产枫叶，其中以东南部的魁北克省和安大略省的枫叶最多最美。人们采集糖枫叶，熬制枫糖浆。枫糖节是加拿大传统的民间节日，每年3月春意盎然时，生产枫糖的农场被粉饰一新，披上节日的盛装，大家在一起品尝大自然送给他们的甜蜜礼品。传统的枫糖节都向来自国内外的游人开放，尤其欢迎儿童。一些农场还专门保留着旧时印第安人采集枫树叶和制作枫糖的器具，在节日里沿用古老的制作方法，为观光客表演制枫糖的工艺过程，有的还在周末向旅游者免费供应枫糖糕和“太妃糖”，任人品尝。节日里当地居民还热情地为游客们表演各种民间歌舞，带领观光客去欣赏繁茂美丽的枫林红叶。

（二）圣巴特里克节

3月17日。圣巴特里克，爱尔兰的使徒，是爱尔兰公认的守护神，这一天不是公众假日，绿色是当天主要颜色。

（三）复活节次日

这天是一个主要宗教庆祝节日。人们庆祝基督复活升天，这天通常会有彩蛋和找复活彩蛋游戏。

（四）维多利亚日

5月24日前的最后一个星期一。这天是庆祝维多利亚女王的生日，是一个公众假日。园丁通常将这一周的周末作为基准日来种植西红柿。

（五）不列颠哥伦比亚省节

这是个公众假日，在不同省有不同的名称，这一天是定在8月的第一个星期一，每年的这一天在列治文的一个社区中心会有一个多元文化的欢乐节日，叫作 Multi-fest。

四、宗教民俗

加拿大无国教，人民主要信仰基督教，其中 47%是天主教徒，41%是新教徒，其他人分别信奉东正教、犹太教、摩门教和佛教，不信教的人约占总人口的 7%。

由于不同时期各国移民的涌入，加拿大的宗教具有多样性的特征，各种宗教都可以在加拿大找到，说加拿大是一个宗教博物馆也不为过。

五、礼仪民俗

加拿大人比较随和友善，易于接近，他们讲礼貌但不拘于烦琐礼节。一般认识的人见面时要互致问候。男女相见时，一般由女子先伸出手来。女子如果不愿意握手，也可以只是微微欠身鞠一个躬。如果男子戴着手套，应先摘下右手手套再握手。女子间握手时则不必脱手套。许多加拿大人喜欢直呼其名，以此表示友善和亲近。加拿大人热情好客。亲朋好友之间请吃饭一般在家里而不去餐馆，认为这样更友好。客人来到主人家，进餐时由女主人安排座位，或事先在每个座位前放好写有客人姓名的卡片。在加拿大还有一种请吃饭的方式更加随便，即“自助餐”或“冷餐会”形式。由主人把饭菜全部摆在桌上后，客人可各自拿一只大盘子（或由主人发给），自己动手盛取自己喜欢吃的食品，可以离开餐桌到另一房间随便就座进餐，这样客人与主人、客人与客人之间便可有更多的时间交谈。在加拿大一般应邀去友人家里吃饭，不需送礼物。但如去亲朋家度周末或住几天，则应给女主人带点礼品，如一瓶酒、一盒糖等。离开主人家后，回到家中应立即给女主人写封信，告诉已平安抵家，并对受到的款待表示感谢。节假日访问亲友，通常也需要带一点礼物。

六、其他民俗

加拿大人大多数信奉新教和罗马天主教，少数人信奉犹太教和东正教。他们忌讳“13”、“星期五”，认为“13”是会带来厄运的数字，“星期五”是灾难的象征。他们忌讳白色的百合花，认为它会给人带来死亡的气氛，因此人们习惯用它来悼念死人。他们不喜欢外来人把他们的国家和美国进行比较，尤其是拿美国的优越方面与他们相比，这是令人不能接受的。加拿大妇女有美容化妆的习惯，因此她们不欢迎服务员送擦脸香巾。在饮食上，加拿大人忌吃虾酱、鱼露、腐乳和臭豆腐等有怪味、腥味的食物，忌食动物内脏和脚瓜，也不爱吃辣味菜肴。

避免在公众场所高声谈论或争论。即使在公众场所发生冲突，也要力求保持冷静。

在外族人面前用另一种语言交谈会被视为无礼。盯着人看也是极端无礼的。

项目拓展

对于中国人来讲，不论是在家里还是到酒店招待朋友吃饭，一般都离不开烟酒，否则就有怠慢之嫌。然而，在加拿大，请客吃饭都不设烟酒招待客人。因为，在加拿大有禁烟规定，并且必须年满 16 岁以上者方可购买香烟。同时，对于酒也是如此。在不同的文化背景下解读不同的民俗。

项目三　墨西哥

前置作业

1. **墨西哥有“仙人掌王国”的美誉，在饮食民俗上，墨西哥人是如何巧用仙人掌烹制出特色菜的？**

2. **墨西哥的金字塔与埃及金字塔有何不同？是否出于同一个源头？**

主体内容

国家概况

墨西哥全名墨西哥合众国，国土面积 196.4 万平方千米，在南美仅次于巴西和阿根廷，居第 3 位。人口约 1.1 亿。居民大多信奉天主教，通用语言为西班牙语。气候复杂多样，由于多高原和山地，垂直气候特点明显。首都墨西哥城，海拔 2240 米，人口约 2000 万，是美洲最古老的城市之一。

墨西哥是美洲著名的文明古国，其玛雅文化（公元 4—公元 10 世纪）和阿兹特克文化（公元 15—公元 16 世纪）与南美的印加文化并列为古代美洲三大印第安文明。公元前兴建于墨西哥城北的太阳金字塔和月亮金字塔是这一灿烂古老文化的代表。太阳金字塔和月亮金字塔所在的特奥蒂瓦坎古城被联合国教科文组织宣布为人类共同遗产。墨西哥古印第安人培育出了玉米，故墨西哥有“玉米的故乡”之称。墨西哥是仙人掌的故乡，在仙人掌的2000多个品种中，墨西哥有一半以上，因此墨西哥享有“仙人掌王国”的美誉。

玛雅文化

一、饮食民俗

墨西哥因为曾被西班牙统治过，又受到古印第安文化的影响，故菜式以酸辣为主。而辣椒，成了墨西哥人不可缺少的食品。

墨西哥的早餐可以用“醒神”来形容，各式食物都以辣为主，连松饼都是以辣椒来制作的。正宗的墨西哥菜，材料多以辣椒和番茄主打，味道有甜、辣和酸等，酱汁九成以上由辣椒和番茄调制而成。

墨西哥菜分前菜、汤类、主菜和甜品，其中以汤类较为清淡，用以突出主菜的酸辣特色。墨西哥菜不拘泥于餐桌礼仪，吃时可只用手，这充分反映了其民族爽朗豪气的特征。粟米是墨西哥人的主粮之一，也是墨西哥菜不可缺少的材料之一，而以粟米制成的副食品不胜枚举，像Taco（粟米袋饼）、Nachos（粟米脆饼）等。而以粟米为次，鲜鱼为主的菜式，蘸上牛油制的酱汁的鱼柳香滑鲜美，大粒的粟米则爽甜过人。

墨式沙律奇特无比，其用料配备了与青瓜口感相近的仙人掌和杂菜等材料，再加橙香的酱汁，入口清爽，配以墨式鸡尾酒，更是爽在心头。

二、服饰民俗

墨西哥人的穿着打扮，既具有强烈的现代气息，又具有浓郁的民族特色，在墨西哥人的传统服装之中，名气最大的是“袷鲁”和“支那波婆兰那”。前者是一种类似于骑士服的男装，看起来又帅又酷。后者则为一种裙式女装，色彩艳丽，裙摆很大，穿起来既高贵又大方。墨西哥人非常讲究在公共场合着装的严谨和庄重。因此，在墨西哥出入公共场合时，男子一定要穿长裤，妇女则务必要穿长裙。

墨西哥传统女裙

三、节庆民俗

（一）三王节

三王节于每年的 1 月 6 日举行，这一天为传说中东方三王向圣婴耶稣献礼的日子。这一天也是墨西哥最重要的宗教节日。在这一天，父母要向未成年子女赠送礼品。晚上亲友团聚，分食“三王面包圈”。大的面包圈内藏几个象征圣婴的塑料小人或瓷器小人，最先吃到“小人”者，需于“圣烛节”（2 月 2 日）请客。

（二）圣船节

圣船节是地区性的民间宗教节日，主要流行于纳亚里特州的斯卡尔蒂坦岛。每年 6 月 29 日这一天，当地渔民都会举行象征性的“圣徒”划船比赛。晚上人们纷纷游行集会，庆祝载有圣彼得和圣保罗像的“圣船”比赛的胜利。

（三）瓜达卢佩圣母节

瓜达卢佩圣母节是墨西哥最重要的宗教节日。每年 12 月 12 日这一天，天主教会在特佩亚克山下的瓜达卢佩圣母大教堂举行盛大的宗教仪式，数百万信徒扶老携幼、长途跋涉，赶来参拜瓜达卢佩圣母原像。境内各地教堂也举行宗教仪式。节日前后，印第安族教徒还要表演传统的民族舞蹈，按自己的方式祭祀圣母。庆祝活动要持续一个月左右。

（四）客店节和圣诞节

传说“圣灵怀胎”的贞女玛利亚随父到祖籍登记户口，因城中客店客满，结果在客店的马棚中生下耶稣。客店节是圣诞节的一部分。圣诞节前夜（12 月 24 日），各家都摆设经装饰的圣诞树和模拟耶稣降生场面的“圣诞马槽”。在这一夜里，合家欢聚，共进晚宴。

四、宗教民俗

墨西哥是人口最多的西班牙语国家，也是拉丁美洲第二人口大国，仅次于巴西。全国大约 60%的人口为印欧混血人，30%是印第安人后裔，9%是欧洲后裔。墨西哥是一个天主教国家，全国 89%的人口是天主教教徒，但也有 6%的人信奉各个派别的基督教新教，其余 5%的人口信奉其他宗教，或没有宗教信仰。

五、礼仪民俗

在墨西哥，熟人见面时所采用的见面礼节主要是拥抱礼与亲吻礼。在上流社会中，男士们往往还会温文尔雅地向女士们行吻手礼。通常，他们最惯于使用的称呼是在交往对象的姓氏之前加上“先生”、“小姐”或“夫人”之类的尊称。前去赴约时，墨西哥人一般都不习惯于准时到达约会地点。在通常情况下，他们的露面总要比双方事先约定的时间晚上一刻钟到半个小时。在他们看来，这是一种待人的礼貌。

六、其他民俗

最喜欢的颜色是白色，最不喜欢紫色。墨西哥人认为紫色是不吉利的棺材色，应避免使用，并由此而演变出一大忌，即向墨西哥人送礼物时不能送紫色类的物品或以紫色包装包装的礼品。

穿紫色系的衣服访问别人，或招摇过市，一样也不受欢迎。

在墨西哥，黄色花表示死亡，红色花表示符咒。

商务活动中要注意，在墨西哥，微笑和握手是他们的问候方式。男子绝不能吻一个十分不熟悉的女士的面颊和手。尽管大家都亲吻和拥抱，但这种习惯仅用于熟人之间。

墨西哥人认为蝙蝠是一种吸血鬼，所以他们忌讳其图案，他们也同样忌讳“13”和“星期五”。

知识链接

玛雅文化遗址——奇琴伊查（Chichen Itza）

在墨西哥已经发掘出的玛雅文化遗址中，最著名的要算位于尤卡坦（Yucatan）半岛上坎昆西南 200 千米处的“羽蛇”之城——奇琴伊查了。“奇琴伊查”在玛雅语里是“伊查人的井口”的意思。在距离奇琴伊查城不远处有两个天然泉瀑布，伊查人选中了这个有水的地方长期居住下来，从此这里就叫奇琴伊查了。奇琴伊查始建于公元5世纪，7世纪鼎盛时期时占地面积达25平方千米，却在13世纪时突然被废弃。它是玛雅古国最大、最繁华的城邦。当年的玛雅人在这里用石头建造了数百座建筑物，已经发掘出的重要建筑有库库尔坎金字塔、勇士庙、千柱群、球戏场、天象台等。

玛雅文化遗址

项目拓展

16世纪以前拉丁美洲大陆生活着印第安部族。古印第安人曾创造了辉煌的玛雅、阿兹台克、印加三大文化。音乐在当时也得到了较大的发展。16世纪后，经过300多年的殖民统治，拉美音乐发生了巨大的变化。大量欧洲音乐传入拉丁美洲，再就是很早开始就作为欧洲人的农奴而被送到新大陆的非洲黑人也带来了非洲音乐文化，因此，长期以来印第安本土音乐、欧洲音乐、非洲黑人音乐的不断融合混血，便形成了如今拉丁美洲音乐千姿百态、五彩斑斓的新格局。

分析拉美音乐的独特性。

项目四 阿根廷

前置作业

1. 阿根廷文化是一种极其复杂的多元文化，受此影响，阿根廷足球同样也是一座瑰丽奇异的迷宫，其队员个性鲜明、风格独特、技术虚实相生，很有特点。了解阿根廷背景下的足球文化。

2. 为什么说阿根廷是“世界的粮仓和肉库”？

主体内容

国家概况

阿根廷共和国为拉美第二大国，仅次于巴西。阿根廷位于南美洲东南部，东濒大西洋，西同智利接壤，北界玻利维亚、巴拉圭，东北部与巴西和乌拉圭为邻。地势由西向东逐渐低平。巴拉那河全长4700千米，为南美第二大河。主要湖泊有奇基塔湖、阿根廷湖和别德马湖。北部属热带气候，中部属亚热带气候，南部为温带气候。

阿根廷主要民族是欧洲人和印第安人，官方语言为西班牙语。居民大多信奉罗马天主教。

在西班牙语中，“阿根廷”与“拉普拉塔”两词意义相同，均为“白银”。1527年，西班牙探险家塞瓦斯蒂安·卡沃托率领一支远征队到达南美大陆后，从一个宽阔的河口溯流而上，深入到内地。探险家们发现当地印第安人佩戴着很多银制的饰物，以为当地盛产白银，便将这条河命名为拉普拉塔河，把这一地区称为拉普拉塔区。1816年，拉普拉塔省宣布独立，并将国名正式定为阿根廷。“阿根廷”一词源于拉丁文，不仅是指具体意义上的白银，同时寓意“货币”、“财富”。这块广袤的土地上虽不产白银，却有着肥沃的土壤、丰茂的草原、良好的气候，这使阿根廷成了“世界的粮仓和肉库”，财富滚滚而来。

一、饮食民俗

阿根廷是一个移民国家，85%以上的居民来自于意大利和西班牙的后裔，所以它的饮食文化也掺杂了欧陆西餐的成分，肉食方面主要以牛、鸡、驴为主，甚少吃猪。炭烧烤肉是当地的特色。

（一）烤肉

烤肉是阿根廷的一大特色，多吃牛肋骨扒，烤制方法很简单，牛肉绝不事先腌制，烤的时候仅用一点点盐，直接用炭火烧烤而成。阿根廷的牛肋骨扒有个特点，就是肉中带筋，不能太生食用，一定要烧制成七八成熟才甘香可口。虽然称为牛肋骨扒，但分量不少，骨边先是一层牛油，再到瘦嫩的牛肉，吃起来甘香阵阵，炭烧得外酥里嫩，牛油、肉汁都保留在内。

阿根廷烤肉

（二）马黛茶

马黛茶跟马没有任何关系，只是一种当地草药名字的译音。马黛茶在阿根廷当地有很多的品牌，不同的品牌功效是不同的。

马黛茶与咖啡、茶（红茶、绿茶等）并称为“世界三大茶”，早在印加帝国时代，就是南美洲人民在日常生活中常喝的茶。它含有丰富的维生素、矿物质、铁质、钙质、食物纤维等，所以有“液体沙拉”、“奇迹茶”之称。功效是活化肠的蠕动、解除便秘，也能补充饮食容易欠缺的营养素。

马黛茶是阿根廷的一大特产，虽然这种茶并不仅仅是阿根廷才出产，但是仍然有人说，“不喝马黛茶就不算来到了阿根廷”。马黛茶不仅是当地人民生活中不可缺少的饮料，而且大量出口北美、西欧和日本等国家。当地人传统的喝茶方式很特别。一家人或是一堆朋友围坐在一起，在一把泡有马黛茶叶的茶壶里插上一根吸管，在座的人一个挨一个地传着吸茶，边吸边聊。等壶里的水快吸干的时候，再续上热开水接着吸，一直吸到聚会散了为止。吸茶用的茶壶是重要的茶具，也是当地人们很重视的家庭用具。阿根廷人认为，使用什么样的茶壶招待客人，比喝马黛茶本身还重要，就像西方人待客讲究餐具一样。一般平民百姓使用的马黛茶壶大多是竹筒或葫芦挖空制成的，壶上不加什么装饰，吸嘴一般是金属管做的，镂空椭圆形的管头插入壶中，起到过滤茶叶的作用。而高档的茶壶则是一种艺术品，有金属模压的，有硬木雕琢的，有葫芦镶边的，也有皮革包裹的，形状千奇百怪。壶的表层刻有人物、山水、花鸟等图案，并镶嵌着各种各样的宝石，在灯光照射下闪闪发亮，吸嘴则有镀银的，有的也有一些艺术性装饰。

泡制马黛茶的方式很简单，只需把热水（80～90 摄氏度或冷却几分钟后的沸水开水最理想，这是因为在这个热度马黛茶的独特香味可以适度地发挥出来）倒入放有马黛茶的容器就行了。依照一般茶叶，浸泡两三分钟即可饮用，热饮、冰饮风味俱佳，可加入蜂蜜及柠檬，也可以试着调入牛奶当作奶茶，或调入果汁当作水果茶。

马黛茶

二、服饰民俗

阿根廷人大概是穿衣服最讲究的民族了，在阿根廷，政府机关和大小公司一般都要求职员穿西装打领带。无论严寒酷暑，外国人到此也得入乡随俗，否则会被认为无礼。妇女着装也很讲究，以套裙为主，不到周末节假日一般不穿裤装。冬天，妇女多穿裘皮短大衣，这并非因气温太低，而是为了显示身份，而且这里皮衣相对价格不贵，在一般情况下，无论是进行正式访问还是外出，男士一定要穿西装套装，女士要着套裙或长裙。

阿根廷服饰

三、节庆民俗

阿根廷的主要节庆有真理和公证纪念庆典、革命周年纪念日、国旗节、独立日、哥伦布尔日、圣母无染原罪瞻礼等。

四、宗教民俗

阿根廷罗马天主教徒徒占92%，新教徒徒占2%，犹太教徒徒占2%，其他占4%，所以，阿根廷的主要宗教为罗马天主教。

五、礼仪民俗

阿根廷人久别相见，男人互相拥抱，女人则握住对方双手并亲吻面颊。

送礼不要送衬衫、领带之类贴身用的物品。

阿根廷人喜欢别人夸奖他们的孩子、家里的陈设和他们的菜。避免谈论有争议的宗教、政治问题，可以谈谈体育，特别是足球以及当地的公园。阿根廷人在饮食上习惯吃欧式西菜，以吃牛、羊和猪肉为主，尤以烤全羊为其传统的食品。阿根廷商人喜欢邀人至家中做客，餐桌上免不了阿根廷正宗牛肉。到阿根廷人家里做客，可给女主人送上一束鲜花或一些糖果，此外，第二天不要忘了让人送花给主人致意。阿国人对其“牛仔文化”亦感骄傲。

六、其他民俗

应邀做客宜着深色西装，并赠送小礼物或鲜花，以促进良好的人际关系。

阿根廷国民民性保守，崇尚逸乐。

过新年时，阿根廷妇女会先把一篮鲜花撒在水面上，然后跳进五彩缤纷的花海，用花瓣揉身洗“新年浴”，据说这样可幸福长寿。

在阿根廷付小费极为普遍，餐厅、美容院、公共场所衣帽间、剧院或电影院带位服务人员、旅馆门童、机场旅馆行李搬运人员、出租车驾驶人员等皆需给予小费，否则被视同失礼。

项目拓展

阿根廷是探戈的故乡。阿根廷人酷爱探戈。许多人都会跳探戈，平时到处都能听到探戈舞曲。阿根廷人把探戈看做是自己的国宝，是民族的骄傲。阿根廷探戈飘逸、洒脱，以独特切分音为鲜明特征，节奏明快的音乐能带来强烈的冲击效果。阿根廷探戈可唱、可跳、可演奏，它是一种集音乐、舞蹈、歌唱和诗歌于一身的综合性艺术形式。它和国标当中的探戈有很大差异。

阿根廷探戈与国际标准舞中的探戈有什么渊源？各自倾向于怎样的美学、艺术追求？

项目五　巴西

前置作业

1. 巴西是一个非常尊重女性的民族，了解巴西的婚嫁习俗，从中体会巴西在社会中所处的地位。

2. 巴西和肯尼亚的烤肉都很有名，但各自又有什么不同的特点？体现了两国在饮食民俗上有什么不同的追求？

主体内容

国家概况

巴西位于南美洲东南部，同除智利和厄瓜多尔以外的所有南美洲国家接壤，是南美洲面积最大的国家。其北邻法属圭亚那、苏里南、委内瑞拉和哥伦比亚，西连秘鲁、玻利维亚，南接巴拉圭、阿根廷和乌拉圭，东濒大西洋。巴西在历史上作为葡萄牙的殖民地长达300年之久。其国名巴西，葡萄牙语意为“红木”。在16世纪，殖民者登上巴西时，发现这里有一种名贵的树木，从中可提取欧洲难得的红色染料，遂将此木称为“红木”，后演变成国名。巴西全国面积8547403平方千米，国土面积约占南美洲总面积的46%，仅次于俄罗斯、加拿大、中国和美国，为世界第五大国。

巴西全境地形分为亚马孙平原、巴拉圭盆地、巴西高原和圭亚那高原，其中亚马孙平原约占全国面积的1/3。有亚马孙、巴拉那和圣弗朗西斯科三大河系。亚马孙河全长6751千米，横贯巴西西北部。亚马孙平原是世界上最大的平原，亚马孙河是世界上最大的河流，圣保罗是南半球最大的城市。

巴西种族和文化差异显著。南部居民多有欧洲血统，可溯源到19世纪初来自意大利、德国、波兰、西班牙、乌克兰和葡萄牙等国的移民。而北部和东北部的居民部分是土著，部分具有欧洲或非洲血统。东南地区是巴西民族分布最广泛的地区，该地区主要有白人（主要是葡萄牙后裔和意大利后裔）混血人，非洲巴西混血以及亚洲和印第安人的后代。

一、饮食民俗

在饮食方面，巴西因为是欧、亚、非移民荟萃之地，饮食习惯深受葡萄牙、非洲、意大利、日本和土著巴西人的共同影响，所以各地习惯不一，极具地方特色。巴西南部土地肥沃，牧场很多，烤肉就成为当地最常用的大菜。东北地区人的主食是木薯粉和黑豆。其他地区的主食是面、大米和豆类等。巴西人平常主要吃欧式西餐。因为畜牧业发达，所以巴西人所吃食物之中肉类所占的比重较大。在巴西人的主食中，巴西特产黑豆占有一席之地。巴西人喜欢饮咖啡、红茶和葡萄酒。饮食上习惯以吃欧式西菜为主，但有的人也喜欢吃中国菜。巴西人性格开明、豪放，待人热情而有礼貌。在饮食上，巴西人的特点是以大米为主食，喜欢在油炒饭上撒上类似马铃薯粉的蕃芋粉，再加上类似花菜豆的豆一起食用。过去，巴西人不喜欢食用菜，自外来移民种植了大量的优质菜后，巴西人的家庭餐桌变得日益丰盛。吃鱼在巴西人当中还没有完全普及，通常只是在星期五和复活节时有吃鱼的。然而，巴西人都喜欢吃虾。在周末愉快的餐饮中，巴西人喜欢把大块的肉放在火上烤着吃。

巴西人日常饮食

烤牛肉是巴西上层宴客的一品国菜，也是民间最受欢迎的一道菜。烤牛肉不加调料，只在牛肉表面撒点食盐，以免丧失原质香味。炭火一烤，表层油脂渗出，外焦里嫩，有一种特有的香味。

豆子炖肉是全民大菜，它是用豆子烹煮而成的菜。

还有香辣烤鱼、酸甜烤鳗鱼、烤茄子、烤辣椒等则是巴西流行的新品种，还有烤菠萝、烤苹果、烤玉米、烤香菇、烤哈密瓜等烤素系列，风味各不相同，但每一样都受到女孩子的特别宠爱。

巴西素称“咖啡王国”，是世界上最大的咖啡消费国之一，也是世界三大咖啡产地之一。咖啡是大多数人喜欢的饮品。巴西人的生活跟咖啡有不解之缘，一天内喝个数十杯咖啡是常见的事。

巴西人招待普通朋友，一般是到餐馆请客，不轻易邀客人到家用餐。只有知己或亲密朋友，才特殊对待，有请进家中做客的资格，这也是给客人的一种最高礼遇。客人应邀出席家宴时，都要带些礼物送给主人，如鲜花、玩具、书籍等。在巴西人的家宴上，酒类准备得较多，通常以红、白葡萄酒和啤酒为主，凉菜多为沙拉，主菜则以烤肉为主。饭后备有甜食、水果、咖啡、茶、冰激凌等。席间，主人一般不劝酒，客人喜欢哪种酒、哪种饮料可随便饮用。

二、服饰民俗

在正式场合，巴西人的穿着十分考究。他们不仅讲究穿戴整齐，而且主张在不同的场合里人们的着装应当有所区别。在重要的政务、商务活动中，巴西人主张一定要穿西装或套裙。在一般的公共场合，男士至少要穿短衬衫、长西裤，女士则最好穿高领带袖的长裙。

三、节庆民俗

巴西的主要节庆有狂欢节、巴西民族独立运动日、圣体节、圣母显灵节、共和国成立日等，下面介绍下狂欢节。

巴西狂欢节被称为世界上最大的狂欢节。在巴西的狂欢节上，每个人都不愿表现自我，而是想成全别人。狂欢节中常常出现“易装癖”，这是历史的产物。巴西狂欢节对女性化的狂热程度在世界上可以说是独一无二的。在巴西的狂欢节中，里约热内卢狂欢节是世界上最著名、最令人神往的盛会。该市狂欢节参加桑巴舞大赛演员人数之多，服装之华丽，持续时间之长，场面之壮观堪称世界之最。在巴西的狂欢节中，巴伊亚州首府萨尔瓦多市的狂欢节独具特色。由于巴伊亚人不愿将狂欢节市场化，所以这里的狂欢节得以保持它的原汁原味。此外，在音乐方面，巴伊亚是全国最发达和最重要的地区，这里到处充满了音乐和舞蹈，它是巴西传统和狂欢节精神最真实的体现。

四、宗教民俗

巴西是一个移民国家。移民来自世界各地，因而集中了东西方多种宗教信仰。在巴西的各种宗教中，天主教是最大的宗教，其信徒占 90%以上，人数比例多于世界上任何国家。第二大宗教是坎东市莱教，该教名称主要通行于巴伊亚州，在里约热内卢则称马昆巴，在圣保罗叫温班达。该教原为非洲尼日利亚、贝宁等地流行的一种原始宗教，供奉祖先和信仰自然神。随着黑奴被贩卖到巴西，原始宗教在巴西广为流传，但后来该教信徒遭遇天主教而逐渐减少并与天主教、印第安宗教相互渗透，形成了坎东布莱教。

五、礼仪民俗

巴西的风俗习惯与欧洲差不多。巴西人有时较拘礼，有时又十分随和。初见面时，人们以握手为礼，然而亲戚朋友间彼此问候，也习惯拥抱、亲颊。不仅如此，就是对完全不相识的陌生人，也可以拥抱、亲颊。社交礼仪的亲颊，是在两颊各亲一下。男女彼此亲颊问候，女人与女人也习惯如此。然而，在大多数社交圈中，黑人习惯握手，同时用左手在对方肩上拍一拍。比较亲近的男士彼此间习惯拥抱，在对方背上重重拍打。

六、其他民俗

（一）婚嫁习俗

巴西人的结婚年龄一般为：男子 24～26 岁，女子 19～20 岁。婚姻大多是同一阶层的不同家族之间的结合。合法婚姻有两种：一种是在政府登记的，另一种是到教堂登记的。但有些中产阶级和上层人士为在财产处理上有法可依就要到政府去登记，而出于宗教信仰又要到教堂去登记，从而要举行两次婚礼。在一些偏僻乡村，因为一时无法登记结婚而要同居者，必须经由双方家长同意。等有关神职人员巡视时，再为这些已成婚的夫妇登记，举行集体婚礼。

根据巴西婚嫁的传统习惯，男女双方结婚，男方无须聘礼，只需准备一对戒指，准时到教堂举行婚礼。女方则要担负结婚时所用的一切费用，如操办婚礼的事务费、教堂的使用费、新房的布置费等。有钱人家的闺女出嫁，除了丰厚的嫁妆外，还要陪嫁楼房住宅。陪嫁的财产越多，越能显示出女方家庭的富有和女儿的尊贵地位。

男女双方结婚以后，妻子一般不跟丈夫到婆家去住，多数是同自己的父母居住在一起。有的女婿干脆也搬到丈母娘家来住，但女婿要负担生活费。在比较贫穷落后的乡村，婚嫁并不那么讲究。一般都是女方嫁到男方家去。聘礼、陪嫁也很简便，婚礼也很简单，大都是请喝一些甘蔗酒即可。

（二）部分民族的礼节

巴西印第安人区流行着一种奇特的礼节。客人来访第一件事就是请他们洗澡，客人洗的时间越长，就越表示对主人的尊敬。如果主人有急事要谈，主人则陪客人同浴，边洗边谈。他们欢迎来自文明社会的客人仪式很奇特。首先同一个巫师向客人脸上吹气，他们认为这样可以驱散文明人带来的疾病；接着是部落的男人泪流满面地发表演说，他们认为眼泪是对和平使者的欢迎；最后女人用唾液和树叶调制颜料，把客人的脸颊涂成红色或黑色，以表达他们的友好情意。巴西赤道森林里的印第安人有不把自己的名字告诉陌生人的特有习俗。他们认为把自己的名字说出来会给自己带来损害。

巴西的纳坚斯第地区女子惯以戴帽子表达情感。他们把帽子戴得偏右，表示已婚；偏左，表示未婚；帽子顶在前额，则表示遇到了不幸之事，心情沮丧。

巴西西北的车尼斯族，有“女姓至上”之俗。在那里，男子必须对妻子绝对服从，不得有违抗之意。

项目拓展

“巴西”一词来源于葡萄牙语，意为“红木”。巴西有“宝石之国”、“可可王国”、“咖啡王国”、“未来的世界”、“天然橡胶国”之称。丰富的物产造就了巴西怎样的民风民俗？

项目六　秘鲁

前置作业

1. 印加文明的辉煌与没落。
2. 了解秘鲁充满神秘色彩的节庆民俗。

主体内容

国家概况

秘鲁共和国简称秘鲁，印第安语有“玉米之仓”之意，秘鲁所在地正是古代文明帝国——印加帝国。秘鲁位于太平洋东岸南美洲西部，北邻厄瓜多尔和哥伦比亚，东与巴西和玻利维亚接壤，南接智利，西濒太平洋。秘鲁原为西班牙殖民地，1822 年 7 月 28 日宣布独立，首都利马。秘鲁人口约为 2800 万，民族包括印第安原住民、欧洲人、非洲人和亚洲人。官方语言为西班牙语。

秘鲁的原始居民是奇楚亚、艾马拉、莫奇卡和普基纳等印第安人。公元 11 世纪，印第安人以库斯科城为首府，在高原地区建立了印加帝国，农业和手工业高度发展。1531 年，F. 皮萨罗率西班牙远征队侵入印加帝国，翌年在卡哈马卡诱俘了印加国王阿塔瓦尔帕，勒索大量财宝后背信弃义地将他处死。1533 年，秘鲁沦为西班牙殖民地。1821 年 7 月 28 日秘鲁宣布独立，建立了秘鲁共和国。

秘鲁

一、饮食民俗

秘鲁菜肴大体可分为两大系。以利马为代表的沿海区以辣味为主，主料是鱼、海味、鸡和马铃薯，做法多为凉拌、清蒸和烧烤，名菜有生鱼“塞维切”（ceviche），火烤辣味牛心或鱼块串“安蒂库乔”（anticucho）等。以库斯科为代表的山区菜以甜味为主，主料是牛、羊肉和马铃薯，以炖、烩、煎为主，名菜有牛肉、甘薯和大蕉烩制的“桑科恰多”（sancochado），马铃薯干煎的“丘纽”（chuo），甜咸味的虾菜汤“丘佩”（chupe）等。秘鲁的传统饮料是奇恰酒和皮斯科酒，分别以玉米和葡萄酿制而成。一般来说，山区的印第安人爱喝奇恰酒，沿海城市居民喜饮皮斯科酒。

二、服饰民俗

秘鲁传统服饰

秘鲁乡村人们的穿着有非常明显的特点，这是前西班牙与欧洲服饰相融合的结果，殖民地时期当地的居民必须穿上这种服装。

当地妇女将传统的印加服饰 anacu 加以改良，加入了鲜艳的色彩元素和多层次的衬裙，使其变成了众所周知的传统绣花花裙。不同地区服式会稍有不同，一条黑色裙子会搭配上各种不同颜色的腰带。在北部的皮乌拉高地，当地人们会在服饰上搭配鲜花。而在更南部的奇克拉约，裙子上则会搭配颜色鲜艳的毛纺 lliclla。

在利马高地，裙子上有红色和黑色绣花边做装饰。在胡宁（Junín）、卡哈马卡（Cajamarca）和库斯科，妇女们不再穿着黑色的裙子，她们裙子下面是一层层棉质的衬裙，裙边绣着华丽的金、银线。

秘鲁的披风可追溯到 17 世纪，由当时人们使用的 unku 演变而来。在卡哈马卡重披风用于遮挡风雨，普诺则是在节日期间使用披风。库斯科的披风很短，在红色背景上有精心绣上的几何图形。

在沿海地区，种植园的工人常穿着由棉花或尼亚纤维制成的披风。在丛林地区，一些部落男女佩戴 cushma，这是一种两端缝合在一起的宽松束腰上衣，上完颜色后会用当地独具特色的几何图形加以点缀。

传统服装中的帽子一般是各种颜色的羊毛帽或草帽，但在安第斯山脉最寒冷的高地，人们往往佩戴带耳扇的毛线帽，这是一种能罩住耳朵的羊毛帽子，上面装饰着精美的几何图案。

不同地域的舞蹈需要配以不同样式的服装。在海岸地区，人们不再穿着棉质裙子跳马利内勒的舞蹈，取而代之的是绣花丝绸裙子。在安第斯山脉地区，剪刀舞舞者甚至用小镜子装饰他们精美的服饰，并在服饰背后绣上守护神形象。

三、节庆民俗

秘鲁的主要节庆有佣人节、太阳节、雅瓦尔节、独立日、利马玫瑰节、游神节、万灵节、普诺建城节等。

（一）太阳节

6月24日，这是秘鲁印第安人——克丘亚人最重大的节日，在库斯科市近郊的印加遗址萨克萨瓦曼城堡举行庆典，祭奉太阳神，也称为太阳祭。克丘亚人的祖先是印加人，他们崇拜太阳，“印加”意即“太阳的子孙”，他们的国王也叫“印加”。

（二）雅瓦尔节

7月下旬。“雅瓦尔”是克丘亚语“血”的意思，故又称“血的节日”或“血的狂欢节”。一年一度的雅瓦尔节的主要活动是兀鹰斗牛。当地印第安人想到百鸟之王大兀鹰，便把复仇的愿望与兀鹰的勇猛联系起来，于是兴起了兀鹰斗牛的“雅瓦尔节”。大兀鹰象征英勇顽强的印第安人民，大壮牛则代表殖民主义。每次斗牛总以兀鹰胜利告终。按照当地风俗习惯，男女青年都喜欢选择在斗牛这一天举行婚礼。雅瓦尔节一般历时10天，到7月28日秘鲁国庆日达到最高潮。

四、宗教民俗

古代秘鲁印第安人信仰多种多神论和泛神论的宗教。根据印第安人的信仰，太阳、月亮、闪电和高山等自然现象都是膜拜的对象。每一个部落都有自己的神灵，并为他们建造庙宇。但是，所有这一地区的印第安人最重要的神祇是造物主维拉科查和大地女神圣母帕查。在印加帝国建立王朝之前，维拉科查的传说就已经流传在印第安人中间。传说这位雨神在的的喀喀湖上创造了日月，教会了人们文明的技能。最后，他向西跨越太平洋，并许诺有一天还会再回来。这位众神之王的形象一般是长袍持杖的大胡子男子。

西班牙人的入侵为秘鲁带来了新的宗教信仰。他们向土著人灌输罗马天主教，建立了成百的教堂，为每一个村庄确立守护圣徒，举行宗教节日。现在，90%的秘鲁人信仰罗马天主教，不过，他们并不是十分严格地遵守戒律。而且，当地人把自己的土著信仰融合到了天主教中，创造出了一种令人着迷的混合宗教体系。20世纪新教的势力在贫苦农民之间的影响逐渐扩大。秘鲁政府奉行宗教信仰自由的政策。

五、礼仪民俗

秘鲁人比较保守、刻板，为他们的印加帝国和西班牙殖民文化历史感到自豪。

按照秘鲁的商务习惯和礼俗，随时宜穿保守式样西装。男女见面、离别时都握手。好朋友见面，男的拥抱，妇女亲吻对方的面颊。访问公私机构均需预约。

六、其他民俗

秘鲁居民中绝大多数人信奉天主教。秘鲁基巴罗族人视巫师如神明，并对其异常崇敬。秘鲁人特别忌讳“死亡”这个字眼。

秘鲁的印加印第安人，在每年9月举行定期驱魔节日。因9月是雨季，瘟疫易于流行。为了驱除病魔，秋分后月圆的第一天，所有的人都要禁食。晚上各家聚会，烤制一种掺有小孩鲜血的玉米饼。人们在洗浴之后，用这种面饼擦头、脸、胸、肩、腿，认为这样可以消除病痛，然后再用这种面饼擦门槛，证明全家都已斋戒净身。

秘鲁人忌讳“13”和“星期五”，认为这是不吉利的数字和日期，遇其必将会大难临头。他们忌讳乌鸦，认为乌鸦是一种不祥之鸟，给人以厄运和灾难的印象。他们忌讳以刀剑为礼品，认为送这些东西意味着割断友谊。他们在饮食上忌食海参一类的奇形怪状的食品。

在秘鲁，紫色平时禁用，只有在10月份举行宗教仪式时使用。秘鲁人把紫色视为不祥。对秘鲁人不宜送用紫色包装的东西。穿紫色衣服去访问别人，同样不受欢迎。人们喜欢红、黄、绿色，也喜欢向日葵、鸵鸟图案。

项目拓展

秘鲁人特别忌讳“死亡”这个字眼，若以“死亡”来诅咒他人，必定会引起一场大殴斗。在通往生命终点的路上，不同的宗教信仰有不同的解释。请对比理解世界主要宗教对“死亡”的解读。

项目七　智利

前置作业

1. 独特的地理位置对农业民俗的影响。

2. 复活岛为何在 1996 年 2 月被联合国教科文组织宣布为世界文化遗产？

主体内容

国家概况

智利位于南美洲西南部，安第斯山脉西麓。东同阿根廷为邻，北与秘鲁、玻利维亚接壤，西临太平洋，南与南极洲隔海相望，是世界上地形最狭长的国家。智利拥有非常丰富的矿产资源、森林资源和渔业资源。智利是世界上铜矿资源最丰富的国家，又是世界上产铜和出口铜最多的国家，因此其享有“铜矿王国”之美誉。

首都圣地亚哥，南美洲第四大城市，位于国境中部，坐落在马波乔河畔，东依安第斯山，夏季干燥温和，冬季凉爽多雨雾，碧波粼粼的马波乔河从城边缓缓流过，终年积雪的安第斯山仿佛一顶闪闪发光的银冠，天然山水给圣地亚哥增添了几分动人的风韵。圣地亚哥是一座拥有 400 多年历史的古城。1541 年，西班牙殖民者瓦尔迪维亚率领 150 名骑兵来到这里，在位于城市中心的圣卢西亚山上修筑了西班牙在南美洲大陆上的第一座炮台，并在山下用泥砖和草木建筑了一批原始的住宅区，这就是圣地亚哥城的雏形。1818 年 4 月 5 日，圣地亚哥成为智利的首都。

智利的复活节岛位于太平洋东南部，以神秘巨像闻名遐迩。岛上有 600 多尊面对大海的古代巨大半身石雕像。1996 年 2 月，该岛被联合国教科文组织宣布为世界文化遗产。

复活节岛

一、饮食民俗

智利人的主要食材有面粉、大米、玉米。牛肉、猪肉和羊肉，在智利重大的活动中都占有重要位置，而且多用来制作烤肉。葱头、土豆、西红柿、生菜、龙须菜、白菜和紫菜头等蔬菜及菜豆、兵豆和鹰嘴豆都是家庭餐桌上必不可少的食品。智利的高质量海产品，如海蟹、大牲朗和硕大的贻贝，也是节日里做菜的主要原料。各种各样的天然水果，如苹果、柑橘、葡萄、西瓜、甜瓜、李子、杏、草莓、桃、荔枝和山橄榄等是家家户户餐桌上的必备之物。智利人吃饭必须饮酒，而且，在智利消费的红、白葡萄酒都是上等酒，还有白酒，喝的方法也很多，可以单独饮用，也可以掺进柠檬和糖作开胃酒。

智利海蟹

二、服饰民俗

智利传统的民族服饰是“查曼托”。“查曼托”是一种类似套头披肩的装束。中间镂空，前后两面，长度及腰，如果腰等部位有钮扣的话，就极像中国的马甲，既能御寒，又是一种装饰。它由丝线和棉线（或羊毛）经纬编织而成，犹如双面绣，不分正、反面。一面的图案颜色呈暗色，通常在白天使用，另一面的图案颜色则较亮丽，适合夜间使用。由于这种披肩丝线精细，织物密度要求严格，且图案十分复杂，因此一般情况下一个编织女工至少要花费 3 个月的时间才能织成一件。这些用传统土法编织的棉披肩做工讲究，手感滑软，古色古香中透着浓郁的智利中部地区粗犷、洒脱的韵味。每件披肩上的图案各不相同，有智利的国花喇叭花，有麦穗、黑莓、葡萄串，也有倒挂金钟、鸟类等带有智利特色的动植物。

三、节庆民俗

智利的主要节庆有葡萄收获节、复活节、伊基克海战节、基督圣体节、圣佩德罗圣巴勃罗节、圣母升天节、独立日、陆军节、哥伦布日、诸圣节、圣母受孕日、圣诞节等。

3月10日—18日，葡萄收获节，是传统的民族节日。每年葡萄收获季节，姑娘们在一片悠扬悦耳的歌声中采摘葡萄。人们从中选出十几位漂亮的女青年为“葡萄女郎”。在葡萄公司和其他组织策划下，她们乘着载满葡萄及其展品的大篷车，进城推销出售。在城内市场上，葡萄女郎宣读“葡萄令”，庆贺葡萄丰收。然后，她们品尝自备的美味肉汤以示喜庆。

四、宗教民俗

65％的智利人是混血儿，主要是西班牙移民和印第安人的混血儿。纯种的欧洲人占30％，其他5％是印第安人。最大的印第安人族群是北方的阿他加马人和南方的马普切人。80％以上的人信仰天主教，其他信仰新教或犹太教。土著人的信仰几乎完全丧失掉了。

五、礼仪民俗

智利风俗礼仪在许多方面同西班牙十分近似，但又带有当地土著居民的鲜明特征。智利人注重礼节，热情好客但传统习俗颇多，而且带有明显的西方人的特征。智利人十分重视见面时的问候礼节，他们同外来客人第一次见面时多要握手致意，有时男性之间要热情地拥抱，女性之间要相互亲吻面颊，最常用的问候语是“您好”、“见到您非常高兴”、“感谢上帝让我们相识”等。熟悉的朋友见面，多是热情拥抱和亲吻，寒暄问候，异常亲密，男女均是如此。一些上了年纪的人见面，还习惯行举手礼或脱帽礼。

六、其他民俗

同许多美洲国家一样，智利人一般不邀请他人到家中做客，除非是感情深厚的朋友，如果你被智利朋友邀请到家中做客，应视为一种荣幸，不可出自客气或其他理由而谢绝，否则会被主人认为是瞧不起人而生气。应邀到智利朋友家中做客，应按时赴约，迟到或早到都是不礼貌的行为。智利人的时间观念比较强，凡事都习惯按预定的时间进行，这是同许多美洲国家所不同的。到达主人家，客人应主动送一束鲜花或包装精美的糖果给女主人，先向女主人表示问候，随后问候男主人和其他家庭成员。

智利人的禁忌和西方几乎一样。智利人还认为“5”这个数字不吉利。

知识链接

谜一样的复活节岛

1722年4月，由荷兰探险家雅各布·罗格文率领的3艘战舰在东南太平洋的狂风巨浪中颠簸了数月之久。暮色中，他突然发现前方有一个小岛。在兴奋和猜度中，他们靠近了这个航海图上没有标记的岛屿。然而，他们简直不敢相信自己的眼睛，这个小岛的四周竟然站立着黑压压、一排排参天巨人。再走近一看，原来那是数百尊硕大无比的巨人雕像。

这一天是复活节，所以他们把这个小岛命名为复活节岛。

小小的复活节岛独处地球偏僻的一角，孤悬于东太平洋上，远离其他岛屿，西距皮特凯恩岛1900千米，东距智利西海岸面700千米，岛长22.5千米，呈三角形，面积约17平方千米。

复活节岛贫瘠而干旱，岛的中部是风沙横行的沙漠，粮食根本无法生长。岛上也绝少树木，只有杂草。没有供水，没有河流，岛民只能靠挖池塘蓄存雨水度日。除了老鼠，岛上再没有其他野生动物。居民既无法种粮，也无法狩猎，而只能用简陋的木制工具打洞栽种甘薯和甘蔗，艰难度日。所以，这里的岛民长年累月目所能及的除了大海、太阳、月亮和星星外实在是别无他物了。

然而，就是这样一个干旱、荒凉，只有少数土著人居住的孤岛上，却遍布着1000多尊巨大无比的巨人石像。这些巨人石像最重的可达90吨，高9.8米，就连最普通的也有二三十吨重。更加令人惊异的是，这些巨大石像还大都顶着巨大的红石帽子。一顶红石帽，小的也有20吨重，大的重达四五十吨。

科学家们从1914年开始对复活节岛进行全面的考察和测绘，并逐一统计了岛上石像的分布情况，然而，一个个巨大的疑问摆在他们的面前，令他们百思不解。

面对着岛上的巨石人像，人们首先产生的疑问必定是：这些巨石人像是怎样造成的？有人做过精确的计算后指出，这些工作量最少需要5000个身强力壮的劳动力才能完成。他们作了一个严格的实验，发现仅是雕刻一件中等大小的石人像就需要十几个工人干上一年，这还不包括完工后的运输。又有人作过精确的计算，320个劳动力产生的拉力，可以拉动一尊8吨重的石像。那么，那些10吨、20吨、80吨重的石像，是怎么拉动的？这些石像又是怎么竖起来的？怎么戴上20吨重的红帽子的呢？要知道在这个贫瘠的小岛上居民们无法种植粮食，食不果腹，最多能勉强维持2000人的基本生存需求，那是靠什么来养活5000名强劳力的呢？他们吃什么？而且，人们发现这个岛时，岛上仅仅生活着几百名尚未开化的土著人，他们怎么能够提供找5000名劳力的各种需求，如木材、绳索、食物等呢？

人们找到了岛上的9处采石场，只见采石场内那些坚硬如钢的岩石像被切蛋糕似的任意割开，几十万立方米的岩石已被凿成初步的模样。还有300多尊石像，有的尚未完工，有的加工了一半，有的已加工好放在远处等待着运走。有一尊石像最奇特，它的脸部已雕凿完成，只有后脑勺的一点还和山体连接，只要再有几刀就可和山分离，然而它的制作者却突然停工了。这里的一切似乎都是突然停止的，到处是石斧、石镐、石钎、石凿，大石料上深刻的凿痕还分明可见，四处布满石屑，好像人们突然接到一个无法抗拒的命令，顷刻间舍弃了一切匆匆离去。这是怎么回事？小岛上到底发生了什么重大的事情？

在离复活节岛500米的海面上，有3座高达300米的小岛，分别叫作莫托伊基、莫托努侯、莫托考考。它们四周是危崖绝壁，任何船只都无法靠近。然而，岛民们清楚地记得，原来有几尊巨人石像就高高耸立在这危崖的顶端。法国考古学家马奇埃尔证实，这石像确已跌入海中，可石像的基座石坛还稳稳坐落在危崖绝顶上。

考古学家面对着这3个小岛的石坛，真是目瞪口呆。因为他们知道，别说是在史前的原始社会，就是在现代，除了最先进的直升直降的飞行器，谁也无法把这些巨人石像运到悬崖绝顶。

还有，这些巨人石像是谁造的？据第一个到达岛上的罗格文在回忆录中写道：当时的岛民有的皮肤为褐色，就颜色的深浅而言与西班牙相似，但也有皮肤较深的人，而另一些则完全是白皮肤，也有皮肤带红色的人，只有数百口人，却分为多种肤色，这更加让人不可思议。

有些研究太平洋的学者认为，复活节岛的巨石人像应属于玻利尼西亚文化，根据是库克船长所说岛民所使用的话语保留着南太平洋的音韵。而据研究，玻利尼西亚的历史不可能早于公元9世纪。复活节岛的考古调查表明，岛上最早也只能是公元14世纪才有人居住，还有更多的学者认为，复活节岛只是在公元15或16世纪才有人迁入居住，这距离荷兰人首次来岛仅100多年的时间。如此短暂的时间里，居民们怎能完成如此庞大的工程？

但也有另一派专家认为，复活节岛上大概早在公元690年以前就开始建造祭坛。用红色火山石建造的红帽子大概造于1110年，至于石像的建造，则大约从公元450年开始到公元1650年左右才结束，前后共经历了1000多年的时间。而用碳14测定，最早的石像建于公元前1680年。那时又是谁在岛上居住呢？

要想破解这些疑问，最好的办法是找到岛上的文字记载。复活节岛至今人口虽很少，却有一种独特的文字。刻着文字的木板叫作“说话板”，板上密密麻麻地刻满了象形文字，但这种文字与世界上已知的任何一种文字都不相同，而且至今只收集几块“说话板”和几件刻有这种文字的手工制品。世界各国众多科学家运用了包括电子计算机在内的一切现代科学措施手段，却仍然无法解读。

更令人惊讶的是，复活节岛的居民称自己居住的地方为“世界的肚脐”。这种叫法，一开始人们并不理解，直到后来航天飞机上的宇航员从高空鸟瞰地球时，才发现这种叫法完全没错。复活节岛孤悬在浩瀚的太平洋上，确实跟一个小小的“肚脐”一模一样。难道古代的岛民也曾从高空俯瞰过自己的岛屿吗？假如确实如此，那又是谁，用什么飞行器把他们带到高空的呢？

在复活节岛的悬崖下，有一堆大圆石块，上面刻有许多鸟首人身的浮雕图案，被称为“鸟人”。居民为什么选择了这种“鸟人”作为崇拜对象？鸟首隐喻着什么？有人认为，也许它是指一种能够在高空飞翔的智慧生物，正是这种智慧生物在高空中俯瞰地球，才得出了复活节岛是“世界的肚脐”的结论。

在复活节岛上，一切都是那么神秘莫测，古代和现代纠缠在一起，无法分清。谁也无法理解，那种令人惊慌的文化，会在一个太平洋中最偏僻、与世隔绝的孤岛上独自演化出来。就像那一个个沉默的巨石人像一般，复活节岛留给世界的是个难以解开的哑谜。

项目拓展

智利拥有非常丰富的矿产资源、森林资源和渔业资源，是世界上铜矿资源最丰富的国家，又是世界上产铜和出口铜最多的国家，享有“铜矿王国”之美誉。丰富的物产，使智利的民俗有何特点？

美洲模块训练

1. 在美国街头，每天清晨都可以看到十一二岁的男孩挨家挨户送报纸，不论风雷雨雪从不贻误。有些女孩很小便到邻居家去帮助照看小孩。他们的父母都认为让子女从小自强自立对他们将来到社会上去生活大有裨益。在这种教育下长大的孩子，一生都以独立进取作为为人的宗旨。他们求学时，靠自己的成绩获得奖学金，靠半工半读挣取学费；成年后，他们纷纷离开父母，自立门户；一旦结婚成家，他们更是独往独来，要靠自己的本事在美国社会的生死场中争得一席之地；年轻夫妇生儿育女，也完全靠自己抚育，不指望他人照顾；当孩子们长大后，家庭就有所分工，一般来说，做饭、洗衣、打扫房间是妈妈的事，修理用具、修剪草坪、擦洗汽车是爸爸的事，摆桌、洗碗是女孩子的事，收拾娱乐室及管理小动物等是男孩子的事。不过，在美国，这种独立精神往往成为老人的悲剧。当一个老年人丧失了生活能力时，他那些自扫门前雪的儿孙们是很少来照看他的。美国有不少老年人便这样在孤独寂寞中郁郁死去，有的甚至死去多日还无人发现。

美国这种独立进取的精神造就了整个民族的生机与活力，但也出现了一些社会问题。如何辩证地理解民族精神的积极与消极效应？

2. 根据玛雅文明，他们认为在“大周期”中运动着的地球以及太阳系正在通过一束来自银河系核心的银河射线。这束射线的横截面直径为5125地球年。换言之，地球通过这束射线需要5125年之久。玛雅人把这个“大周期”划分为13个阶段，每一个阶段又划分为20个演化时期，每个时期历时约20年。这样的历法循环与中国的“天干”、“地支”十分相似，他们认为自创世以来地球已经过4个太阳纪。当太阳系诸星体经历完了这束银河射线作用下的“大周期”之后，将会发生根本的变化，玛雅人称这个变化为“同化银河系”。从玛雅预言中的“大周期”的时间上看，1992—2012年这20年的时期中，我们的地球已进入了“大周期”最后阶段的最后一个时期。玛雅人认为这是“同化银河系”之前的一个十分重要的时期，他们称之为“地球更新期”。在这个时期中，地球要完全达到净化。而在“地球更新期”过后地球将走出银河射线，进入“同化银河系”的新阶段。

既然玛雅人的历法如此精准，那么他们的预言应该也有一番根据。在环境污染严重，天灾人祸不断的今日，玛雅人的预言究竟在提醒我们什么？

3. 1945年加拿大作家休·麦克写了一本非常有名的书《两种孤独》，书中表达了作者对加拿大英法双语现象的看法，并阐述了双语对两种语言群体之间关系的影响。小说虚构了第一次世界大战期间魁北克地域英语人群与法语人群之间的紧张关系，试图以此分析加拿大社会的本性，并反映社会中存在的隔阂与裂痕。尽管书中的一些观念已有所改变，但“两种孤独”一词仍被用来形容当今加拿大英法文化圈之间的关系。

体会加拿大文化是由不同文化圈共同作用的结果这一现象。

4. 华丽高雅、热烈奔放的“探戈”舞源于阿根廷，被阿根廷人视为国粹。阿根廷探戈其实非常不同于我们看到的国标舞中的探戈表演。它其实是一种唱多于跳的艺术形式。而且，它的唱是清一色男性，且都是独唱，偶尔有几个小滑稽剧穿插其中。激昂的键盘手风琴是伴奏的主旋律，它特有的切分节奏总能给人以心灵的撞击。阿根廷探戈有着自己的名称 Milonga，两个舞伴的身体并行直立，几乎贴在一起（就是因为这个贴身动作，在探戈被引进巴黎时曾引起轩然大波），并且快速旋转、踢腿，非专业人士很难将这些动作连贯起来。或许正因为太过难学和曲高和寡，阿根廷人对于探戈的态度有些类似中国人看待京剧。

阿根廷人这种独特的探戈植根于怎样的社会历史环境?

5. 印加帝国是 11 世纪至 16 世纪时位于美洲的古老帝国，其版图大约是今日南美洲的秘鲁、厄瓜多尔、哥伦比亚、玻利维亚、智利、阿根廷一带。首都设于库斯科。塔万廷苏约帝国从传说中的缔造者曼可喀巴科到最后一任帝王即于 1533 年死于西班牙人之手的阿塔华尔帕，经历了 14 任印加王。16 世纪，其被西班牙殖民者灭亡。印加帝国在建筑上有很高的成就，太阳神庙和印加南北大道的修建使它成为美洲大陆上最大的文明中心。印加人的太阳神庙被称为“克里干查”，意思是黄金花园，印加人在里面修建了他们信奉的 5 种天象神庙——太阳神庙、月亮神庙、星星神庙、雷电神庙和彩虹神庙，印加帝国最重要的祭奠——“太阳祭”每年 6 月份就在这里举行。

印加神庙的特点反映了印加人怎样的宗教崇拜? 宗教建筑与宗教崇拜有何关系?

6. 智利拥有令全世界艳羡的 4000 余千米黄金海岸线，这一得天独厚的优势对智利酒的酿造有着非常重要的影响。海岸的重要性离不开智利境内从南向北穿过大气环流的辅助，它极大地降低了智利海域的海洋温度，即使天空没有云，海风到达智利中——北部海岸的时候，也常常会出现雾天。这些雾为葡萄形成了一层天然屏障，帮助它们抵御阳光的强烈直射，控制光照，从而使其在成熟期发育得更好。海洋的魔力不仅造就了智利独特的多样性气候，也培育出了适合葡萄生长的土壤。土壤中的盐分、石灰质和其他矿物质使智利葡萄酒优化到了一个新的维度。

今天，智利赤霞珠葡萄酒已经成为受到世界顶级赞誉的葡萄酒之一，而这里的霞多丽和黑品诺与其他生产地相比，也别具风味。智利葡萄酒成为了新世界葡萄酒的新宠，而葡萄酒文化在很长一段时间里让欧洲独领风骚。

受不同文化背景、地理环境影响，南美和欧洲形成的葡萄酒文化有何不同?

参考文献

[1] 尹德涛．旅游社会学研究［M］．天津：南开大学出版社，2006.

[2] 杨振之．旅游原创策划［M］．成都：四川大学出版社，2005.

[3] 凯特·福克斯，铫芸竹．英国人的言行潜规则［M］．北京：三联书店，2010.

[4] 尹光华．旅游文化［M］．北京：高等教育出版社，2008.

[5] 陶立璠．民俗学［M］．北京：学苑出版社，2003.

[6] 伯樵．足球向左，建筑向右：真实的西班牙［M］．北京：人民邮电出版社，2012.

[7] 叶涛，吴存浩．民俗学导论［M］．济南：山东教育出版社，2002.

[8] 梁福兴，吴忠军．民俗旅游学概论［M］．北京：中国农业出版社，2009.

[9] 李江敏，李志飞．文化旅游开发［M］．北京：科学出版社，2000.

[10] 巴兆祥．中国民俗旅游［M］．福州：福建人民出版社，1999.

[11] 刘晖．旅游民族学［M］．北京：民族出版社，2006.

[12] 刘秀梅，高照明．中外民俗［M］．郑州：郑州大学出版社，2006.

[13] 钟敬文．民俗学概论［M］．上海：上海文艺出版社，1998.

[14] 吴忠军．民俗文化与民俗旅游［M］．南宁：广西民族出版社，2001.

[15] 罗竹凤．宗教学概论［M］．上海：华东师范大学出版社，1991.

[16] 李新柳．东西方文化比较导论［M］．北京：高等教育出版社，2005.

[17] 董志仁．意大利［M］．北京：世界知识出版社，1999.

[18] 陆永庆．旅游交际礼仪［M］．大连：东北财经大学出版社，2000.

[19] 张贤明，刘晖．日常实用礼仪必读［M］．北京：中国旅游出版

社，1996.

[20] 史仲文，胡晓林．世界当代艺术史［M］. 北京：中国国际广播出版社，1996.

[21] 吴德成，王湘瑛．埃及［M］. 北京：世界知识出版社，1999.

[22] 晋宝平，张宇燕．走遍美洲［M］. 北京：中国社会出版社，2006.

[23] 马银文．世界民俗艺术大全［M］. 北京：中国三峡出版社，2005.

[24] 朱龙华．意大利文化［M］. 上海：上海社会科学院出版社，2012.

[25] 李树樊，王德林．最新各国概况［M］. 长春：长春出版社，2007.

[26] 邓永进．民俗风情旅游［M］. 昆明：云南大学出版社，1997.

[27] 鸿宇．中国民俗文化——节俗［M］. 北京：宗教文化出版社，2004.

[28] 赵建侠，李乐民．中外民俗［M］. 郑州：郑州大学出版社，2006.

[29] 张世满，王守恩．中外民俗概要［M］. 天津：南开大学出版社，2005.

[30] 张焕文，邱莉莉．俄罗斯［M］. 北京：世界知识出版社，1999.

[31] 王美秀．基督教史［M］. 南京：江苏人民出版社，2006.

[32] 段德智．宗教概论［M］. 北京：人民出版社，2005.

[33] 陶犁．民族民俗风情欣赏［M］. 北京：旅游教育出版社，2006.

[34] 董晓萍，钟敬文．民俗文化学［M］. 北京：中华书局，1996.

[35] 胡春风．宗教与社会［M］. 上海：上海科学普及出版社，2004.

[36] 王娟．民俗学概论［M］. 北京：北京大学出版社，2002.

[37] 向三久．旅游目的地国·地区概况［M］. 北京：高等教育出版社，2006.

[38] 内滕湖南．日本历史与日本文化［M］. 北京：商务印书馆，2012.